KB082977

아스퍼걸

Aspergirls: Empowering Females with Asperger Syndrome
Copyright ⓒ 2010 by Rudy Simone
Originally published by Jessica Kingsley Publishers All rights reserved.
No part of this book may be used or reproduced in any manner whatever without
written permission except in the case of brief quotations embodied in critical
articles or reviews.
This translation of 'Aspergirls' is published by arrangement with Jessica Kingsley
Publishers Ltd through BC Agency, Seoul.
www.jkp.com

이 책의 한국어 판 저작권은 BC에이전시를 통해 저작권자와 독점 계약을 맺은 마고북스에
있습니다. 저작권법에 의해 한국 내에서 보호를 받는 저작물이므로 무단전재와 복제를 금
합니다.

아스퍼걸

초판 발행 2020년 11월 30일

지은이 루디 시몬
옮긴이 이윤정
펴낸이 노미영

펴낸곳 마고북스
등록 2002. 1. 8.
주소 서울시 마포구 와우산로 48, 로하스타워 707호(상수동)
전화 02-523-3123 팩스 02-523-3187
이메일 magobooks@naver.com
ISBN 979-11-87282-04-4 03180

아스퍼걸

자폐 · 여자 · 사람을 위한 생애 안내서

루디 시몬 지음
이윤정 옮김

마고북스

내게 사물을 다르게 볼 수 있는 지평을 열어 준
마이크 W. 에게

감사의 말

이 책을 만드는 데 참여한 여성들과 배우자들
그리고 부모들께 진심으로 감사드립니다.
여러분들이 저를 믿어 준 것을 명예롭게 생각하며,
그 믿음에 제대로 부응했기를 바랍니다.

일러두기

* 아스퍼거 증후군(Asperger's Syndrome): 아스퍼거 증후군은 미국 정신의학 협회가 주관하여 기획 출판하는 '정신장애 진단 및 통계편람 제4판(DSM-IV, 1994년)'에서 진단명으로 처음 등장했다. 이후 2013년 개정된 제5판(DSM-5)에서는 아스퍼거 증후군이 삭제되고, 자폐 스펙트럼 장애(Autistic Spectrum Disorder, ASD)라는 새로운 진단명에 포함되게 되었다. 그러나 원서가 집필될 당시에는 아스퍼거 증후군이라는 용어가 통용되었기에, 이 책에서는 원서의 표현을 살려 '아스퍼거 증후군' 또는 'AS', '아스퍼거' 등의 용어를 사용했다. 지적 장애를 동반하지 않는다는 점에서 고기능 자폐증과 비슷한데, 사실 이 둘을 구분하기는 쉽지 않다. 아스퍼거 증후군은 언어 발달의 지연이 없다는 것을 특징으로 꼽는 견해도 있다.

* 서번트 증후군(Savant Syndrome): 자폐증이나 지적 장애를 가진 사람이 특정 분야에서 매우 뛰어난 능력을 발휘하는 현상. 프랑스어 '사방(savant)'에서 유래하여 '사방 증후군'이라고 표기하는 경우도 있으나 이 책에서는 일반적인 표기법에 따라 '서번트 증후군'이라고 했다.

* NT/뉴로티피컬(neurotypical): 직역하면 '신경학적 기능이 전형적인', '뇌기능이 정상적인'이라는 의미로, 보통 자폐증이나 지적 장애를 갖지 않은 사람들을 일컫는다. 뇌의 기능을 '정상'과 '비정상'으로 나누기보다는 '다름'이라는 시각으로 파악하고자 하는 함의가 있으며, '정상인'이라는 용어를 대체하는 말이다. 이 책에서는 '비자폐인' 또는 'NT', '뉴로티피컬'로 표기했다.

차례

서문

나는 살면서 아스퍼거 증후군(AS) 진단을 받은 적이 없었다. 딸아이가 진단을 받고 난 후에야 비로소 나도 같은 진단을 받았다. 거의 15년 전의 일이다. 당시에는 내가 아는 사람들 중 전반적 발달장애(1994년 개정된 DSM-IV에서는 자폐증을 전반적 발달장애 Pervasive Developmental Disorder, PDD로 명명하였다 - 옮긴이)에 관해 들어 본 사람들은 거의 없었고 아스퍼거 증후군은 더 말할 것도 없었다. 다행스럽게도 그때로부터 많은 것이 달라졌다. 오늘날 인간 행동이나 시사 문제에 약간이라도 관심이 있는 사람들이라면 대부분 한스 아스퍼거와 그의 '자폐적' 환자들에 대해 들어 보았으리라 생각한다. 그 환자들은 남들과 다르다는 문제들로 힘들어했는데, 비언어적 의사소통 기술과 또래와의 상호작용이 제대로 발달되지 않았다. 또한 관심사가 매우 좁고도 강렬했는데, 그럼에도 지능은 평균 이상이었다. 구술 능력은 뛰어났고, 세부 사실을 기억하는 경탄할 능력 등도 남다른 점이었다. 아스퍼거 증후군은 헐리우드의 레드 카펫에서부터 가장 작은 학군의 특수교육 논의에 이르기까지 어디에서나 볼 수 있는 매스컴의 단골 소재이다. 구글에서 이 단어를 검색해 보면 무슨 말인지 알게 될 것이다.

그런데 아스퍼거 증후군을 가진 사람들한테는 자신들에게 쏟아지는 모든 관심이 반갑겠지만 이들 중 많은 사람들, 특히 여성들은 정식 진단을 받지 못한 채로 있다. 연령을 불문하고 여성들은 정확한 진단에서 계속 누락되어 자폐증 판정을 받지 못하고, 결국에는 자신들과 맞지 않는 세상에 억지로 맞추며 살아가게 된다. 신경증, 조현병, 강박신경 장애, 성격 장애, 반항성 장애, 불안 문제, 사회 공포증 – 이런 것들은 특정 연령을 넘어 환경, 사회, 사교적 의례 같은 것들을 이해하기 힘들어하는 여성들에게 익숙한 진단명이다. 이런 진단들이 전적으로 틀린 것은 아니다. 어떤 동반 질환적 요소들의 결합 또한 여성의 유전자 코드에 자리잡고 있을 가능성이 매우 높다. 문제는, 많은 카운슬러와 의사들이 이런 문제들 한가운데에 아스퍼거 증후군이 도사리고 있다는 것을 발견하지 못하는 듯하다는 것이다.

많은 아스퍼걸이 질문하는 것인데, 그러면 왜 아스퍼거 증후군 진단은 주로 남자들에게서 나타나는가? 왜 여전히 연구자들은 아스퍼거 증후군이 여성에게서보다 남성에게서 3~4배 더 많이 나타난다고 보고하는가? 비록 토니 앳우드(Tony Attwood), 주디스 굴드(Judith Gould), 로나 윙(Lorna Wing)과 같은 저명한 심리학자들은 사람들의 사고방식을 바꿔 보려고 하고 있지만 말이다. 그들은 '아스퍼거 증후군은 여성들에게서는 나타나지 않는다'는 통념을, '여성 아스퍼거 증후군을 어떻게 인식할 수 있을까?'로 바꾸려고 한다. 그 이유 중 하나는 너무나 명백하다고 생각한다. 많은 아스퍼거 증후군 여성들은 아스퍼거 증후군이라는 의심을 받을까 봐

조심하기 때문이다. 우리들 대다수가 그런 의혹을 부정하고 싶어하듯이 어떤 종류의 진단도 고정 관념과 편견을 잔뜩 가져다주기 때문이다. 간단히 말해서 당신이 사회의 틀에 맞지 않는 사람이라고 세상에 말하는 것은 전적으로 어렵다.

나는 자폐 스펙트럼에 속한 여성이 자신의 경험을 공유할 때마다 경외감을 느낀다. 그들에게 감사한다. 그리고 매일 점점 더 많은 아스퍼거 증후군 여성들이 인터넷 게시판, 소그룹 토론, 친목 도모 모임에 참여하여 정상인을 위한 세상의 기준을 탐색하는 방법에 관한 조언을 공유한다는 것을 알고 안심이 된다. 흩어져 있는 목소리는 들리지 않을지 모르지만 기꺼이 함께 나눌 수 있는 여성들의 집단적 목소리란! 그것은 무시할 수도 없고 무시해서도 안 되는 거대한 합창이다. 루디 시몬의 책 《아스퍼걸》은 이러한 합창을 이끌고 있으며, 최근의 연구자들로 하여금 사실 엄청난 수의 여성들이 아스퍼거 증후군을 갖고 있다는 것을 깨닫게 하는 중요한 촉매제가 될 것이다.

시몬의 책은 부분적으로 체험기이고, 연구 보고서이며, 또한 아스퍼거 증후군을 위한 일상적 안내서이기도 하다. 문체는 유려하고, 느긋하고 편안하며, 언제나 아주 유용한 정보를 준다. 정상이라는 틀 바깥에 놓인 삶에 관심 있는 사람 누구에게나 읽을 만하다. 이런 장점과, 아스퍼거 증후군을 가진 여성들의 삶을 완벽하게 표현할 수 있는 시몬의 신선하고 적확한 목소리가 결합하면, 최고의 읽을거리가 된다. 훌륭한 책들은 우리의 정신에도 좋지만 새로운 것, 다른 것, 그리고 소중히 할 가치가 있는 것들을 이해하고자 하는 영혼에게 필수적이다.

나는 이 책의 내용 거의 대부분에 동질감을 느꼈다. 다른 사람들과 공유하기 위해 문장들을 밑줄 치고 페이지를 표시하면서 한 장 한 장 넘길 때마다 공감했다. 특히 시몬 자신을 포함한 짧은 일화들을 읽었을 때 감동받았다. 자폐 스펙트럼에 속한 사람들은 이 분야의 전문가들에게 감사하고 깊이 존경한다고 종종 말하지만, 스펙트럼의 길을 걸어가는 본인들이 가장 그런 말을 들어야 할 사람들이다. 이 책을 위해 자신들의 경험을 공유한 모든 여성들은 그 길을 걸어가는 것 이상의 일을 해내고 있다. 그들의 통찰은 공동체에 귀중한 것이다. 시몬은 자신의 생각과 다른 사람들의 이야기를 훌륭히 결합시켰고, 그런 다음 모든 것을 성장과 인생을 즐기기 위한 실용적인 충고와 함께 모아 놓는다.

시몬은 이 책에서 새로운 단어를 만들어 냈다. '아스퍼걸스'는 미즈(Ms) 시몬이 아스퍼거 증후군을 가진 여성들을 부르는 호칭이다. 마음에 든다. 내 딸아이는 그 말이 슈퍼 히어로처럼 들린다고 한다. 딸아이의 그런 말을 들으니 나는 좋은데, 아마 미즈 시몬도 좋아할 것이다. 이 책을 읽는 사람이라면 누구나, 어떤 식으로든

AS의 시련을 이겨 내는 여성들은 진정 위대하며 영웅이라는 결론에 도달하리라고 생각한다. 그러나 모든 영웅이 그러하듯, AS를 가진 여성들도 어떤 종류의 약점에 민감할 수밖에 없다. 시몬은 이 독이 되는 약점들을 하나씩 거론한다. 괴롭힘, 자존감, 불안발작, 멜트다운(자폐성 탈진), 섹스, 죄책감…. 약점에 관해 계속 열거하지만 거기엔 반드시 긍정적인 이미지로 정신적 추락을 막는 시몬의 지지적인 통찰이 뒤따른다. 또한, 일어나 고개를 당당하게 들고 정신을 평온한 방향으로 나아가게 하고자 하는 독자의 열망을 채워줄 수많은 제안들도 함께 한다.

새로운 책은 언제나 우리를 흥분시키지만, 특별한 소수만이 우리 곁에 남을 것이다. 아스퍼걸이 우리 곁에 머물기 위해 왔다.

리안 홀리데이 윌리Liane Holliday Willey

교육학 박사. 저서로 《정상인 척하기: 아스퍼거 증후군을 가지고 산다는 것(*Pretending to be Normal: Living with Asperger's Syndrome*)》,
《아스퍼거 가족: 정상이란 말의 재정의(*Asperger Syndrome in the Family: Redefining Normal*)》 등이 있으며 《청소년기 아스퍼거 증후군: 우여곡절과 일상(*Asperger Syndrome in Adolescence: Living With the Ups, the Downs and Things in Between*)》을 편집했다.

들어가며

자폐 스펙트럼에 속한 여성들은 소수자 중에서도 소수자이다. 우리는 괴짜 같은 면이라든가 습관, 특성, 관점 등 많은 부분에서 자폐 스펙트럼 남성들과 공통점을 갖지만 살짝 다른 점도 있다. 여성들의 아스퍼거 증후군 자체가 남성들과 크게 다른 것이 아니라, 다르게 '인식되기 때문에' 증상을 놓치기 쉽다.

리안 홀리데이 윌리(서문 참조 – 옮긴이)나 도나 윌리엄스(Donna Williams, 1963~2017, 호주의 작가이자 예술가. 한국어역 저서로 《도나, 세상을 향해 뛰어》가 있다 – 옮긴이) 혹은 메리 뉴포트(Mary Newport, 제15장 참조 – 옮긴이) 같은 다른 아스퍼걸의 이야기들을 읽었을 때 나는 엄청나게 들떴다. 이제야 자신이 다른 여성들에게 속해 있는 느낌이 들었기 때문이다. 이전에는 결코 느낄 수 없었던 것이다. 즉, 나는 여자 급우들이나 또래들과 결코 동질감을 느껴 본 적이 없었으며, 여성은 어떠어떠해야 한다는 미디어의 묘사에 대해 특히 그랬다. 또한 내가 겪어 본 적 없는 훨씬 큰 시련을 겪고 있는 미디어 속 자폐아의 이미지와도 나는 전혀 다르다. 이 점이 바로 AS의 가장 어려운 부분이다. 우리는 분명히 현실적으로 어려움을 겪고 있지만 이것을 늘 다른 사람들이 확실히 알아챌 수 있지는 않다. 그렇기 때문에 사람들은 우리의 행동을 이해하지 못한다.

아스퍼거 증후군을 가진 사람들은 모두 어떤 형태의 서번트적 재능을 갖고 있다는 이야기를 가끔 듣는다. 나도 하나 들자면, 서로 다른 개념들을 연결시키는 맥락과 패턴을 파악하는 능력을 가진 것 같다. 이 책의 몇몇 주제들은 스펙트럼에 속하지 않는 사람들에게는 처음에 좀 두서없어 보일지도 모르지만, 아스퍼걸 독자라면 이해할 수 있을 것이다. 이 주제들은 우리 전체 혹은 대부분에게 영향을 미치는 요소들에 관한 것이며 우리를 하나로 묶는 것이다.

AS의 부작용에 관해 더 알기 쉽고 자주 언급되는 것들 중에는 우울증, 감각 문제, 취업난, 인간관계 형성의 어려움 같은 것이 있다. 하지만 내 인생 경험을 이루고 성격을 형성한 다른 요소들도 있으며, 다른 아스퍼걸들은 어떤 관점을 가졌는지 알고 싶었으므로 다음과 같은 질문을 했다.

- 감각 문제가 배우자 선택에 영향을 미칩니까?
- 섹스를 좋아합니까?
- 성 역할에 대해 어떻게 생각합니까?
- 모성에 대해 어떻게 생각합니까?
- AS라는 것 때문에 떳떳하지 못하게 느낍니까?
- 당신에게 멜트다운이 일어나는 원인은 무엇이며 그 과정은 어떤 느낌입니까? 그 조짐이 시작되기 전에 멈출 수 있습니까?
- 아스퍼거 증후군이란 것을 마침내 알게 되기까지 오진을 얼마나 겪었습니까?

이 질문들은 내 삶을 형성한 것들 중 일부이지만 다른 관찰자들은 이런 것을 묻거나 기록하고자 하지 않았을 수도 있다. 그러나 나는 이것들이 아스퍼거 증후군을 가진 여성에게 본질적인 문제라고 느낀다. 남성들은 우리들이 갖는 대부분의 특성을 공유하겠지만, 그 경험 및 표현 방식에서 차이가 있을 것이라고 생각한다. 예를 들면 아스퍼거 증후군 남성들은 편한 옷을 입기를 좋아하고, 입어서 길이 든 느낌의 옷을 사기 위해 중고 할인점에서 옷을 사기도 한다는 것은 잘 알려져 있다. 그러나 여성의 경우에는 남성과 동일한 특성이 종종 다르게 표현되는데, 십대 청소년처럼 입거나, 어리게 꾸미거나, 화장을 하지 않고 심플한 헤어스타일을 하는 것이다. AS를 가진 사람들이 양성적 특징을 공유한다면, 이것은 남성에게서는 점잖은 성격으로 나타나지만 여성에게서는 독립적이고 주위를 통제하는 경향으로 나타난다.

이 책은 자폐 스펙트럼에 속하는 양성 간의 미묘한 차이뿐만 아니라 아스퍼걸과 비자폐 여성, 달리 말하면 소위 NT(뉴로티피컬) 여성과의 차이점들을 짚어 내기 위해서도 필요하다. 양쪽 여성들이 추구하는 것은 비슷할지 모르지만, 비자폐인 여성은 자신의 능력을 발휘해 보다 넓은 사회적 공동체 활동에 전념한다. 아스퍼걸은 스스로의 선택에 의해서나, 혹은 그럴 필요성이 있거나, 사회적 배제로 인해 자신의 내면적 생활과 개인적 목표에 더 시간을 쓴다.

그러나 아스퍼걸은 선택한 분야에서 성공하기 위해 필수적 수단인 사회성 기능을 갖지 못했기 때문에 목표에 도달하기 어렵다.

아스퍼걸은 세상만사를 목적 및 이유와 관련지어 파악하려고 하는데, 이 시끄럽고 무질서하고 혼란스러운 세상에 사로잡혀 있다 보면 그런 것들을 언제나 이해할 수 있지는 않다. 그래서 우리는 자신의 일을 하기 위한 자신만의 세상을 만들고 고립된 삶을 살아가며, 다른 사람들과 온전히 관계를 맺지 않는다. 이처럼 은둔자 같은 생활을 하고 많은 시간을 혼자만의 일이나 취미에 쏟아부은 결과, 냉소적인 사람이 되고 삶의 아름다움과 교제에 폐쇄적이 될 수도 있다. 나는 아스퍼걸이 소수 문화(subculture)의 주체라고 믿으며, 내가 촉진시키고자 하는 것은 이 문화적 교류이다. 즉, 아스퍼걸들에게 다른 사람들과 좀더 소통하는 방법을 가르쳐서 그들이 인생에서 최대한 잠재력을 발휘하도록 하는 것이다. 그에 대응하여, 비자폐인들은 아스퍼걸이 사회에 기여할 수 있는 것이 많다는 것을 이해해야 한다. 또한 그들의 깊이와 재능을 존중하고, 기이하고 별난 점을 진정으로 받아들이지는 못하더라도 용인해야 한다는 것을 이해해야 한다.

이 글을 쓰는 순간에도, 약 백 명 가운데 한 명의 어린이가 자폐 스펙트럼증을 가지고 있다. 얼마나 많은 성인이 아스퍼거 증후군을 가지고 있는지는 알 수 없지만 분명 예전에 생각되던 것보다는 많을 것이다. 그동안은 사람들이 아스퍼거 증후군을 인지할 수 있을 정도로 충분히 이해하지 못했기 때문이다. 토니 앳우드와 같은 전문가들이 공식 성비에 의문을 제기하고 있음에도 불구하고 아스퍼거 증후군은 남성들이 여성들보다 네 배 많다고 믿어지고 있다. 나는 아스퍼걸들이 남성들만큼 많지만 단지 발견되기가 더 어려워서 그런 것이라고 믿는다. 모든 자폐인들이 어렸을 때 진단을 받지는 않는다. 그런데 유독 여성들은 자폐증 자녀를 갖고서야 난생처음 진단을 받는 경우가 많다. 그렇게 되면 의사는 유전적 근거를 찾기 위해 부모를 살펴볼 수도 있다.

자폐증 진단이 늘어나는 데 대하여 잘 알려진 이유로는 두 가지가 있다.

1. 진단 방법의 개선
2. 자폐 스펙트럼에 속하는 사람들 숫자의 실질적 증가
다음으로 나는 세 번째 이유를 제안하겠다.
3. 현대 사회의 생활에서는 개인의 사회적 신뢰를 강조하는 것과 결부되어 스트레스가 높아졌다. 이로 인해 스펙트럼에 속한 사람들은 스스로가 다른 사람들과 다르다는 것을 더욱 예민하게 느끼게 되었다. 따라서 우리는 인터넷과 책을 통해 해답을 찾게 되었고, 이어서 진단을 받게 되는 것이다.

당신이 자폐증이라는 것을 깨닫는 것은 십대 때에도 엄청난 자각이라 할 수 있지만, 40대나 50대라면 그것은 당신이 지나온 모든 삶을 되돌아보고 모든 것을 재구성해야 한다는 것을 뜻한다. 모든 사건과 모든 순간을 이 새로운 렌즈를 통해서 말이다. 이것은 평생을 근시로 산 후에 안경을 쓰는 것과 같다. 분명, 진단 없이 살아온 날이 길수록 되돌아보고 재구성할 일들이 더 많다. 경우에 따라서는 회복시켜야 할 정신, 마음과 인간관계의 상처들이 더 많다.

일단 우리가 성인으로서 아스퍼거 증후군을 가졌다는 것을 알고 나면 거쳐야 하는 단계들이 있다.

인지 : 아스퍼거 증후군을 알게 되고 그 정보가 자신과 관련이 있다는 것을 깨닫게 되지만 아직 가슴에 와 닿지는 않는다. 다소 저항이나 부정을 경험하게 될지도 모른다.

깨달음 : 당신이 아스퍼거 증후군을 갖고 있다는 반박할 수 없는 이해와 깨달음이 확고해진다.

인정 : 아스퍼거 증후군은 자신의 삶에서 종종 이해할 수 없었던 많은 것들을 설명해 준다. 이것은 한순간이 아니라 몇 년 이상 계속된다.

안정 : 마침내 나는 어느 노래 가사처럼 '내 짐을 내려놓을' 수 있게 되었다. 진단받기 전까지는 우리의 부담이 어떤 것인지 모르지만 다른 사람들은 그런 것을 짊어지고 있는 것 같지 않다고 말할 수 있다.

걱정 : 이 진단이 나의 미래와 가능성에 있어서 무엇을 뜻하는가?

분노 : 우리 자신이나 다른 사람들이 우리에게 뒤집어씌웠던 비난과 오진에 대해 분노한다. 그리고 나서 다음 단계로 나아가길 바란다.

수용/성숙 : 자신의 재능과 부족함을 잘 알게 되고 자신이 가진 것을 현명하게 사용하게 된다.

진단 이후에는 어떻게 되는가? 어떻게 아스퍼거 증후군과 더불어 성숙의 단계까지 도달할 수 있을까? 나와 이야기를 나눈 아스퍼걸들은 대부분의 힘과 정보를 아스퍼거 커뮤니티, 특히 인터넷 게시판에서 얻지만 게시판은 여전히 거의 남성들로 채워져 있다. 여성 게시판에서는 답변보다 질문이 훨씬 더 많은 것 같다. 아스퍼걸들은 자신들만의 독특한 질문과 특성들을 가지고 있지만 의지할 만한 자료들이 거의 없다. 이 책에서 나의 첫 번째 희망은 아스퍼걸들이 사회적으로 인정받았다고 느끼도록 돕는 것이다. 그리고 존경까지는 바라지 않더라도 오명을 벗게 하는 것이다. 이미 아스퍼걸들이 자긍심을 갖는 쪽으로 변화가 일어났고 "AS는 재능이다"라고 말하는 건 결코 내가 처음이 아니다. 나의 두 번째 희망은 아스퍼걸들이 우울증을 이겨 내도록 돕는 것이다. 내가 깨닫게 된 것은 우울증이 우리의 가장 큰 적이라는 것이다. 우울증은 우리의 열정을 부추기지만 또한 우리의 노력을 방해한다. 아주 다루기 힘든 것은, 우울증이 보이지 않는 은밀한 적이라는 점이다. 그것은 몰래 다가와 우리를 덮치고 시간과 에너지를 앗아간다.

세 번째 희망은 여성 AS의 징후를 발견하고자 연구하는 전문가들을 돕는 것이다. 길고 지루하고 비생산적인 오진이 전형적으로 되풀이되는 것을 즉각 멈추도록, 그리고 가급적이면 사전에 멈추도록 말이다. 오진으로 인해 진단하는 쪽도 받는 쪽도 많은 시간과 에너지를 낭비했고, 결국 의료 전문가, 특히 일반 개업의들과 정신과 전문의들에 대한 신뢰를 잃게 되었다.

상담가, 심리학자, 의사 그리고 교육자들은 아스퍼거 증후군에 관해 서로의 지식을 모으기 위해 최선을 다하고 있으며 우리에게 유용한 훌륭한 요법들과 수단을 제시한다. 여성 AS에 관련된 분야는 좀더 진척되어야 한다. 당신이 아스퍼걸이라면 당신은 그 주제에 관한 진정한 권위자이다. 이 책을 위해 나는 주로 자폐 스펙트럼에 속한 여성들과 몇몇 통찰력 있는 어머니들을 상담했다. 인터뷰는 대부분 20대, 30대, 40대, 50대의 고기능 여성들을 대상으로 했다. 10대 여성은 한 명만 참가했다. 이 책은 우리가 매일 씨름하는 AS의 상황과 일면들을 다루고 우리의 다양한 대처법을 조명할 것이다. 나는 우리가 서로에게 배우고, 그 과정에서 우리를 돕는 지원자들에게도 도움이 되길 바란다.

상상력, 스스로 글 깨치기,
서번트 재능, 특이한 관심사

CHAPTER 01 | 상상력, 스스로 글 깨치기, 서번트 재능, 특이한 관심사

아스퍼거 증후군을 가진 사람들이 정보를 매우 좋아한다는 사실은 잘 알려져 있다. 그런데 왜 그럴까?

정보는 우리의 사고에 정신적 지주가 되어 주고, 우리가 통제할 수 있는 대상이다. 우리가 매혹시킬 필요도 없고, 점심 식사에 데려가거나 잘 보일 필요도 없다. 정보는 우리가 원하는 대로 다룰 수 있다.

아스퍼걸은 정보에 대해 탐욕스럽다고 할 만한 욕구를 가지고 있다. 책을 읽기 위해서 유치원에 가서 글을 배울 때까지 기다리지 않는다. 또한 집에 있는 악기를 연주해 보려고 레슨을 받을 때까지 기다리려고 하지 않는다. 그럴 필요가 없는 경우가 많다.

나는 읽는 법을 〈미치 밀러와 함께 노래 불러요〉라는 레코드 시
리즈로 배웠습니다. 어느 날 그 레코드들 중에서 '모자 속 고양
이'를 집어 들었는데 가사를 읽을 수가 있었어요. 그냥 갑자기
이해가 되더군요. _위더스

나의 경우에는 읽기를 논리적으로 빠르게 익혔다. 나는 어머
니에게 알파벳을 보여 달라고 했던 것을 기억한다. 그리고 "A는
apple의 A, B는 boy의 B" 등과 같이 글자의 발음을 배웠다. 몇 분
후 어머니가 알파벳을 다 읽었을 무렵 나는 책 한 권을 집어서 자리
를 떴다. 내가 인터뷰했던 대부분의 아스퍼걸들은 스스로 읽기를
깨쳤고 다수가 수학, 음악, 디자인에서 유사한 경험을 갖고 있었다.

나는 공간역학의 서번트입니다. 머릿속에서 CAD(컴퓨터 지원 설
계)가 됩니다. 사전 지식 없이 전자 제품과 기계를 처음부터 조
립할 수 있습니다. _앤디

이런 재능은 나이를 먹어 감에 따라 평준화된다. 이렇게 어린 시
절 또래보다 뛰어난 독해 능력(hyperlexia, 과독증)으로 인해 몇몇
아스퍼걸들은 지적으로 성숙한 분위기를 갖게 되고, 이로 인해 사
람들은 이들이 감정적으로도 성숙해 있을 것이라고 착각하게 된
다. 또한 이로 인해 아스퍼걸들의 부족한 부분이 가려짐으로써 자
폐증이 드러나지 않게 된다.

물론 어떤 아스퍼걸은 그다지 언어 중심적이지 않고 또 몇몇은
난독증 같은 학습 장애를 가지고 있다. 그러나 언어 중심이든 시각

중심이든, 학습 장애가 있든 없든, 일생 동안 우리 아스퍼걸들은 알고자 하는 대부분을 독학으로 익힌다. 대학에 가더라도 마찬가지다. 우리는 관심 있는 것이라면 무엇이든 독학하기를 좋아하는데, 남에게 배우는 과정을 인내하지 못하기 때문이기도 하고, 지식을 취하고 이해하는 데 있어서 자신만의 방법을 가지고 있기 때문이기도 하다. 우리는 다른 사람의 지시, 특히 언어적 지시를 놓칠 수 있기 때문에 자신의 방식으로 정보를 받아들이게 된다.

> 내가 아는 거의 모든 것은 독학으로 배운 것입니다. 학교에서 습득하는 것이 대단히 빠른 학생이었지만 난독증 때문에 시험 성적이 낮았기에 퇴학당했습니다. 나는 통계학, 화학, 바느질, 자수, 용접을 독학했습니다. _샘

작가 빌 스틸만(Bill Stillman, 2006)과 같은 몇몇 사람들은 자폐 아들이 신과 연결된 능력을 갖고 있다고 믿는다. 즉 지식과 재능에 다가갈 수 있게 해 주는 보다 높은 영적 인식에 의해 그들의 결핍이 보상된다는 것이다. 전문가들은 아스퍼거 증후군을 가진 사람들이 평균 이상의 지능을 갖고 있다고 말하지만 반드시 실용 지능(practical intelligence, 심리학자인 로버트 스턴버그가 제안한 용어로, 어떤 정보를 알거나 분석하는 지능이 아니라 생활 속에서 자신을 표현하거나 위기에 대처하고 기회를 활용하기 위한 지적 능력을 가리킨다 – 옮긴이)도 높을 거라고 기대할 수는 없다. 아스퍼거 증후군을 가진 사람들은 어릴 때는 아마 '꼬마 교수들'로 불렸을 것이지만 좀더 나이가 들면 '영혼 없는 교수들'에 더 가까워진다. 최근 입증된 사실은

아스퍼거 증후군을 가진 어린이는 비자폐아보다 높은 유동적 지능(fluid intelligence)을 가지고 있다는 것이다(하야시 외, 2008). 유동적 지능이란 혼란 속에서 질서를 찾아내고, 관련이 없어 보이는 사물들 사이에서 관련성을 추론해 내고 이해할 수 있는 능력이다. 우리 아스퍼거인들은 결정적 지능(crystallized intelligence, 획득한 지식과 기술을 사용하는 능력)은 높지 않을지도 모른다. 하지만 우리가 배우지 않고도 때때로 복잡한 수학 문제를 풀거나 전자 장치를 만들어 내는 법을 저절로 알게 되는 이유에 대해서는 아마도 높은 유동적 지능으로 설명할 수 있을 것이다.

　나는 눈으로 보기만 하면 장치와 옷 등의 물건들을 고치거나 재현할 수 있습니다. _데임 케브

우리가 모두 엄청나게 똑똑하다고 말하려는 게 아니다. 그렇지 않은 사람들도 있기 때문에 만일 당신이 어떤 것에 몰두하는 열정이나 서번트적 재능이 없어도 당신만 그런 것이 아니다.

　나를 정말로 거북하게 하는 것은 아스퍼거 증후군 관련 활동가들이, 모든 아스퍼거인들은 천재적인 수학 혹은 과학 서번트이며 일종의 지도적 종족이라는 신화에 사로잡혀서, "아스퍼거인들을 혼자 있게 내버려두세요"라고 주장할 때입니다. 그런 말을 들으면 그런 재능을 갖지 못한 아스퍼거인으로서 내가 이중으로 실패자인 것 같은 느낌이 듭니다. 정상인도 못 되고, 그런 아스퍼거인도 못 되는 실패자요. _폴리

그러나 학습 지연의 범주에 들어가는 사람들에게는 많은 이유가 있을 것이다. 감각 통합 문제로 인한 것일 수도 있고, 스트레스나 주위 사람들 때문에 사고 기능이 마비되어서일 수도 있다. 난독증, 통합 운동 장애와 선택적 함묵증 등으로 인해 똑똑한 소녀가 오해를 받을 수 있다.

나는 나만의 작고 달콤한 거품 방울 속에서 살았어요. 주위에서 일어나는 대부분의 일들을 무시했지요. 소리 내어 책을 읽지 못하는 선택적 함묵증이었기 때문에 선생님들은 모두 내가 전혀 읽지 못한다고 생각했습니다. 그들은 내가 낮은 수준의 책을 읽기를 바랐지만, 그 책들은 정말 따분했기 때문에 교실과 도서관에서 높은 수준의 책을 몰래 가져다 보았습니다. 금서를 가진 것이 발각되면 문제가 되었죠. _위더스

나는 특수교육을 받지는 않았지만 사람들은 언제나 내가 바보라고 생각했습니다. 나는 항상 자신의 능력을 보여 주려고 했지만 사람들은 알아봐 주지 않는 경우가 많았습니다. _앤 마리

학문 분야에서는 다른 사람들과 같은 방식으로 사물을 이해하지 않아도 괜찮다. 보통 우리는 자신만의 방법을 찾아낼 수 있기 때문이다. 그러나 사회적 상황에서는 이 같은 경향이 다르게 나타난다. 항상 자신만의 규칙과 선호를 다른 사람들에게 강요할 수는 없는 것이다. 책에서 정보를 탐색하는 식으로 일상 대화에서 사람들을 탐색할 수는 없다. 우리들에게는 어릴 때 질문을 너무 많이 해서 남

들을 거북하게 하는 것이 드문 일이 아니다. 우리가 말투를 주위에 잘 맞출 수 있다면 아마 좀더 나을 테지만 그러지 못하기 때문에 결국 침묵하게 된다. 주위 분위기에 맞추는 것이 가장 중요해지기 시작하는 십대에는 이것이 가장 현저해진다(이 점에 대해서는 9장에서 더 자세히 설명할 것이다).

흔히, 아스퍼거 증후군을 가진 사람들은 상상력이 부족하여 어릴 때 상상 놀이에 참여하지 못한다고들 한다. 내 생각에 이것은 잘못된 정보이며, 이런 정보 때문에 생생한 상상력을 갖고 있는 아스퍼거인들이 제대로 진단을 받는 데 방해를 받는 것 같다. 우리가 크레용을 색깔별로 늘어놓거나 장난감을 알파벳순으로 늘어놓는다고 해서 그걸 사용하고 싶어하지 않는 것이 아니다. 그렇지만 내 머릿속에서 만들어 낸 이야기들이, 뻣뻣하고 설득력 없는 플라스틱 조각인 인형을 가지고 재현하는 이야기보다 훨씬 재미있었다.

진단받은 아스퍼걸들을 인터뷰했더니, 창조성과 상상력의 정도가 '전혀 없음'에서 '극도로 높음'에 이르기까지 다양했다. 우리는 모두 자신이 동경하는 것을 모방하는 데서 활동을 시작하는 듯하고, 어떤 이들은 뛰어난 모방가인 채로 머물 것이다.

나는 음악을 한두 번만 듣고 나면 처음부터 끝까지 기억할 수 있습니다. 바이올린을 다섯 살 때 시작했는데, 그 후로 몇 년간 귀로 익혀서 곡 전체를 연주하곤 했습니다. 선생님이 내가 배울 부분을 연주하면 나는 그대로 선생님에게 재연해 보였고 테크닉만 다듬으면 되었습니다. _헤더

연필을 쥐면 나는 인간 복사기가 됩니다. _브램블

모방에 머물지 않은 다른 사람들은 자신의 작품을 창조해 냈다.

내가 작곡한 관현악곡들은 내가 불과 14세 때 유럽 전역에서 연주되었습니다. _카일리

내 그림 실력은 완전히 독학으로 익힌 것입니다. 내가 배운 모든 것은 개인적 연구와 자기 주도 학습과 독서의 결과입니다. 그것이 학습의 전부입니다. _카밀라 코놀리, 호주의 예술가이자 2009년 웨이벌리 예술상 수상자

여성 자폐증이 간과되는 또 다른 이유는 여자아이들의 집착 대상이 책, 음악, 예술, 동물과 같이 대체로 '보통의' 소녀다운 것들에 속하기 때문이다. 우리는 탐욕스럽게 그것들을 즐기고 그 열정이 우리를 새로운 단계로 이끈다. 나는 소설, 노래, 수필을 창작하기 시작하는 데 몇 년이 걸렸지만, 마치 독서에 인생을 건 듯이 읽어댔다. 나는 꾀병을 부려서 집에서 책을 읽곤 했다. 책을 읽기 시작하면 멈추거나 중간에 음식을 먹지 않는다는 것을 나 스스로 알고 있었기 때문에 아침에 방에 먹을 것을 가지고 갔다. 책 읽기를 멈추지 않기 위해 만일 할 수만 있다면 소변도 방에서 해결했을 것이다.

우리 아스퍼걸들은 왜 탐욕스럽게 읽는가?(혹은 왜 연주, 디자인, 기타 등등에 탐욕적인가?) 우리는 다른 사람들이 배 속을 음식으로 채우고 싶어하는 것과 마찬가지로 정신을 지식으로 채우고 싶어한

다. 많은 아스퍼걸들이 다른 사람과의 상호작용에서 혼란을 경험하는데, 정보는 이 혼란을 대체한다. 정보는 집이나 학교, 가게, 기타 장소에서 일어나는 모든 외부 자극에서 벗어나 집중할 수 있는 분야이다. 예측할 수 없고 통제할 수 없는 사람들을 상대하는 것과 달리, 정보는 얼마나 받아들일 것인지 우리가 완벽하게 통제할 수 있다(자신만의 거품 방울 속에 살고 있는 사람들 가운데에도 별로 독서를 하지 않거나 바깥세상을 별로 보려고 하지 않는 사람들이 있는데, 아마도 풍부한 내면세계를 가지고 있고 아직 외부와 연결될 필요성을 느끼지 않기 때문일 것이다).

정보는 자신의 정체성을 제대로 갖추지 못한 우리의 어린 시절에 그 공백을 메워 준다. 우리는 배우고 창조해야 한다는 절박함을 느끼는데, 이미 존재하는 것을 충분히 이해한 후에야 진정으로 무엇인가를 창조할 수 있게 된다. 《나는 그림으로 생각한다(원제: *Thinking in Pictures*, 홍한별 옮김, 양철북)》에서 템플 그랜딘(Temple Grandin, 미국의 동물학자 – 옮긴이)은 다른 제도사의 도면을 베끼면서 공학 설계법을 배웠다고 한다. 그녀는 아무런 정식 교육을 받지 않고 이내 고도로 복잡한 작품을 만들어 내기 시작했다.

집착 행동은 우리가 가진 놀라운 집중력을 보여 주는 예시이다. 의사들과 교육 전문가들은 이것이 말릴 것이 아니라 키워 줘야 할 자산이라는 것을 깨닫기 시작했다. 템플이 말한 대로 우리는 자신의 부족한 점이 아니라 강점을 살려야 한다. 이것이 우리가 미래에 노동자나 혁신가가 될 수도 있게 해 줄 열쇠이다. 하지만 주의해야 할 현실적인 사항들이 있다. 우리는 어떤 일에 몰두하면 휴식을 취하거나, 화장실에 가거나, 먹고, 마시고, 자신을 가꾸고, 바람을 쐬거나 운동을 하는 데 어려움을 겪는다. 또한 취업, 출근이나 다른 중요한 활동들에 지장을 받을 수도 있다. 멈춰야 할 때를 모르는 이런 행동을 야기시키는 것은 단지 실행 기능 장애일 뿐일까? 아니면 다른 어떤 원인이 더 있을까?

몰입 상태가 자신과 일체감을 느끼는 유일한 순간입니다. 그 순간에 다른 건 전혀 상관없어요. _카밀라

내가 열정에 사로잡혀 있을 때는 다른 사람들의 존재나 시간의 흐름을 완전히 잊어버립니다. 다른 차원에 있는 것과 같아요. _헤더

아스퍼거 증후군을 가진 소녀들과 소년들 사이의 차이점 중 하나는, 소녀들의 특이한 관심사가 관찰자에게는 그다지 특이하지 않고 소년들의 것보다 좀더 실용적인 것으로 보일 수 있다는 것이다. 가령 어떤 소녀가 독서광이라고 하자. 부모나 의사들이 봤을 때 이것은 1940년에서 1945년 사이에 제작된 각종 비행기 엔진에 푹 빠져 있는 것에 비하면 그렇게 이상해 보이지 않는다. 하지만 그들이 눈치채지 못한 것은, 소녀들이 침실 문 너머에서 같은 책을 124번 읽고 있을지도 모른다는 것이다. 아스퍼걸들은 독서에 사로잡혀 있기 때문이다. 기차역에서 기차를 관찰하고 차량 번호나 차량 모델 따위를 맞추는 데 푹 빠져 있는 아스퍼걸도 있다.

나는 석회암 동굴에 사로잡혀 있었습니다. 만화나 판타지물에는 전혀 관심이 없었지요. _케스

야구를 좋아해서 관련 통계를 쉽게 외웠습니다. _케일리

두 살 전에 도로의 모든 차들의 이름을 댈 수 있었습니다. _포케그란

아스퍼걸과 NT 소녀들 사이의 또 다른 차이는, 후자의 경우에는 자라면서 어린 시절에 빠져 있던 활동을 그만두고 소위 나이에 맞는 활동으로 전환하는 경향이 있다는 것이다. 반면, 아스퍼걸은 여전히 평생 같은 활동에 몰두할 것이다. 그러나 이것이 꼭 나쁜 것은 아니다. 만일 모차르트가 음악에 집착하지 않았더라면 세상의 음악은 덜 풍요로운 것이 되지 않았을까? 템플, 아인슈타인, 심지어 댄 애크로이드(Dan Aykroyd, 캐나다 출생의 미국 영화 배우이자 시나리오 작가 – 옮긴이)도 세상을 자신들의 아스퍼거적 방식으로 바꾸었다. 나는 AS의 집중력과 성실함으로 문화와 진보에 기여한 여성 과학자들, 소설가 등이 많이 존재해 왔다고 확신하지만 과거에 관해서 결코 확실하게는 알 수 없을 것이다. 그러나 미래에는 또 다른 이야기가 펼쳐질 것이고 우리가 그 이야기를 쓰는 사람 가운데 하나가 될 수도 있다. 당신은 유명한 록밴드를 이끌거나 베스트셀러 작가, 영화감독 등이 된 최초의 공개적 자폐 여성들 중 한 사람이 될 수도 있다. 그 여성들 중 몇몇은 바로 여기, 이 책 속에서 발견될지도 모른다.

아스퍼걸에게 드리는 조언

여러분이 좋아하는 것과 잘하는 것을 주위 또래들의 압박 때문에 단념하지 않도록 하세요. 인생에서 중요한 것은 사회에 기여하는 것이지, 남들에게 인기를 얻고 어울리는 것이 아닙니다.

어떻게 그리고 언제 활동을 시작하고 멈출지를 아는 실행 기능의 장애는 우리들 다수가 겪는 일입니다. 우리는 무슨 일을 일단 시작하면 곧잘 먹는 것도, 자신을 가꾸는 것도, 목욕하기와 외출을 하는 것도, 노는 것도 잊어버립니다. 심지어 직장이나 학교에 가는 것조차 우리의 몰입 활동에 대한 달갑지 않은 방해로 여기지요. 위생, 영양, 운동을 위해 휴식을 취하는 습관을 들이세요. 이것은 우리 자신의 정신적 육체적 건강을 위해서입니다. 여러분은 아스퍼걸의 능력을 발휘할 수 있도록 자신을 세심하게 관리해 두어야 합니다. 이것은 또한 외부 세계와 접촉할 때 자신감을 높이는 데 도움이 될 것입니다.

여러분이 서번트적 재능이 없다고 해도 걱정하지 마세요. 설령 여러분이 소극적인 활동을 하며 시간을 보낸다고 해도 그것은 나중에 직업적 재능으로 전환될 수도 있습니다. 예를 들면, 영화 보기에 대한 집착이 영화 학교에 가는 것으로, 그리고 훗날 영화 관련 편집자, 평론가, 배우라는 일로 전환될 수도 있습니다. 소극적인 열정을 적극적인 것으로 발전시키려고 해 보십시오. 그리고 다른 일들에 최소한 일시적인 관심이라도 가져 보세요. 삶에 대해 더 많이 알게 될수록 열정을 갖는 범위가 더 넓어지게 되고, 다양한 사람들과 상황들을 접하는 데에 더 편안함을 느끼게 될 것입니다.

부모님에게 드리는 조언

자녀의 열정이 어떤 것이든 그것을 칭찬하고 격려해 주십시오. 왜냐하면 그 열정 안에서 편안함, 안전함, 행복 그리고 아마도 천재성을 발견할 수 있을 것이기 때문입니다. 또한 거기에 미래의 직업을 안내해 줄 열쇠가 존재하고 있을 가능성이 가장 높습니다.

아이가 책벌레라거나 집착이 심하다고 비난하지 마십시오. 아이는 여러분을 기쁘게 해 주고 싶어하지만 아이가 할 수 있는 것은 오로지 자신답게 있는 것입니다. 여러분의 딸은 다른 누군가가 되려고 노력할 수도 있고, 다른 사람들이 원한다고 생각되는 모습을 보여 줄 수도 있지만 그것은 진정한 그녀가 아닙니다. 아이는 당신이 받은 선물이며, 당신은 이 특별한 존재를 보살피는 사람입니다. 때때로 힘들겠지만 또한 그것은 특권이기도 합니다.

한편으로, 당신의 딸은 아무런 뚜렷한 재능이 없을 수도 있습니다. 내가 인터뷰했던 한 아스퍼거 증후군의 교수는 자신이 서번트적 재능이 없다고 했지만, 고등교육 분야에서 그렇게 오래 활동하고 있다는 것은 내가 아스퍼거적 재능으로 거론했던 집중력과 성실함을 그녀가 가졌다는 증거입니다. 당신의 딸은 성장할 것이며, 점차 그녀의 개성이 드러나고, 관심 분야가 나타날 것입니다.

왜 똑똑한 소녀들이
학교를 싫어하게 될까

왜 똑똑한 소녀들이
학교를 싫어하게 될까

　지적 욕구가 강한데도 아스퍼걸 모두가 다른 사람들이 생각하듯
이 학교생활을 즐기지는 않는다. 어떤 소녀들에게는 학교의 진도
가 너무 느리고 제한이 많다. 학교에서는 종종 우리가 좋아하는 것
을 읽을 수 없거나 열정을 갖는 분야를 공부할 수 없기 때문이다.
게다가 교우 관계 문제는 헤쳐 나가야 할 또 다른 지뢰밭이며, 가능
한 한 더 빨리, 더 많이 배우고자 하는 우리의 열망을 방해한다.

　거의 예외 없이 대부분의 아스퍼걸들이 같은 말을 했다. 학교
는 지루했고 그들은 다른 학생들에게 괴롭힘을 당했다. 괴롭힘은
이 책을 관통하는 주제이며, 많은 아스퍼걸이 생애에 걸쳐 지속적
으로 겪는 것이다. 불행히도 그것은 정규 교육과 근본적으로 결부
되어 있는 것 같다. 괴롭힘은 누군가가 다른 사람들과 다르고, 어

떤 면에서는 두려울 정도로 대단해 보이지만 다른 면에서는 약하게 보일 때 발생한다. 아스퍼걸이 그 공식에 딱 들어맞는다. 어리고 순진한 아이에게 괴롭힘은 충격적이고, 종종 안전하고 행복했던 세상을 완전한 악몽으로 바꿔 놓는다. 자폐 스펙트럼 아동에게 그것은 외상 후 스트레스 장애(PTSD)의 시작이 될 수 있다.

나는 전형적인 자폐증이 아니었다. 학습 장애도 없었다. 행복하고도 별난 아이였는데, 영화에 나오는 아마데우스 같은 내 웃음소리가 학교 복도와 교실에 울려 퍼지곤 했다. 남들은 날 좋아하기까진 않더라도 그럭저럭 봐주었다. 유치원 선생님들은 내게 조용히 집중해 있을 만한 일거리를 주려고 다른 아이들의 읽기 채점을 내게 맡겼다. 내 급우들이 교과서를 더듬더듬 읽는 것을 듣기란 완전히 고문과도 같았다. 그래서 내 차례가 되면 급우들이 허비한 시간을 만회하려고 할 수 있는 한 빨리 읽었다. 내가 읽는 속도는 굉장히 빨랐다. 그것 때문에 다른 아이들 모두가 킥킥거렸다. 그래도 대여섯 살 아이들은 더 나이 든 아이들보다 훨씬 더 아량이 있다. 그들은 나의 쿨하지 못한 부분을 쿨하다고 봐주었다. 그 후 2학년부터 6학년 무렵까지 나는 희곡을 써서 친구들에게 배역을 맡겼고 교내외에서 공연했다. 또한 나는 노래를 잘했고, 선생님이 크리스마스 독창곡을 다른 아이에게 주었을 때 스스로 자신의 독창곡을 만들었다. 나는 친구가 많았다…사춘기 때까지는 말이다.

어느 날 갑자기 거의 하룻밤 사이에 내 별난 성격이 아주 쿨하지 못한 것으로 취급받게 되었다. 그 전까지는 내 사회성 부족이 그저 남들과 다른 점일 뿐이었는데, 이제는 내 인상을 결정할 때 눈에 띄는 결점이 되었다. 처음에는 친구를 한 명 한 명씩 잃고 따돌림당했을 뿐이었지만, 그 다음에는 협박이 시작되었다. 이 무렵 나는 점심 시간에 함께할 친구가 없어서 보통 어디선가 숨어서 시간을 보냈다. 12살 때는 처음으로 위궤양이 생겼다. 이 모든 고통의 주범인 전형적인 가해 여학생은 나를 때릴 것이라고 예고하며 그걸 피할 수는 없을 것이라고 단언했다. 신체적인 괴롭힘을 암시하는 말로 일 년 남짓인가 나를 괴롭히더니 마침내 위협을 실행에 옮겼다. 나는 대부분 나보다 나이 많은 십대들이 환호하는 가운데 지독하게 얻어 맞았다.

그로부터 몸싸움은 거의 매일 일어나게 되었다. 나는 약한 팔다리를 강화하기 위해 독서에 집착하던 것처럼 팔 굽혀 펴기에 집착하게 되었다. 내가 가장 좋아했던 두 가지, 노래와 웃음은 함묵증과 울음으로 바뀌었다. 내 자존감은 바닥으로 떨어졌고 외상 후 스트레스 장애가 생겼다. 한 번이라도 괴롭힘을 당한 사람이라면 누구나 말하듯이, 당신 주변의 분위기가 일단 악의로 물들면 당신은 모두의 표적이 된다. 그 집단의 최강자에서부터 최약자까지 모두가 당신을 거누려고 할 것이다.

한때 재능 있고 인기 있는 학생이었던 소녀가 어떻게 그 정도로까지 전락하는가? 우리집은 제대로 돌아가지 않았고 나는 학교에서 그렇게 되기 훨씬 전에 이미 집 안에서 침묵했고 소외되어 있었다. 선생님들은 눈치채고 있었을지도 모르겠지만, 흔히 있는 일처럼 그 가해 여학생은 선생님들에게 나보다 더 인기가 있었다. 킴은 나처럼 아는 체하지도 않았고 뚱하거나 부자연스러워 보이지도 않았으며 자신감 있고 사교적이었다. 어떤 선생님들은 내가 괴롭힘을 당할 만하다고 생각했을 수도 있다.

대개 선생님들은 학생을 학교 폭력에서 보호하지 못하거나 보호하려 하지 않는다. 좋은 선생님은 한 아이의 인생과 마음에 매우 소중한 선물이지만, 나쁜 선생님은 파멸시키는 힘이다.

집단 괴롭힘은 내 유치원 첫 해인 1985년에 시작되었습니다. 우리는 모두 배정된 책상 앞 의자에 앉아 미술 과제를 하고 있었는데, 나는 일어나서 원을 그리며 빙빙 돌면서 천장을 올려다보지 않고는 배길 수가 없었죠. 그래서 그렇게 했더니 선생님은 내 머리카락을 잡아채어 소지품 보관실로 질질 끌고 가더니 자로 나를 때리기 시작했습니다. 선생님은 내가 수업에 방해가 되었다고 했습니다. 아이들은 소지품 보관실 문에 난 작은 창문으로 나를 볼 수 있었고 재미있어 했어요. 이 사건 이후로 아이들은 매일 나를 괴롭히기 시작했습니다. 괴롭힘은 욕설로 시작됐지만 이내 발길질, 주먹질, 머리카락 잡아당기기, 물기 등과 같은 종류의 것들로 변해 갔습니다. 두 번의 보류 끝에 나는 시험을 치르게 되었고, 그 후 여름 동안 다른 지역의 학교에서 주관하는 영재 교육 프로그램에 등록했습니다. 내가 다른 학생들과 어울렸다고 느껴 본 적은 오로지 이곳에서의 몇 달간뿐이었습니다.
_브랜디

AS를 갖고 있다는 것은 당신이 재능도 있고 결여된 부분도 있다는 것을 의미하는데, 양쪽 모두 인지하는 것이 중요하다. 그러나 진단을 받는다고 해서 반드시 잘된다는 법은 없다. 내가 학교 다닐 때 개별 지도 계획(Individualized Education Plans, IEPs)이 있었던 것

같지는 않지만, 아스퍼걸들이 들려준 바에 의하면 개별 지도 계획
이 항상 정해진 대로 제대로 실행되는 것은 아니다.

나는 영재 개별 지도 계획으로 교육받았습니다. 하지만 중고등
학교는 지옥이었죠. 학생들도 선생님들도 나를 괴롭혔고, 의지
할 사람이라곤 없었습니다. 몇 년간 심한 우울증에 시달렸죠. 내
성적이 좋았기 때문에 모두가 내 문제를 무시했습니다. _앤디

아스퍼걸들과의 대화 내내 나는 자신이 겪은 것과 같은 이야기
들을 반복해서 들었다. 남들보다 일찍 겪을 수도 있고 늦게 겪을 수
도 있지만 괴롭힘은 거의 언제나 발생한다. 괴롭힘은 자폐 스펙트
럼에 속하는 남성과 여성 모두에게 일어나지만 특히 소녀들은 아
스퍼걸을 비난하기 쉽다. 그랜딘 박사는 자폐증을 가진 일부 영재
학생들은 고등학교를 건너뛰고 곧바로 대학에 가도록 허용되어야
한다고 주장하는데 나는 그녀의 의견에 전적으로 찬성한다. 우리
아스퍼걸들은 사회화가 아니라 학문적 성취에 역점을 두는 환경에
서 훨씬 잘 성장할 수 있다. 물론 우리는 사회화를 배워야 한다. 그
러나 그것은 사자 우리 속에 집어 던져짐으로써가 아니라 생각이
비슷한 동료들과 관심사를 공유함으로써 익혀야 한다. 우리에게는
정서적으로 너그럽고, 일방적 비판을 당하지 않는 분위기가 필요
하다.

NT 소녀들의 세계란 어떻게 돌아가는 건지 이해를 못 하겠어요.
그들은 비열함으로 바뀔 수 있는 냉정함을 갖고 있지요. _위더스

진단이나 개별 지도 계획을 받으면 결국 특수교육이나 관찰(정신과적 관찰을 의미한다. 발달장애와 관련된 관찰의 경우 주로 경과를 지켜보고 기록한다 – 옮긴이)을 받게 될 수 있는데, 우리는 그런 것을 좋아하지 않는다. 난독증 같은 학습 장애를 제외하고 특별한 보살핌이 정말로 필요한 것은 우리의 정서 쪽이다. 우리의 지적 능력에 관해서는, 할 것을 주고 그냥 내버려두면 아무 문제 없을 것이다(고기능 자폐인에 관한 이야기라는 것을 잊지 말자).

학교에서 괴롭힘을 당하지 않더라도 여전히 매우 외로울 수도 있다. AS를 가진 많은 성인들이 혼자 있기를 좋아하는 이유는 단순히 어렸을 때부터 그것에 익숙해졌기 때문이다. 우리 아스퍼걸들은 모두 남들에 대해 '싸움 아니면 도피 반응'을 보인다는 것을 알지만, 아주 어린 나이에 그런 반응을 보인다고 할지라도 그것은 후천적으로 획득된 반응이라고 생각한다.

나는 인파를 피하기 위해 수업에서 일찍 빠져나갈 수 있도록 허락받았고, 점심 식사를 식당에서 하지 않아도 됩니다. 친구가 생겼으면 좋겠어요. 나를 이해해 줄 누군가가 말이죠. _메건

학교생활의 경험, 특히 초등학교의 경우는 아스퍼걸마다 다르고 학교마다 확연히 다르다. 학교의 특성은 그 학교 사람들에 의해 형성된다. 우리는 각자 다른 개인들이며 이런 상황들에 대한 일괄적인 해결법은 없다. 어떤 아스퍼걸들은 진단, 관찰, 개별 지도 계획과 특수교육을 받기 이전 시기에 잘 지냈는데, 부분적으로는 사람들이 그들을 혼자 내버려뒀기 때문이고, 부분적으로는 괴롭힘이

용인되지 않는 환경이었기 때문이다.

당시 가톨릭계 초등학교는 아스퍼거 증후군을 가진 아이들에게 낙원과 같았어요. 교육은 엄격했고, 격식을 잘 갖추었고, 일정에 대해 예측 가능했습니다. 나는 잘 지냈어요. 아이들은 열심히 공부하고, 규칙을 따르고, 서로에게 친절하게 대해야 했습니다. _포케그란

아스퍼걸은 아주 조금이라도 적대감이 숨어 있는 시선 아래에서는 잘 지내지 못한다. 또래한테서건 선생님한테서건 불친절하거나 무섭거나 위협적인 시선을 받는다면 우리는 주저앉고 만다. 홀로 있을 때는 재능 있고, 우아하고, 재치 있고, 똑똑하지만, 그런 환경에서는 고슴도치처럼 웅크리게 된다. 우리는 신체적으로 예민한 만큼 정서적으로도 그러하며, 이 예민한 반응으로 인해 괴롭힘은 악순환을 가져온다. 즉, 가해자들이 자기네들의 영향력이 어떤지 깨닫고는 거기에 더 열을 올리게 되는 것이다(괴롭히면 예민하게 반응하니 더 재미있어하는 것이다). 우리 가운데 어떤 사람들은 구석으로 내몰리고, 주차장 바깥으로 계속 내몰리고, 그러고는 그렇게 끝까지 내몰린다. 바꿔 말하자면 학교를 그만두는 것이다. 어른이 된 아스퍼걸들 가운데 몇몇은 어릴 때 영재 학생이었는데 고교나 대학을 중퇴했다. 외상 후 스트레스 장애로 인해 박사 학위 취득이 아니라 고졸 학력 인증서에 그쳤다. 괴롭힘을 당해서 죽기보다는 학교를 그만두는 것이 낫다. 우리는 나쁜 상황에서 벗어날 때 자신의 힘을 느끼는데, 우리가 스스로 상황을 통제하고 있다는 의미이기

때문이고, 그것은 아스퍼거인에게 아주 중요한 것이다. 그러나 문제는 나중에 발생한다. 우리가 42세가 되어 그때 그 학위를 못 받았다는 것이나, 고등교육 학위를 받아 두었으면 좋았을 것이라는 것을 깨닫게 되었을 때 말이다. 승리감은 일시적이지만 훗날 문제는 계속 생길 것이다.

우리 자신에게나 아니면 적어도 부모님들에게는 선택권이 있다. 당신이 현재의 학교에서 잘 지내지 못한다면 다른 학교로 옮겨서 극적으로 다른 경험을 할 수 있을지도 모른다.

공립학교는 힘들었습니다. 나는 괴롭힘과 놀림을 당했습니다. 수줍은 성격에 늦된 아이였지요. 난독증 때문에 책을 읽는 것도 힘들었습니다. 고등학교는 사립 국제학교였고, 나는 개성을 가지고 성장하도록 격려받았습니다. 거기서는 잘 지냈습니다. _젠

아스퍼걸에게 드리는 조언

사회화는 학교 경험에서 중요한 부분입니다. 점심시간에 매일 혼자였던 경험이 있는 아무에게나 물어 보세요. 멋있어 보이는 아이들과 어울리려고 하기보다는 여러분을 있는 그대로 받아들여 줄 친구를 찾으세요. 대부분의 학습 기회를 최대한 활용하십시오. 방과 후에 곧바로 집으로 달려가고 싶겠지만, 과외활동에 참여하면 비슷한 관심사를 가진 사람들과 사귀게 될 수도 있습니다. 연극반이나 과학반에서 다른 아스퍼걸을 만날 수도 있을 것입니다. 우리

주위에는 이전에 생각했던 것보다 더 많은 아스퍼걸이 있습니다. 침묵 속에서 고통받거나 섭식 장애와 심리 장애를 겪지 말고, AS와 당신의 문제를 이해해 줄 친구를 발견할 때까지 계속 찾으세요.

나는 가정에서, 학교에서 그리고 직장에서 괴롭힘을 당하고 있는 자폐인들에게 항상 듣게 됩니다. 그들은 상황이 더 악화될까 봐 곧잘 사회에 목소리를 내어 밝히거나 풍파를 일으키는 것을 두려워합니다. 그러나 괴롭힘을 당하는 것보다 더 나쁜 것은 없습니다. 괴롭힘을 당하면 신경은 산산조각 나고 심신의 건강은 악화될 것입니다. 아스퍼걸 여러분은 지지와 보호가 필요하지만 또한 스스로의 힘으로 일어서야 합니다. 스스로 일어선다는 것에는 괴롭힘에 꼭 직접 맞서는 것만이 아니라 다른 사람의 도움과 지지를 구하는 것도 포함됩니다. 취업에 관한 나의 책 《아스퍼거인의 직장생활(*Asperger's on the Job*, 2010)》을 포함해서, 괴롭힘과 가십에 대응하는 전략을 제공하는 자료들이 많이 나와 있습니다. 또한 지시에 따라 단계를 밟도록 안내하는 웹사이트도 있습니다. 도움을 구하세요. 괴롭힘이 멈추지 않으면 그 학교로 돌아가지 않겠다고 부모님께 말하세요. 내 딸은 다니던 학교에서 놀림을 당했기 때문에 내가 홈스쿨링을 했습니다. 그리고 나서 다른 동네에서 더 좋은 학교를 발견하여 거기에 데려갔습니다. 딸아이는 자폐증이 아니었지만 중요한 것은, 모든 부모들이 자식이 괴롭힘을 당하는 것에 대해서는 조금도 참아서는 안 된다는 것입니다.

스스로 알아보거나 부모님께 부탁해서 아스퍼거인을 위한 학교를 찾도록 하세요. 나의 이상적 학교는 전교생이 아스퍼걸인 학교인데, 현재로서는 그런 학교를 알지 못하지만 반드시 그런 곳이 곧

생길 것이라고 생각합니다.

　내가 인터뷰했던 몇몇 아스퍼걸들은 부모로부터 괴롭힘과 학대를 당했습니다. 만일 여러분의 부모님이 여러분을 괴롭힌다면 보호해 줄 다른 친척을 찾아보세요. 일어나고 있는 일에 대해 말로 설명하기 힘들다면 글로 써서, 여러분을 도와줄 위치에 있는 신뢰할 수 있는 사람에게 주십시오. 학대는 참아야 할 일이 아닙니다. 자신을 보호하고, 죄책감을 느끼지 말고, 도움을 구하세요!

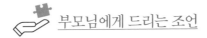 부모님에게 드리는 조언

　여러분의 아이는 똑똑합니다. 여러분도 그것을 알고 아이도 알고 있지만 선생님들, 또래들, 행정가들과 상담사들은 그 사실을 모를 수도 있습니다. 많은 사람들이 아스퍼거 증후군을 지적 장애와 동일시하는데, 그것이 아스퍼거 증후군임을 공표하는 데 따른 위험 가운데 하나입니다. 반면에, 아이가 남들이 보기에도 눈에 띄게 똑똑할 수도 있습니다. 이미 찰스 디킨스의 작품을 읽고 있는데 다른 아이들이 저학년 교과서를 읽느라 씨름하는 것을 듣고 있는 것은 전혀 재미없을지도 모릅니다. 당신의 딸이 영재라면 특별 프로그램이나 어떤 인생 과제가 필요할 수도 있습니다. 하지만 기억하세요. 아이가 여러 면에서 꽤 성숙해 보일지 모르지만 자폐증이 있고 다른 면에서는 상처받기 쉽고 어린애 같을 것입니다. 아이가 자신보다 손위 아이들을 무서워한다면 한두 학년 월반시키는 것은 별로 좋은 생각이 아닐지도 모릅니다. 아스퍼걸 본인의 모습으로

인정받음으로써 얻어지는 행복이 학문적 성취보다 더 중요한데, 전자가 후자를 쌓아올릴 토대가 되기 때문입니다.

AS를 가진 아동들을 위해 특화된 학교들이 있습니다. 이에 대한 관심이 폭발적으로 증가하고 있으니 계속 확인해 보기 바랍니다. 또한 나는 아스퍼걸들만을 위한 학교가 생기는 것은 시간 문제라고 확신합니다.

괴롭힘에 대하여

부모님들은 아이들을 보호해야만 합니다. 아이들 스스로 일어서도록 가르치고 격려하는 것도 보호의 일부입니다. 하지만 괴롭힘이 건강과 삶을 위협하여 부모의 개입이 필요할 때가 있습니다. 극히 위태로운 상황에서 문제 제기를 하는 것을 주저하지 마십시오. 학교가 학교 폭력 불관용 정책을 가지고 있다고 해서 실제로 꼭 그렇게 실천된다는 법은 없습니다. 딸을 전학시키는 것을 주저하지 마십시오. 아이는 변화를 좋아하지 않아서 현재 다니는 학교가 싫지만 전학을 망설일 수도 있습니다. 그러나 만일 아이가 성적 부진과 따돌림 혹은 괴롭힘의 위기에 처해 있다면 부모님은 이 선택을 심각하게 고려해야 할 수도 있습니다.

CHAPTER

03

감각 과부하

CHAPTER 03 | 감각 과부하

도처에 우리를 자극하고, 평화를 빼앗고, 안정을 방해하려고 하는 수많은 계기들이 숨어 있다. 시각, 청각, 후각, 촉각, 그리고 심지어 미각적 자극조차 우리를 정신적, 육체적, 정서적으로 고갈시킬 수 있다. 다른 사람들은 거의 의식하지 않는 것들이 왜 우리를 문자 그대로 파탄나게 하는가? 나는 개인적으로 자폐증의 "강렬한 (감각적) 세계"론(마크람, 리날디&마크람, 2007)에 동의한다. 마크람은 우리가 기능 부전이 아니라 반대로 기능 항진 상태라고 주장한다. 사람들은 자폐인이 다른 사람들보다 적게 느끼거나 아무것도 느끼지 못하거나, 어떤 면에서는 인간 이하라고 생각해 왔다. 사실은 그 반대이다. 우리는 모든 것을 느끼고, 냄새 맡고, 듣는다…. 그리고 남들이 감지하지 못하는 것을 느낀다. 물론 어떤 사람들은 이런 것을 경험하지 않을 수도 있다. 몇몇 아스퍼걸들은 어렸을 때 별다른 것을 거의 느끼지 못했다고 했다. 그러나 우리들 대부분은 자신이 감각 면에 있어서 '너무 많이' 느낀다는 데 동의할 것이다. 나는 〈드라큘라〉에 등장하는 루시라는 인물이 떠오른다. 그녀는 "다락방에서 쥐들이 코끼리처럼 쿵쾅거리며 돌아다니는 소리가 들린다"고 했다. 우리는 남들이 거의 눈치채지 못하는 아주 사소한 것들에 집착한다. 우리가 신경증이 있어서도, 남의 관심을 받고 싶어서도 아니고, 그런 것들이 우리에게는 아주 잘 드러나 보이고 느껴지기 때문이다.

내가 인터뷰했던 아스퍼걸들은 그들을 자극하는 것들을 적은 매우 긴 목록을 내게 주었다. 다음은 그중 극히 일부분이다.

사람 많고 시끄러운 곳, 차량들, 줄 서 있기, 향수, 형광등 불빛, 의류 라벨, 전화상의 주변 소음, 가게의 음악, 누군가 만질 때, 담배, 방향제, 아기 울음소리, 청소기 소음, 욕실 환기 팬 소리, 사이렌 소리, 화재경보기 소리, 폭죽 소리, 고함 및 말다툼 소리, 자동차 경적 소리, 전동기기 소리, 차 안에서 크게 틀어 놓은 음악 소리, 도처의 TV·광고·휴대폰 벨 소리, 두 사람이 동시에 자신에게 말을 거는 것, 선반 위에 놓인 너무 많은 물건들, 도시, 바람, 추위….

목록은 훨씬 더 길지만 위 예들로 대체적인 파악을 할 수 있을 것이다. 하지만 감정 폭발의 계기가 되는 것들을 안다고 해서 그것이 어떤 느낌인지, 왜 그런지를 알 수 있는 것은 아니다. 스펙트럼에 속하지 않는 대부분의 사람들은 우리를 자극하는 감각적 계기를 어떤 공포증이나 혐오증 비슷한 것으로 생각하는 듯하다. 바람 부는 날 우리가 불안해지는 이유는 근거 없는 두려움 때문이 아니라, 나무들이 흔들리고, 나뭇잎들이 마구 흩날리고, 나뭇가지들이 혼란스럽게 움직이기 때문이다. 바람 소리는 시끄럽고, 정신을 산만하게 하며, 귀를 불시에 괴롭힌다. 바람은 머리카락을 끌어다 얼굴과 눈에 흩어 놓고, 옷도 끌어당겨서 피부를 자극한다. 이것은 감각의 과부하이다.

감각 처리 장애는 별개의 증후군이지만, 자폐증의 특성 가운데 일부이다. 우리들 모두는 아니더라도 대부분은 어느 정도 이것을 갖고 있을 것이다.

청각적 특징

뻐꾸기 시계가 갑자기 울린다. 두 사람이 대화를 계속하는데 또 다른 어떤 사람이 몸을 웅크리고 손으로 귀를 막는다. 왜일까? 우리들 대부분에게 이것은 귀에 문제가 있어서가 아니라 감각 처리의 차이로 인한 것이다. 우리는 대단한 집중력을 갖고 있지만, 혹은 아마 그 집중력으로 인해 한 번에 한 가지 소리만 처리해야 하는 경향이 있다. 따라서 만약에 전화 통화를 한다면 TV는 무음으로 해야 한다. 대화를 한다면 라디오는 꺼야 한다. 내가 전화 통화를 하는데 누군가 가만히 있지 못하고 꼼지락댄다면 그들은 방을 나가든지 멈추든지 해야 한다. 가장 작은 움직임과 소리조차 집중에 방해가 된다.

다른 사람들은 걸러낼 수 있는 일상적 소음들이 나에게는 집중을 흩어놓고 혼란스러운 고통의 조각들로 산산조각 냅니다. _스텔라

촉각 과민과 더불어 청각 과민은 우리의 수면 습관에 강한 영향을 미치며, 우리들 중 다수는 귀마개와 바스락거리는 소리가 안 나는 무거운 담요 없이는 잠시 낮잠을 잘 수도 없다. 우리는 녹음기 같은 머리를 가지고 있기 때문에 잠자리에 들기 전에 노래 한 곡을 들은 것조차 머릿속에서 계속 끝없이 재생되어 휴식을 빼앗길 수 있다. 따라서 무엇인가를 받아들일 때는 제한을 두어야 하고 신중하게 선택해야 한다.

자극을 유발하는 요소 대부분은 우리가 그것을 통제할 수 없는 상황일 때만 생겨난다. 만일 내가 잔디 깎는 기계를 돌리고 있어서 소음을 내고 있다면 그건 괜찮다. 하지만 옆집 사람이 그러고 있다면 얘기는 달라진다. 이렇게 말하면 우리가 남들을 제멋대로 휘두르려는 사람, 더구나 좀 위선적인 사람으로 보일 수도 있겠다. 어쨌거나 우리들 가운데 어떤 사람들은 록 밴드에서 연주를 하거나 헤비메탈을 좋아한다. 그렇지만 그 경우에는 우리가 그 음악을 들을 준비가 되어 있다는 것을 뜻한다. 우리는 잠시 동안이라면 쏟아지는 맹렬한 소리를 감당할 수 있지만 가급적이면 자신이 선택한 시간과 장소와 소리여야 한다. 따라서 청각 과민을 위한 요법에는 당신이 싫어하는 소리를 녹음해서 들려주면서 그 소리에 익숙해져서 괴롭게 느끼지 않을 때까지 간격과 크기를 조절하는 방법도 있다.

시각적 특징

자폐 스펙트럼에 속하는 사람들이 형광등 불빛을 질색한다는 것은 모두들 알고 있을 것이다. 다른 사람들이 느끼지 못할 때조차도 우리는 형광등이 깜빡거리고 웅웅거리는 것을 감지할 수 있기 때문이다. 하지만 그 외에도 여러 가지 시각 정보 처리의 어려움이 많이 있다. 너무 많은 물건이나 사람들의 움직임으로 인해 일어나는 것과 같은 것들이다. 식료품점의 물건들은 움직이지 않지만 우리는 움직이므로 우리 머릿속에서 이미지들이 뒤죽박죽이 되고, 마치 지역 축제에서 놀이기구를 타는 것처럼 어지럽게 된다. 식료품점은 자폐 아동에게 지옥과 같고 어른이 된 아스퍼걸은 대형 상점을 전혀 좋아하지 않는다. 사실 그런 곳은 여전히 우리에게 분노발작을 일으키게 할 수 있다. 우리는 언제나 백화점 대신에 작은 양품점을 선택할 것이다.

최근 나는 보스턴의 역사적인 도시를 산책하고 살펴보며 하루를 보냈다. 마지막 무렵에는 귀마개와 안대를 하고 내 페이스를 지켰는데도 뇌가 처리하기에 너무 많은 정보를 받아들였다. 머릿속에 방출해야 할 불필요한 이미지와 소리들이 들어찼다. 잠을 자려고 하자 이 영상들이 내 머릿속에서 만화경처럼 펼쳐지면서 하나씩 나타났다가 다음 영상으로 옮겨갔다. 그것은 너무나 생생하고 총천연색이어서 마치 영화 스크린을 보는 것과 같았다. 머릿속에서 그런 일이 일어나는 동안 체온이 올라가 열이 났다. 내 몸은 머릿속에 침투한 것을 마치 바이러스인 양 '제거'하려고 미친 듯이 작동했다. 이 현상은 한두 시간 지속된 후 완화되었고 그 후에야 나는 잘 수 있었다. 우리는 가끔 원치 않는 이미지들을 제거할 수 없기 때문에 보고 싶은 것을 고를 때 무척 신중해지는지도 모른다. 다른 사람들은 우리가 까다롭고, 비위 맞추기 힘들며, 과민하다고 볼지도 모르고, 우리가 좋아하지 않을까 봐 어딘가 초대하기를 주저할지도 모른다. 그들은 다른 사람들에게는 보통의 자극이라고 하는 것이 우리에게는 얼마나 강렬한지, 어떤 영향을 끼치는지 이해하지 못할 뿐이다.

나는 영상 이미지 때문에 영화를 많이 보지 못합니다. 그 영상들이 머릿속에 영원히 남아 있는 것을 좋아하지 않아요. 실수로 〈호스텔Hostel〉(2005년 제작된 공포영화 – 옮긴이)이란 영화를 한 번 봤는데 지금까지도 최악의 장면들을 바로 떠올릴 수 있습니다. _앤디

피부 민감성

아스퍼거인들에게 부드러운 천과 견고한 촉감이 필요하다는 것은 잘 알려져 있다. 개인마다 종류가 다르긴 해도 우리 모두에게는 아주 싫어하는 특정 제품과 옷감이 있다. 불편하고 너무 장식이 많은 옷은 여성뿐만 아니라 아스퍼거 증후군을 가진 대부분의 사람들에게 고문과도 같지만, 여성들은 옷에 대한 선택지가 더 많고 어느 정도 장식이 많은 옷들을 입어야 할 수도 있다. 못 믿겠다면 아무 가게에나 가 보라. 주름 장식, 끈, 레이스, 폴리에스테르, 와이어, 띠 등등. 우리는 복잡한 옷과 주름 장식이 많은 옷을 좋아하지

않는다. 우리들 가운데 몇몇은 피부에 찬바람이 닿지 않게 막으려고 캐미솔과 레깅스처럼 부드럽고 꽉 끼는 속옷을 선호한다. 어떤 사람들은 헐렁한 속옷만 입을 것이다. 언제나 부드러운 것으로 말이다.

어린 자폐 아동은 옷에 아주 예민한데 그것을 부모한테 언어로 전달하지 못할 수도 있다. 어린 여자아이들은 팔다리에 고무밴드가 달리고 소매가 부풀어 있는 아기 인형 옷처럼 차려입는 것이 언제나 예쁘게 꾸민 것으로 간주되었다. 그런 옷들은 고문이나 다름없다. 그런 옷을 입고 종일 지내고 나면 고무밴드가 살을 파고든다. 코바늘로 뜬 아기 담요(서구권에서는 영아 질식사를 방지하기 위해 코바늘로 뜬 구멍이 많은 아기 담요를 부모들에게 권장한다 – 옮긴이)는 밤에 우리를 전혀 따뜻하게 해 주지 못하지만 우리는 아직도 말을 못하기 때문에 엄마한테 말할 수가 없고, 그래서 너무나 춥다. 우리가 자라면, 엄마가 옷을 입히지는 않지만 사회적 기대, 직위에 따른 유니폼, 그리고 가능한 패션과 소재 등에 따라 옷이 '입혀진다.' 요즘은 수십 년 전, 그러니까 1950, 60년대보다는 아스퍼걸들에게 훨씬 좋은 세상이 되었다. 적어도 우리는 소매나 스커트를 빳빳하게 부풀린 부팡(bouffant) 스타일을 하지 않아도 되고, 나일론과 모직 의류 더미를 입지 않아도 된다. 그러나 여전히 넘어야 할 수많은 패션 장벽들이 있다. 예를 들면 팬티스타킹, 하이힐, 여성스러운 드레스, 까슬거리는 셔츠, 옥죄는 브래지어, 꼭 끼는 바지 등이다. 우리는 보통 추위를 싫어하므로 보기 좋은 옷보다는 부드럽고, 따뜻하고, 유행에 맞지 않는 옷들을 겹겹이 껴입는다. 아스퍼걸들은 멋보다는 편함을 중시하는 옷차림으로 악명이 높다. 이것은 다른 사람들에게 우리가 외모에 신경 쓰지 않고, 여성스럽지 않고, 약간 경제적으로 쪼들린다는 인식을 줄 수 있다. 우리는 매력적으로 보이고 싶지만 다른 사람들과 같은 식으로 자신을 볼 수 없고, 또 남들한테 잘 보이려고 편안함을 포기할 수는 없다. 잘 맞고, 편안하고, 멋지기까지 한 옷을 찾는다면 성배를 찾은 것과 같다.

우리는 오직 꽉 껴안는 것을 좋아할 뿐이지만 그런 포옹은 모든 상황에서 적합하지는 않기 때문에 다른 사람들이 즐겨하는 것처럼 보이는 예의상의 포옹을 기피한다. 유럽에서는 인사로 뺨에 키스를 하는데, 나는 늘 유럽의 아스퍼거인들이 그것에 어떻게 대응하는지 궁금하다. 나는 그런 키스 후에는 친척 아주머니가 침을 묻혀 놓은 다섯 살 소년처럼 얼굴을 문지르게 된다. 이것 또한 차갑고 인정머리 없는 사람으로 오해받기 쉽다. 우리는 우리가 원할 때, 특히 자신에 대한 신체적 압박의 양을 조절할 수 있을 때 다정해진다.

예민한 직감

위의 단어는 오자가 아니다. 나는 어떤 경우에 우리의 감각이 고조되어 거의 동물과도 같다고 믿는다. 우리는 상황을 감지한다. 많은 사람들은 AS인 사람들이 정신적으로 장님과 같다고 생각하지만 나는 동의하지 않는다. 어쨌거나 예민한 직감이라는 것이 어느 정도는 여성들과 좀더 관련이 있을 수도 있다. 내 생각에는 아스퍼걸들의 유머 감각과 비슷하게, 우리는 남들이 잘 보는 것은 놓치고 남들이 잘 보지 못하는 것은 본다.

나는 몇몇 사람들이 영적 체험이라고 부를 만한 경험을 가지고 있고 늘 체험합니다. 나에게는 그것이 완벽하게 논리적으로 보입니다. 결국, 의사소통의 필요성이 있는데 뇌가 의사소통을 '정상적으로' 하고 싶어하지 않을 때 이런 식으로 보상하는 것 같습니다. _데임 케브

나는 9·11 테러가 일어나기 전 그것에 관한 꿈을 꾸었고, 또한 2004년 인도네시아 쓰나미가 일어나기 10개월 전, 태국에 있을 때 그것도 예견했다. 당신이 이것을 믿지 않을 것이라고 장담하지만, 고양이나 다른 동물들이 과학적으로는 증명되지 않더라도 지진을 감지한다는 것에는 동의할지도 모른다. 그저 과학이 아직은 증명하지 못한다고 해서 그것이 존재하지 않는다는 뜻은 아니다.

나는 이것이 우리가 다른 사람들과 잘 지내기 힘든 이유 중 큰 부분이라고 믿는다. 만일 누군가 웃으며 말할 때 우리 마음에서는 뭔가 전혀 다른 것을 듣고 있다면 우리는 혼란스러워질 것이고 도망치고 싶어질 것이다. 이 마음의 소리는 보이는 것, 남들이 말하는 것과 곧잘 충돌을 일으키며 나 자신의 직관을 의심하게 한다. 보통은 내가 옳았음이 드러난다. 좀더 냉소적인 사람은 그것을 자기만족적인 예언이라고 할지도 모른다. 이런 민감성은 피해망상으로 오해받아 사귀기 힘든 사람으로 여겨지게 된다.

감각 문제는 매사에 영향을 미친다. 데이트도 힘들게 한다. "만일 사이렌이 울리고 내가 귀를 막고 도망가야 한다면 새로 만난 이 남자는 나를 괴짜로 생각할까?" 감각 문제는 구매에도 영향을 미친다. "가려운 나일론 제품에 내가 정말 연간 300달러를 쓰고 싶은

가?" 그 밖에 다른 모든 것도 마찬가지이다. "밖에 나가고 싶지만 너무 시끄러워/추위/바람이 불어…."

결과는? 집에 계속 틀어박혀 있다.

🖐️ 아스퍼걸에게 드리는 조언

스트레스와 감각 과부하는 총체적 세트로 봐야 합니다. 환경적 민감성은 AS를 가진 우리들 대부분에게 언제나 존재하지만 자극 요소에 대한 반응은 일반적으로 우리 스스로를 잘 돌봄으로써 관리할 수 있습니다. 여러분은 자신의 몸과 신경을 잘 돌봐야 합니다. 그렇게 하면 카트가 바퀴에서 끼익거리는 소리를 내며 지나가거나 화재경보기가 울려도 놀라서 펄쩍 뛰기야 하겠지만 엉망이 되도록 충격을 받지는 않을 것입니다. 자신을 돌보기 위해 무엇을 할 수 있을까요?

운동

우리들 중 다수는 몸보다 머리를 쓰는 일을 더 많이 합니다. 하루에 14시간 동안 일이나 취미에 집중하고는 피곤하다고 해서 운동을 했다고 생각합니다. 그러나 그런 것은 운동이 되지 않습니다. 두뇌와 신체, 그리고 마음을 통합시키는 활동을 해 보세요. 요가가 그런 활동이 될 수 있습니다. 아스퍼걸에게는 듣기 괴로운 음악을 틀어 놓는 에어로빅 교실보다 좀더 매력적일 수 있습니다. 요가는 기를 풀어 주고, 뇌를 포함하여 신체 각 부분의 기가 막혀 있는 부분으로 순환시켜 줍니다. 나는 요가를 가르칠 때 훨씬 정신적, 육체적으로 평온했습니다. 무술이나 춤, 필라테스나 간이 트램펄린도 효과가 있을지 모릅니다. 헬스 센터에 갈 필요도 없습니다. 간이 트램펄린을 그냥 하나 사세요. 실내 운동용 자전거와 일립티컬 머신(제자리에서 손잡이를 잡고 페달을 밟으며 걷는 효과를 내는 운동기구 – 옮긴이)도 집에 둘 수 있는 도구입니다. 아스퍼걸은 헬스 센터를 좋아하지 않습니다. 우리는 그곳의 분위기를 좋아하지 않고, 또 거기에는 사람이 너무 많아서 편안하게 느낄 수 없습니다. 특히 오로지 몸만을 중시하지요. 하지만 그래도 운동을 할 수 있습니다. 조깅, 스케이트 혹은 줄넘기를 해 보세요.

식단

식단은 중요합니다. 화학첨가물, 설탕 그리고 가공식품을 멀리하세요. 글루텐과 카세인이 함유되지 않은(GFCF) 식단과 특정 탄수화물(SCD) 식단을 포함해서 좀더 엄격한 자폐인 맞춤 식단도 있습니다. 이 주제에 관해서는 19장에서 더 자세히 다룰 것입니다.

각종 요법

각종 요법들은 스펙트럼에 속한 사람들의 사회적 기술뿐만 아니라 감각 문제를 위해 항상 개발되고 있는데, 보통 일종의 인지 행동 요법(CBT) 형식입니다.

준비물

선글라스나 컬러 렌즈, 모자, 귀마개, 아이팟, 편안한 옷, 그리고 주머니 속에 말랑말랑한 장난감을 준비하면 감각 과부하가 일어나기 전에 방지할 수 있습니다. 바깥에 나가 돌아다닐 때는 물과 그 밖의 음식들을 섭취해서 수분과 영양을 보급하도록 하세요.

정보에 입각한 선택

여러분이 무엇을 할지, 어디에서 할지에 관해 정보에 입각한 선택을 하세요. 나는 이사를 많이 했지만 항상 탁 트인 벌판이나 공원, 호수 또는 바다 근처에 삽니다. 왜냐하면 내가 AS라는 것을 알기 전에도 자신에게 청각적인 정적과 더불어 시각적 고요함이 필요하다는 것을 알았기 때문입니다. 지난 몇 년간 특히 나는 내가 '실시간'으로 처리할 수 없는 시청각 정보가 내게 마구 밀려올 것이 뻔한 도시들과 장소들을 피했습니다. 여러분은 뉴욕에 사는 것을 좋아할지도 모르지만 그곳에서 끝없이 일어나는 감각 과부하를 이겨 내지 못할지도 모릅니다.

어떤 사람들은 멜트다운이 올 것 같을 때 스스로를 조절하기 위해, 혹은 멜트다운이 지나간 뒤에 회복하기 위해 감각 조절을 위한 방을 만듭니다. 개개인의 감각에 깊은 진정 효과를 주입하기 위해 이용자가 스스로 고른 특정한 조명, 냄새, 소리, 온도, 재질을 갖춘 방입니다.

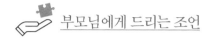 부모님에게 드리는 조언

자녀를 폭발시키는 분명한 계기를 알고 있다면 그 요소들을 피하도록 해 보십시오. 가는 곳마다 말 그대로 셀 수 없는 과부하의 계기들이 있습니다. 자녀의 신체적, 감정적 불편함의 조짐을 관찰하고, 그저 "이겨내라"고 기대하지 마십시오. 불편함의 근본 요소를 제거하거나 자녀를 그 요소로부터 떼어놓으십시오. 감각 과부하의 계기들은 그저 사소한 짜증이 아니라 현실적이고 강한 혐오감을 일으킵니다. 그것들은 우리를 아프고 지치게 할 수 있습니다. 감각 과부하의 계기에 대한 반응을 최소화하도록 돕는 다양한 요법들을 취하도록 노력하십시오.

만일 딸이 어린 아스퍼걸이고 쇼핑에 데려가야 한다면, 가야 할 가게에 아이가 한 번에 조금씩, 많아야 한두 코너에 익숙해지도록 하세요. 아이가 가장 좋아하는 음식이 있는 곳 같은 장소에 가는 길의 표시를 확인하게 하세요. 그러면 다음에 갈 때 아이는 더 잘 알아볼 수 있을 것입니다. 모자와 선글라스가 도움이 될 것이고, 나이 든 소녀들에게는 귀마개와 아이팟이 좋을 것입니다. 그로 인해 아이와 의사소통하는 것이 어려워질지도 모르지만 그런 불편함보다 이득이 더 클 것입니다.

상동 행동,
그리고 기쁠 때 하는 행동

CHAPTER 04 | 상동 행동, 그리고 기쁠 때 하는 행동

감각이나 감정의 과부하가 일어날 때 어떤 일이 생기는가? 아마 경우에 따라 다를 것이다. 어떤 때는 편두통, 구역감을 느끼고 어떤 때는 멜트다운을 겪으며, 어떤 때는 그저 상동 행동(스티밍, 자기자극 행동이라고도 한다. 목적이나 기능이 확실치 않은 특이한 행동을 되풀이하는 것 – 옮긴이)을 한다.

나는 스티밍(stimming)이라는 말을 싫어한다. 첫째, 내 생각에 그 말은 소름 끼치고 기이하게 들리며, 둘째, 그것은 잘못된 명칭이다. 스티밍은 상동 행동(self-stimulatory behavior)을 뜻하는데 정확히는 자신을 자극하기 위한 행동이 아니다. 그것은 간단히, 우리가 화가 나거나 불안하거나 과부하 상태이거나 고통스러울 때 자신을 진정시키기 위해서 하는 행동이며, 불쾌한 감정이나 에너지를 방출시키기 위한 것이다. 동양 사상을 공부하는 학생이라면 우리가 기의 순환이 막혔다고 말할지도 모른다.

상동 행동은 일반적으로 몸 앞뒤로 흔들기, 이리저리 흔들기, 빙글빙글 돌기, 빠르게 회전시키기(자신 또는 물건), 콧노래, 손 펄럭거리기, 두드리기, 박수 치기, 손가락 튕기기, 기타 등등이다. 이 밖에도 분명히 더 아주 많이 있다. 진정을 위한 상동 행동은 누군가가 또는 무엇인가가 우리의 자폐증 버튼을 눌러서 일어난다.

어린아이들은 지루할 때 상동 행동을 하는데, 지루하면 불안해지기 때문이다. 또한 인공 색소가 들어간 단 음식을 먹으면 상동 행동을 하는데, 그런 음식이 몸을 자극하기 때문이다. 슈퍼마켓에 너무 물건이 많고, 조명이 눈을 아프게 하기 때문에 상동 행동을 한다. 어른들이 소리 지를 때, 다른 아이들이 심술궂게 굴 때 상동 행동을 한다. 아이들은 온 사방에 있는 수많은 계기들로 인해 상동 행동을 한다.

어른이 되면 우리는 집세 만기일이 다가오는데 돈이 모자랄 때, 또는 타이어를 교체해야 할 때, 또는 일찍 일어나 어딘가 가야 하는데 장소를 정확히 모르거나 일정을 정확히 모를 때 상동 행동을 한다. 저녁식사를…(한숨!) 사람들과 하러 가야 하기 때문에 상동 행동을 한다. 외롭고 슬플 때 상동 행동을 한다. 참여해야 할지도 모르는 스트레스 받는 활동에 대해 생각하면서 상동 행동을 한다.

내가 기억하는 가장 초기의 상동 행동은 팽이를 돌리고 목마를 타고 흔드는 것이었는데 어린 소녀에게는 모두 사회적으로 용납되는 것들이었다. 도나 윌리엄스처럼 나도 허공의 패턴을 관찰하던 기억이 있지만 내 경우에는 눈을 감고 어둠 속에서 했다. 빨갛고 하얀 원들이 어둠 속에서 나와 떠다녔고 그것이 굉장히 재미있고 안정감을 주었다. 거기에 변화를 주고 싶으면 안구를 누르거나 눈꼬리를 비틀어서 완전히 새롭게 떠다니는 원을 만들어 냈다. 이제 그 행동은 하지 않는다. 어른이 된 지금, 나는 특정한 곡조 없이 흥얼거린다. 또한 강의 후에는 주차장을 달려 내 차로 간다. 누가 날 보든 말든 상관없다. 만일 내가 심하게 스트레스를 받으면 머리 양쪽에 손을 대고 꽉 누르고 머리를 흔든다. 멜트다운이 되거나 위궤양을 얻는 것보다는 이렇게 하는 게 낫다.

우리는 감각 문제로 인해, 그리고 불안과 사회적 또는 감정적 문제로 인해 상동 행동을 한다. 아래에 열거하는 상동 행동의 목록을 읽을 때, 화자인 여성들은 모든 연령대이며, 몇몇은 대단히 성공했거나 고등 교육을 받은 사람들이란 것을 기억해 주길 바란다.

짐볼을 타고 또는 트램펄린에서 뛰어오르기, 장난감 갖고 놀기, 양팔 퍼덕거리기, 특정 섬유 문지르기, 손톱 물어뜯기, 몸 흔들기(옆으로 또는 앞뒤로), 물체를 회전시키기, 특정 패턴으로 발차기 하기, 물체의 표면을 리듬에 맞춰 두들기기, 왼쪽 손등으로 얼굴 문지르기, 계속 꼼지락거리기, 엄지와 검지를 마주 부딪치기, 서성거리기, 몸 흔들기, 다리를 교대로 꼬기, 외운 것 중얼거리기, 손가락 튕기기, 손가락 꼼지락거리기 또는 손가락 서로 비비기. 사람들 앞에 서서 몸을 흔들기, 단조롭게 흥얼거리기, 노래하기, 어떤 것을 반복하기, 혼잣말하기, 배 문지르기, 반려견 쓰다듬기, 구름 쳐다보기, 좋아하는 영화 반복해서 보기, 문장 안의 각 음절에 호흡 맞추기.

자폐인들은 나이나 교육 수준에 관계없이 순수하고 어린아이 같은 성격을 가지고 있다. 이것은 우리가 불안해하거나 화를 낼 때 아주 명백해진다.

나는 접촉을 아주 좋아하는 사람입니다(소재나 물건에 대해서이지, 사람들한테가 아니에요!). 그래서 좋아하는 소재, 예를 들면 가죽으로 된 책 장정을 만지거나 내가 좋아하는 물건, 즉 내 개인 소장품의 캐릭터 피규어나 아들의 박제동물 몇 가지를 만지며 스스로를 진정시키곤 하지요. _시브

성인이 될 무렵에는 사람들 앞에서 해서는 안 되는 행동이 무엇인지 알게 되지만 가끔 우리는 자신들이 놓인 처지를 잊어버린다.

공공장소에서 점점 어쩔 줄 모르게 되면 나는 다리를 떨거나 손가락으로 물건을 톡톡 두드려요. 이건 남들에게 좀 짜증스러운 행동이겠지만 날 완전히 이상한 사람으로 보이게 하지는 않는 소소한 상동 행동이죠. _폴리

내가 상동 행동을 하고 있다고 의식적으로 깨닫지 못해요. 공공장소에서 사람들이 날 어떻게 볼지 걱정이 되면 가만히 앉아 있으려고 합니다. 몇 번 창피하다고 느낀 적이 있는데 특히 사람들이 쳐다보기 쉬운 레스토랑에서였죠. _앤디

그러나 자제력에는 타협 지점이 있다. 불안할 때 상동 행동을 하지 않는다는 것은 증가하는 긴장을 해소하지 못한다는 것이며, 그

렇게 되면 멜트다운이나 편두통, 또는 틱(tic. 자신의 의지와 상관없이 갑자기 반복적으로 나타나는 움직임이나 소리 – 옮긴이)이 생길 위험이 있다. 가끔 내 눈이나 입이 씰룩거리는데 그것은 완전히 저절로 일어나는 것이다. 어떤 틱은 부분적으로 저절로 일어난다. 나는 어릴 때 음성 틱이 있었는데 목구멍에서 깔딱거리는 소리를 냈다. 아마 보속증(perseveration)일 것이다. 보속증은 자신의 의지로 멈추지 못하는 몸짓, 움직임 또는 반복적 의식을 말하는데, 틱과 상동 행동, 반복적 의식 사이의 경계는 매우 모호하다. 나는 내가 내는 깔딱거리는 소리를 누군가 들을 줄은 몰랐기 때문에 참아 보려고 하지 않았다. 아마 몸을 흔들거나 남들이 더 눈치 채기 쉬운 어떤 행동을 하는 대신에 그랬던 것 같은데, 문제는 그것이 눈치 채기 쉬운 행동이었다는 것이고, 내 가장 친한 친구가 "네가 항상 목구멍에서 내는 그 바보 같은 소리는 대체 뭐야?"라고 물을 때까지 그걸 몰랐던 것이다. 나는 기겁을 해서 그 행동을 그만두려고 마음먹게 되었다. 아마 그 대신에 손톱 물어뜯기나 사회적으로 상당히 허용되는 다른 어떤 행동으로 바꾼 것이 틀림없다. 상동 행동을 억압하면 생기는 문제는, 그로 인해 자해적인 습관을 취하게 되기 쉽다는 것이다. 또는 불안과 고통을 느낄 때 그것을 방출하는 대신 그저 참고 내면화하게 된다.

내가 어렸을 때 어느 날 우리 엄마가 부엌에서 머리를 흔들고 있는 나를 보더니 "대체 왜 그러는거야? 이 모자란 것아"라고 했어요. 그 후 나는 이층 침대 계단에 연결된 발판에서 뛰기 시작해서 침대 아래층에 있던 여동생을 미치게 만들었죠. 공공장소에서는 아주 엉망이었어요. 안 보이는 털을 만지작거리고, 손톱 밑의 때를 계속 긁어내고, 입고 있는 모든 것을 만지작거렸어요. 스무 살에 담배를 배워서 못 끊고 고생하고 있죠. _브램블

우리의 감정은 순수하고, 미숙하며, 어린아이와 같다. 우리가 기뻐서 흥분했을 때 가장 분명하게 드러난다. 나는 아스퍼걸들에게 그들이 기뻐 흥분했을 때 상동 행동을 하는지 물었고, 답변으로 아래와 같은 목록을 얻었다. 이 목록은 우리가 불안할 때 하는 상동 행동과 대단히 비슷하지만 이 경우에는 긍정적인 감정이 흘러넘쳐 일어나는 것이다.

기뻐서 춤추기, 큰 소리로 웃기, 양손이나 양팔 퍼덕거리기, 어린아이처럼 "와", "야호"라고 말하기, 팔짝팔짝 뛰기, 주먹을 쥐고 흔들기, 손뼉치기, 멈추지 않고 웃기, 전 속력으로 왔다 갔다 하기, 깡충깡충 뛰기, 노래하기, 끽끽대는 높은 소리로 말하기.

내 집착의 많은 부분은 대중 매체에 기반을 두고 있는 경향이 있습니다(예를 들면 특정 TV쇼나 영화 등). 따라서 특히 좋아하는 장면이 나오면 화면을 일시 정지시키고, 재빨리 한 번 뛰고 와서 다시 계속 봅니다. _폴리

많은 아스퍼걸들이 행복할 때 아주 높은 음으로 웃거나 끽끽대거나 어린아이같은 목소리로 말한다고 했다. 내 생각으로는 이런 활기찬 모습이 여성들과 좀더 밀접한 관련이 있으며, 사회적으로

남성들에 비해서는 상대적으로 더 허용이 되는 것 같다. 따라서 어떤 점에서는 우리는 행운아이다. 사회적인 허용도는 상황에 따라 다르고 우리와 함께 있는 사람들의 사고방식에 따라 다르다.

모두가 얼빠진 기분일 때는 아무도 내 별난 점을 그다지 지적하는 것 같지 않아요. _데임 케브

사람들은 신경 쓰지 않는 것 같고 어떤 사람들은 내가 정말 신나하는 것 때문에 더 즐거워하는 것 같아요. _앤디

어떤 부모들은 아스퍼걸인 딸을 댄스나 그 외의 교습실에 데려가서 그 에너지를 좀더 건설적이거나 사회적으로 허용되는 활동으로 바꿔 준다.

엄마는 내가 모든 에너지를 생산적인 일에 써야 한다고 하셨어요. 그 해결책은 댄스, 무술, 테니스, 펜싱 또는 내가 그런 활기를 전환시키도록 익히게끔 만드는 모든 유형의 스포츠였어요. 그런 활동을 하면 내가 누군가에게 갑자기 몸싸움을 하려고 달려드는 것을 막는 데도 도움이 됩니다. _데임 케브

다른 사람들은 허용될 만한 발산 수단을 찾지 못했다. 따라서 곧잘 놀림이나 비난을 당한 후에 '행복 상동 행동'을 그저 억누르거나, 눈에 덜 띄는 행위로 바꾸는 법을 알게 되었다.

나는 십대 때 누군가가 "너 대체 왜 그래?"라고 말했을 때 내가 다른 사람들과 다르다는 것을 깨달았습니다. 그때 나는 폴짝폴짝 뛰고 있었지요. 어느 순간부터 나는 걸을 때 두 손을 움켜쥐고 내 허리 앞에서 붙잡고 있는 습관이 붙었습니다. 기쁠 때는 그 행동이 엄지손가락을 빙빙 돌리는 것으로 변형됩니다. 언제 그런 버릇이 생겼는지 모르겠어요. 그래도 그런 행동은 눈에 덜 띄는 편이라고 생각해요. _엘피니아

아스퍼거 증후군에 대해 더 많이 알게 될수록, 나는 과거와 현재의 있는 그대로의 나 자신이 얼마나 지속적으로 억눌려 왔는지 더욱 깨닫게 됩니다. "그러지 마라, 그런 식으로 보지 마라, 예의 바르게 행동해" 등등으로 말이죠. 나는 현재의 자신과 내 아이들이 스스로를 이해하고 남들과 다른 점들을 사랑하기를 바랍니다. 또한 내가 빼앗겼던 예전의 상동 행동 몇 가지를 되살리고 있습니다. 트램펄린에서 뛰어오르기, 팽이 돌리기, 손뼉치기죠. _젠

보통 상동 행동은 해롭지 않다. 그렇긴 한데, 최근에 내가 가장 좋아하는 노래가 아이팟에 들어 있는 것을 깨닫고(내 딸이 나를 위해 넣어둔 것을 몰랐었다) 나는 너무 기뻐서 손을 퍼덕거렸는데, 내가 고속도로에서 운전하고 있지만 않았다면 괜찮았을 것이다. 그것 때문에 나는 잠깐 동안 차를 통제하지 못했다. 내가 그런 경향이 있다는 것을 그 사건 이후에야 알았다.

우리가 있는 그대로의 모습일 때 사람들이 우리를 이상하게 생각할 것이라고 인식하면 밖에 나가서 즐겁게 지내기가 어렵다. 비

웃음에 대한 두려움은 우리를 고립시키는 또 하나의 요소이다. 다른 사람들은 우리가 미성숙하고, 정신적으로 문제가 있거나 관심을 끌기 위해 일부러 바보처럼 행동하고 있다고 오해할지 모른다. 우리는 엄숙해 보일 때가 많기 때문에 우리가 즐거워하거나 활기차 있으면 관심을 끌려고 추파를 던지는 것으로 오해받을 수 있다.

아스퍼걸에게 드리는 조언

우리는 언제, 어떻게 그리고 어디에서 '기를 방출'할지에 대한 통제력을 발전시킵니다. 사람들 앞에서 상동 행동을 어느 정도로 할지는 여러분 스스로에게 달려 있습니다. 몇몇 행동들은 남들이 없는 데서 하는 것이 낫겠다는 것을 알고 있습니다. 그러나 누군가를 상처 주거나 사랑하는 사람을 극도로 당황시키는 게 아니라면, 나는 다 하도록 허용할 것입니다. 나는 폴짝폴짝 뛰어오르고, 퍼덕거리고, 손뼉을 치고, 깡충깡충 건너뛰고, 높게 끽끽거리는 소리로 말하고, 신나게 웃어댑니다. 이런 표현의 자유를 스스로에게 허락한 이후로 좀더 건강해지고 행복해진 느낌이 듭니다. 나는 자신에 대한 이 모든 것들을 사랑합니다. 내 안면 틱은 스트레스가 극심할 때를 제외하고는 거의 완전히 사라졌습니다.

나는 내 행동에 사람들이 놀라지 않게 마음의 준비를 할 수 있도록 내가 머리를 흔들거나 퍼덕거리거나 기타 상동 행동을 할지도 모른다고 미리 알려 줍니다. 또한 사람들에게 자폐증/아스퍼거 증후군이 실제로 어떤 것인지에 대해 가르쳐 줍니다. 최근에 비행기를 탔는데 갑자기 난기류에 휘말렸습니다. 나는 옆자리의 승객에게 무서워서 머리를 좀 흔들어야겠다고 설명했습니다. 요동치는 비행이 끝난 후 그 승객에게, 내가 그런 모습을 보여서 이상했느냐고 묻자 그녀가 이렇게 대답했습니다. "아뇨, 나도 같이 따라하고 싶을 지경이었는걸요."

　나는 진정한 나를 감당할 수 없는 환경이나 사람들 주위에서 많은 시간을 보내고 싶지 않습니다. 하지만 여러분들 중 누군가는 다소 예의를 따지는 직장이나 사회에 속해 있다는 것을 압니다. 할 수 있는 시간에 마음껏 하세요. 적어도 어느 정도는 쌓인 것을 전부 방출할 수 있는 시간을 확보해 두세요. 그렇지 않으면 다른 아스퍼걸들의 이야기와 나 자신의 경험으로 보건대, 스스로를 망치게 됩니다. 신경과 정신이 망가지고, 행복해질 가능성도 갉아먹게 되는 것입니다. 웃고 자극하세요. 자극하고 웃으세요. 할 때 확실하게 하는 편이 흡연보다 낫습니다.

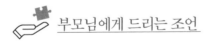 부모님에게 드리는 조언

　여러분은 딸이 이상하게 행동해서 남의 주목을 끄는 것을 원치 않고, 다른 아이들이 딸아이를 놀리는 것을 원치 않기 때문에 앞서 말한 종류의 행동들에 대해 다소 엄격하고 비판적일 수도 있습니다.

　만일 아이가 불안에 의한 상동 행동을 하고 있다면 아이를 괴롭히는 요소를 알아내서 그것을 고치거나 제거하도록 하십시오. 아이는 감각 과부하일지도 모릅니다. 지적 대화나 관심있는 상호작용이 필요한 것일 수도 있습니다. 과제나 일을 부과해 줄 필요가 있을지도 모르지요. 여러분이 다른 사람들과 함께 있다면 그중에 누군가 아이에게 좋지 않은 느낌을 주는 사람이 있을지도 모릅니다.

그런 행동을 한다고 해서 아이에게 소리 지르는 것은 수치심만 느끼게 할 뿐이며, 혹시 아이가 행복감에 의한 상동 행동을 하고 있는 것이라면 그 순간의 기쁨을 다 망쳐 버리게 될 것입니다. 아이가 상동 행동을 유용하고 건설적이며 사회적으로 허용되는 행동으로 전환하도록 도와주십시오. 여러분의 딸이 폴짝폴짝 뛰어오르는 것을 좋아한다면 트램펄린을 하나 사 주세요. 빙글빙글 도는 것을 좋아한다면 댄스 교실에 보내세요. 콧노래를 좋아한다면 노래 교실이나 합창단에 가입하도록 격려해 주세요.

여러분의 아스퍼거 딸이 사람들 앞에서 상동 행동을 할까 봐 민망해하는 것은, 같은 교회 사람들이 아이의 피어싱한 코에 관해 무슨 생각을 할지 걱정하는 것과 다를 바 없습니다. 어느 정도는 부모의 허영심, 자기 평판 때문에 그러는 것이죠. 그러나 그녀는 있는 그대로의 존재입니다. 신은(만일 여러분이 신을 믿는다면) 양육하고 보호하고 또한 번성케 하라고 그 아이를 당신에게 주셨습니다.

그러나 만일 자녀의 상동 행동이 자해 행동이라면 문제가 됩니다. 내가 대화를 나눈 대다수 아스퍼걸들은 약물을 잘못 복용하거나, 온건한 상동 행동을 못 하게 하거나, 어린 시절에 학대나 괴롭힘 같은 심각한 심리적 영향을 주는 일들이 있었을 때에만 자해 행동을 했습니다. 근본 원인을 찾아내십시오. 평범한 상동 행동이든, 자해 행동이든, 철저한 조사 없이 너무 빨리 약물 요법을 시작하지 마십시오. 약물에 관해서는 나중에 더 자세히 다룰 것입니다.

책망과 내면화된 죄책감

책망과 내면화된 죄책감

아스퍼거 증후군의 특성 가운데 하나로, 우리가 눈맞춤을 잘 하지 못한다는 점이 언급된다. 이 특성으로 인해, 사정을 잘 모르는 사람들한테는 우리가 죄 지은 사람처럼 보인다. 내 생각에는 그것 외에도 원인이 있다. 우리는 줄곧 많은 죄책감을 내면화한다.

우리는 어렸을 때부터 가족이나 친구, 선생님들, 그리고 우리의 행동을 보았을 다른 모든 사람들로부터 지적을 받는다. 상동 행동을 지적받고 당황하게 될 뿐 아니라, 다른 모든 특이한 점들을 차례대로 계속 지적받는다. 엉뚱하고 종종 통제하지 못하는 행동 때문에 비난도 받는다. 우리 중에 품행이 바른 사람조차도 사회성에 문제가 있거나 남들과 상호작용을 제대로 못 해서 비난을 받았다. 우리는 자신이 잘못한 것을 전혀 몰랐기 때문에 정상적인 아동기의

감정이 자라나야 할 마음에 극심한 혼란과 소외감, 죄책감이 파고
들었다.

나는 자폐적 행동을 많이 했습니다. 사람들은 내가 알면서 고의로
이상한 행동을 한다고 생각했지요. 나는 몰랐을 뿐이에요! _폴리

어린 시절 우리집에서는 나를 진단받게 해 주지 않았고, 증상들
을 간과했습니다. 학교에서나 사회적 상호작용에 문제가 생기
면 "정신차려"라든지 "그만해"라는 소리만 했지요. _브랜디

진단을 받지 못하면 온갖 억측이 난무하고 갖가지 꼬리표가 붙
었다.

학교 카운슬러는 내가 버릇없는 애라고 생각했습니다. 나는 많
은 정신과 의사들을 찾아가서 많은 테스트를 받았고, 12살에 진
단을 받았습니다. _라일리

그러나 진단을 받아도 여전히 아스퍼걸의 주위 사람들은 그녀가
왠지 '고의로' 특이한 반응을 보이고 있는 것이라는 생각을 바꾸지
않을 수도 있다. 무지나 때로는 질투 때문에 가족과 사회는 그녀가
거짓 반응이나 관심 끌기, 심지어 멜트다운을 일부러 일으킨다고
종종 비난할 것이다. 협조적인 부모는 결국 자녀와 함께 비난받거
나, AS에 관해 알아보려고 하지 않는 다른 가족 일원들에게 비판을
받게 될 수도 있다.

우리 딸은 아주 어릴 때 진단을 받았습니다. 내가 기억하는 시점부터 줄곧 우리 친정 식구들은 우리 부부가 아이를 너무 응석받이로 키워서 더 엄격한 훈육이 필요하다고 생각했어요. 그들은 우리가 어떻게 아이의 분노발작을 "허용"할 수 있는지, 그리고 어떻게 아이가 다른 사람들과 사귀지 않는 것을 놔둘 수 있는지 이해하지 못했지요. 아이가 자라자 친정 식구들이 아이를 대하는 방식을 바꾸었습니다. 버릇없는 아이로 여기던 것을 마치 지체 아동처럼 대하는 것으로 말이죠. 아이의 사촌들이 교류하기 위해 모일 때, 그들은 우리 아이를 절대 끼워 주지 않았어요. 친정 어머니는 아이를 두려워했고, 단 둘이 있게 되는 것을 불편해했죠. _데보라

어린 소년이 공공장소에서 야생동물처럼 행동해도 비난받는데, 하물며 "여자애들은 당연히 더 잘" 처신할 수 있어야 한다는 분위기가 있다.

내가 멜트다운을 일으키면 우리 부모님은 멈추지 않으면 가만두지 않겠다고 위협하셨죠. _나가 엠프레스

수많은 사회적 상호작용을 제대로 못 해서 비난받았습니다. 거의 늘 내가 한 행동의 의미를 결코 이해하지 못했어요. 사람들은 그저 "네가 한 짓을 알겠지!"라고 말할 뿐이었죠. 나는 진짜 몰랐어요. _엘피니아

AS를 가진 데다가 이렇게 자꾸 꾸중을 들으면 평생 죄책감에 시달리게 될 가능성이 있다. 또한, 교우 관계나 인간관계를 맺는 것에 관심이 없어지고, 사람이 아닌 사물에 마음이 끌리기 쉬워진다. 어릴 때나 어른이 되어서나 우리는 곧잘 남의 비위를 맞추고, 문제를 일으키지 않기 위해 더욱 열심히 노력해 보지만 언제나 결과는 "문제를 일으키는" 것으로 귀결된다. 우리는 잘 처신하려고 매우 열심히 노력할 것이다. 우리가 아주, 아주 잘 하면 사람들이 우리를 좋아하게 될 것이고 모든 것이 잘될 것이라고 생각한다. AS를 가진 성인이 직장에서 이렇게 행동하는 것을 늘 보게 되는데, 그들은 문제를 일으키지 않으려고 하지만 여전히 꾸중을 듣고도 뭘 잘못했는지 이해하지 못한다.

사춘기가 오면 상황이 나아지기는커녕 더 나빠진다. 우리는 꾸중을 들었던 바로 그 행동을 자발적으로 하기 시작할지도 모른다. 모두가 자기를 사고뭉치라고 하는데, 진짜로 사고를 쳐도 손해볼 것은 없으니 말이다.

나는 매우 통제적이고, 비우호적인 환경에서 지냈습니다. 내가 무엇을 하든 철저히 감시당하고 즉시 야단맞았습니다. 내가 한 건 뭐든지 그르다고 했습니다. 내가 해도 되는 일은 별로 많지 않았죠. 나는 사회적 회피, 선택적 함묵증, 기분 나쁜 눈맞춤, 흐리고 불분명한 말투, 몸 흔들기, 끝없이 꼼지락대기 등의 언행을 보였습니다. 내가 여자아이이기 때문에 이런 것들은 모두 수줍음으로 여겨졌고, 그 다음에는 사춘기 때문에 그런 것이라고들 했습니다. 그 다음에는 청년기라서 그렇다고 했지요. 사람들은

항상 내게 "자라면 괜찮아질 거야"라고 했습니다. _엘

하지만 물론 자란다고 이런 것들이 결코 없어지지는 않는다. 내가 좀더 잘 해야 한다는 느낌, 실제의 나 자신보다 일이든 인간관계든 인생 문제든 뭐든 더 잘 처리할 수 있어야 한다는 느낌이 일생 동안 계속 반복된다. 친구, 남자친구, 남편, 직장 상사, 기타 누군가가 내 삶에서 퇴장할 때마다 그들은 언제나 "너는 강해. 너는 괜찮을 거야" 하고 말했다. 그러나 나는 강하다고 느끼지 않았다. 나는 스스로가 엄청나게 결함이 있고 나약하다고 느꼈으며 그 이유를 이해할 수 없었다. 내 마음은 강하다는 것과 내가 미치지 않았다는 것은 알고 있었다. 혹은 적어도 그렇길 바랐다. 의사들과 상담사들이 나의 다양한 행동 문제들을 열거해 주었는데, 지나고 나서 보니 그 항목들 대부분이 AS의 항목들과 일치했다. 즉, 변화에 대한 두려움, 정서적 미성숙, 집착 행동, 자제력 부족, 융통성 없음, 우울증, 자기도취와 같은 것들이다. 그러나 그 항목들은 증상이라기보다는 마치 문제가 무엇인지 안다는 듯한 비판처럼 들렸다. 나는 확실히 머리가 좋으니까, 그러므로 내가 저 문제들을 고칠 수 있을 것이라고 말이다. 당연히 나는 그 상담사들과 그리 오래 함께하지 않았다. 나는 내가 잘못된 것이 아니라 다른 사람들이 뭔가 잘못된 것이라는 결론을 내게 되었다. 딸아이가 태어나기 전까지 한동안은 그런 생각이 효과가 있었다. 하지만 딸아이도 나와 같은 관찰 소견을 받게 되었다. 아이에게는 나와 다른 몇 가지 항목이 추가되었는데 예를 들면 좀 이상하고, 사회적으로 어색하다는 것이다. 나는 너무나 외로웠다. 그러고 나서 아스퍼거 증후군을 발견했다.

능력 있는 의사를 통해서든 스스로 조사를 해서든, 일단 진단을 받으면 확실히 안심이 되고 마음의 부담을 벗을 수 있다. 그러나 누군가 "넌 왜 그냥 순탄하게 못 하니?"라고 묻거나 우리가 무엇인가를 순탄하게 못 할 때마다 그 부담은 계속 되돌아온다. 감각을 자극하고, 패닉을 유발하고, 멜트다운을 촉발시키는 등등의 새로운 상황은 끊임없이 발생할 것이다. AS를 가지고 있다는 것을 안다고 해서 이런 문제들을 해결할 수 있는 것도 아니고, 갑자기 사회성이 좋아지게 되는 것도 아니다. 또한 만나는 사람들이 모두 당신이 자폐 스펙트럼에 속해 있다고 알아주는 것도 아니기 때문에, 그들은 당신의 행동을 비자폐인의 기준으로 평가할 것이다.

어느 정도 책망의 내면화는 항상 존재할 것이다. 우리 대부분은 인정을 하든 안 하든, 사소한 일상사를 제대로 처리하지 못해서 상당한 당혹감과 수치심을 갖게 된다. 우리가 씨름하고 있는 일들을 다른 여성들은 척척 잘 해내는 듯이 보이는데 말이다. 그런 사소한 일들이란 직장생활을 유지하거나 남들과 대화하기 싫어도 참고 견디는 것일 수도 있고, 우정을 키우거나 은행 예금을 늘리는 것일 수도 있다. 무엇이든 간에, 우리들이 하나의 집단으로서 이런 일들을 하는 데 애를 먹고 있다고 말해도 과언이 아니다.

우리는 또 다른 이유로 죄책감을 느낀다. 아스퍼거 증후군은 암이나 다른 어떤 무서운 질병이나 상황과 같이 명백하고 생명이 위험한 상태가 아니며, 우리도 그걸 안다. 우리는 '정상'으로 보이며 종종 대단히 똑똑하다. 우리 가운데 몇몇은 전혀 학습 결손이 없을지도 모르지만 나머지는 있을 수도 있다. 그러나 보통 그것은 예컨대 난독증처럼 뚜렷하게 나타나지 않는다. 다른 사람들이 우리에게 어떤 일을 "처리해라" 하고 말하면, 우리는 마음 같아서는 하고 싶다. 또한 우리 중 일부는 해내야 한다고 생각한다. 하지만 아스퍼거 증후군인 사람한테 그저 "열심히 해 봐"라고 하는 것은 휠체어를 탄 사람한테 2층으로 가고 싶으면 계단을 이용하라고 말하는 것과 같다.

남성 아스퍼거인들도 자신들만의 압박감이 있겠지만, 여성 아스퍼거인들도 자신들 나름의 방식으로 압박감을 느낄 것이다. 여성의 경우에 사회적으로 요구되는 사항들은 유능하고, 여러 가지 일을 동시에 처리할 수 있고, 하이힐을 신고, 예의범절에 능하고, 상대방의 발언에 예리하게 응수하는 것 등이다.

아스퍼걸에게 드리는 조언

가족 가운데 어떤 사람들은 아스퍼거 증후군에 관해 가능한 한 모든 것을 읽고 여러분을 전폭적으로 지원할 것입니다. 어떤 사람들은 이해하려는 노력을 조금도 하지 않을 것입니다. 그들은 여러분을 완전히 이해했다고 생각할 것이며, 자신들의 추측에 이의를 제기해서 자신들이 여러분에게 했던 행동들을 되돌아보게 하는 그어떤 것도 듣고 싶어하지 않습니다. 대부분의 사람들은 이 두 가지 태도의 중간 어디쯤에 있겠지요. 만일 여러분이 좀 나이가 많고 부모님이 연로하시다면, 이제 와서 여러분이 자폐증이고 부모님이 여태 그것을 전혀 몰랐다는 것을 믿을 마음의 준비가 되어 있지 않을지도 모릅니다.

여러분이 인생 초기 단계를 힘들게 보냈고 지원을 받지 못했다면, 그것으로 인해 마음을 어둡게 가진다거나 사람에 대해 편견을 갖지 말라고 말해 주고 싶습니다. 세상에는 좋은 사람들이 있고, 여러분은 그런 사람들을 찾아낼 테니까요. 하지만 진실을 말하자면, 여러분의 인생에서 만나는 모든 사람들은 좋은 면도 가지고 있고 나쁜 면도 가지고 있으며, 긍정적인 성질도 부정적인 성질도 가지고 있을 것입니다. 어떤 사람들은 다른 사람들보다 좋은 면을 좀 더 가지고 있을 것입니다. 어떤 사람들은 당신에게서 그들이 감탄할 만한, 마음에 와 닿는 점들을 볼 것이고, 다른 사람들은 당신의 소위 나약함을 보고 비난하거나 괴롭히고 싶은 유혹을 느낄 것입니다. 어떤 사람들은 여러분과 친구가 되고, 보살펴 주고, 심지어 보호해 주고 싶어하지만, 어떤 사람들은 이용하고 학대할 것입니다. 어떤 사람들은 시간의 변화에 따라 양쪽을 다 할 수도 있습니다. 나는 이런 상태로 여러 해를 지내 왔고 우리 가족은 아직도 나를 이해하지 못합니다. 가족들은 내가 AS에 관한 인식과 교육에 관련된 일을 하고 있다는 것은 알지만, 대뜸 나를 칭찬하고서 그 다음 순간에는 내 아스퍼거적인 행동에 의문을 제기합니다.

여러분이 할 수 있는 최선의 일은 자신을 믿고, 대부분의 사람들에게 좋은 면이 있다는 것을 아는 것입니다. 방법을 안다면 사람들에게 내재된 좋은 면을 이끌어 낼 수 있습니다. 기타 줄을 조율할 때, 소리굽쇠를 두드려서 나는 음과 기타 줄에서 나는 음이 맞으면 기타 줄이 공명하게 됩니다. 여러분은 특별한 사람들이고, 특별한 자질을 가지고 있으며, 다른 사람들에게서 여러분과 같은 자질을 이끌어 낼 수 있습니다. 그들은 세상에 좀처럼 드러내지 못하는 관점을 마음속에 품고 있을 수 있습니다. 여러분이 그들에게 자극을 주어 그런 관점에서 인생을 살펴보도록 할 수 있습니다. 여러분이 세상에 온 것에는 목적과 이유가 있습니다. 여러분은 존재함으로써 세상을 아름답게 만들며, 여러분의 진가를 알아보는 사람들이 반드시 있을 것입니다. 여러분이 나이가 들어감에 따라 자신감이 줄기보다는 늘었으면 좋겠습니다. 또한 우리들 가운데 다수가 그렇듯이, 바깥세상이 싫은 것들로 가득하다는 이유로 매일 밤 영화를 보거나 책을 읽으면서 침실에 틀어박혀 있지 않기를 바랍니다. 만일 시내, 도시, 기타 가까운 환경이 싫다면 여러분이 가장 잘 지낼 수 있는 곳을 잘 알아보고 정하세요(어른이 된 후에 말이죠). 스트레스 가득한 환경으로 인해 우울해져서 그것을 피해 단조로운 반복 행위로 시간을 보내게 된다면 그것이야말로 최악의 상황입니다.

여러분의 가족이 여러분에게 힘이 되기를 바랍니다. 그렇지 못할 경우, 집안의 골칫덩어리가 된 느낌을 받는 가정에서 지내는 것이 얼마나 힘들고 외로운지 잘 압니다. 우스운 일이지만 문제 가정의 가족들이 자신들한테 문제가 있는 것을 모른다면, 그 가정에 적응 못 하는 여러분한테 되레 문제가 있다고 느끼게끔 할 수 있습니다. 나는 AS에 동반되는 것으로 보이는 대부분의 심리적 문제들이 다른 어떤 것보다도 수용 거부, 괴롭힘, 책망과 더욱 관련이 있다고 굳게 믿습니다. 언젠가 여러분은 집을 떠나 자신의 가정을 가질 수 있게 될 것입니다. 그러면 빛, 사랑, 놀이, 창조성, 독서, 유머, 그리고 여러분이 원하는 그 밖의 모든 것으로 가득한 자신의 집을 꾸밀 수 있을 것입니다. 설령 집 안에 있는 것이 페렛 15마리와 라마 한 마리라고 해도 말이죠.

부모님에게 드리는 조언

우선, 여러분의 딸이 아스퍼걸이라고 해서 자신과 남편을 탓하지 마세요. 두 번째로, 아이를 탓하지 마세요. 여러분은 신의 선물과 축복 같은 존재를 받아 안은 것입니다.

우스운 일이지만, 진정으로 아이를 사랑하고 돌보는 모든 엄마들이 아이가 조금이라도 완벽하지 않으면 왠지 엄마 '탓'이라고 생각하는 것 같아요. 나는 임신 초기 3개월경에 지독한 바이러스에 걸렸습니다. 그것 때문에 몇 개월을 자책했지요. 내가 병원 진료실에서 근무하지 않았더라면…아프지 않았을지도 모르는데…아니면 일을 하지 말고 그냥 집에 있으면서 몸 관리나 잘 했어야 했는데…. 가끔 죄책감 때문에 미칠 것 같아지죠. 하지만 삶은 있는 그대로 받아들여야 한다고 깨닫게 되었습니다. 나이가 드니 지혜가 생겼지요. 딸이 이렇게 된 것은 내가 어떻게 할 수 없는 일이었습니다. 그리고 아이의 '장애' 때문에 아이가 모자란 사람이라고 생각했던 적이 있었던 것을 부끄럽게 느꼈습니다. 아스퍼거 증후군이 있든 없든 나는 아이를 더없이 사랑하며, 아이는 신께서 의도하신 완벽한 존재입니다. 아이들이 정상의 틀에 맞지 않는다고 해서 부모를 책망하는 의사들과 치료사들은 부끄러운 줄 알아야 합니다. 진단을 받은 사람들에게 그 진단명 외의 어떤 의미를 부여해서는 안 됩니다. 그들도 우리처럼 소중한 존재들이며 흑백의 단조로운 존재들만 있는 세상을 다양한 색채로 수놓아 줍니다. 어리거나 성인인 자녀의 부모들이 그 점을 이해하는 것이 중요하다고 생각합니다. _데보라 테돈Deborah Tedone, 아스퍼거 증후군 지원 그룹 '네모난 못(Square Pegs)' 대표

여러분의 아스퍼걸은 때때로 까다로울 수도 있고, 혼자 있고 싶어하는 것처럼 보일 수도 있는데 이로 인해 너무 자주 혼자 지내도록 방치되게 됩니다. 아이는 음식, 이해, 안전, 조언 등으로써 보살펴 주어야 합니다. 아이는 여러분의 비자폐 자녀만큼, 아니 어쩌면 더 많은 보살핌이 필요하지만 혼자 있기를 좋아하기 때문에 관심을 덜 받을지도 모릅니다. 이렇게 되도록 놔두지 마십시오.

아이는 살아오면서 이미 혼란을 많이 겪었습니다. 아이가 책망과 죄의식을 떠안고 살아가게 되어서는 안 됩니다. 왜냐하면 책망과 죄의식은 틀림없이 또 다른 부작용, 즉 심리적 문제를 낳게 할 것이기 때문입니다(자폐증은 아직도 많은 사람들이 생각하듯이 심리적인 것이 아닙니다. 신경학적인 것입니다). 이렇게 심리적으로 문제가 생기면(이런 상태를 2차 장애라고도 일컫는다 – 옮긴이) 결과적으로 아이의 AS를 이해하기 어렵게 되고, 의사들과 치료사들은 문제의 근본 원인을 지적하기보다는 눈에 보이는 증상만을 치료하려고 하게 됩니다.

여러분의 딸들이 맞서 싸우고 있는 감각 문제, 사회성 문제, 그리고 편견은 일생 동안 지속될지도 모릅니다. 아이가 여러분과 신체적으로 끌어안는 것은 좋아하지 않더라도 아이의 특이한 점들을 마음으로 끌어안아서 인생에서 좋은 출발을 할 수 있게 해 주세요.

성역할과 정체성

| 성역할과 정체성

사춘기가 되자 여자 소꿉친구들은 모두 책보다 외모에 더 관심을 가지기 시작했고, 나를 대할 때보다 남자애들한테 더 친절하게 굴기 시작했다. 그때 이후로 성역할은 내게 성가신 것이었다. 어떤 식으로 성가신 것인지는 다 열거할 수 없을 정도이다. 청소용품 광고에는 어김없이 여성이 등장하고 영화 예고편은 늘 남성의 목소리로 해설한다는 것이 사실이든 아니든, 나는 사회가 정해 놓은 것과 고정 관념의 강화에 동조하지 못했다.

성적 구별에 따라 AS의 특성을 나눈다는 것은 많은 자폐인들에게 불필요하게 보일지도 모른다. 왜냐하면 우리는 습관과 행동에서, 그리고 대개 본질적으로 양성적인 경향이 있기 때문이다.

나는 성역할이 엄청난 헛소리라고 생각해요. 어렸을 때는 성차에 관해 이해하지 못했고 그것 때문에 괴롭힘을 겪었습니다. 나는 여성성이란 것을 이해하지 못합니다. 내 마음속에서 정형화된 이미지의 여성이란 따분하고, 속이 좁고, 물질주의적이고, 완전히 비논리적입니다. 차라리 나는 흥미로운 아웃사이더가 되는 것이 낫겠어요. _앤디

우리의 양성성은 여성적 외피 바깥으로 뚜렷이 드러난다. 나는 복장 도착자나 레즈비언이라는 말을 많이 들어 왔고, 동료 아스퍼걸들도 마찬가지 일들을 겪었다.

고등학교 때, 여자아이들은 나를 남자도 여자도 아닌 다른 존재, 그냥 '그것'으로 취급했어요. _엘피니아

마음속 자아 인식에서 나는 남성과 여성의 정체성을 함께 가지고 있고 자신의 남성적 자아를 시각적으로 상상할 수 있다.

나는 여성이라고 느끼거나 '여자아이들 가운데 한 명'이 될 수 있을 거라고 느껴 본 적이 없어요. 사실 반은 남성이고 반은 여성인 것 같아요. _카밀라

나는 사실, 거의 대부분의 아스퍼걸이 성 정체성에 대해 비슷한 인식을 가지고 있다는 것을 발견했다. 우리의 아니마와 아니무스 (Anima/Animus: 칼 구스타프 융이 고안한 심리학 용어로, 인간의 진정

한 자아를 일컫는다. '아니마'는 남성의 무의식의 한 부분을 구성하고 있는 여성적 심상이고, '아니무스'는 여성의 무의식의 한 부분을 구성하고 있는 남성적 심상이다 – 옮긴이)는 동등한 영향력과 힘을 가진 것 같다. 어떤 사람들은 가정에서 생계를 책임진다거나, 아이들을 아이 아버지에게 맡기고 자신은 일을 계속하는 식으로 그런 양성성이 명확하게 드러난다. 다른 사람들의 경우에는 그것이 성적 성향으로 드러난다. 대부분의 아스퍼걸이 이성애자이지만, 상당수가 파트너의 성별에 개의치 않는다고 말했다. 이성애자가 아닌 경우 대체로 욕구불만을 나타내거나, 여성이란 어떠해야 하는가에 대한 사회의 요구에 대해 무관심을 표시한다. 늘 그렇듯, 우리는 우리만의 북소리에 맞춰 행진한다.

> 아마 일곱 살 때 일인 것 같은데 테이블 하키(테이블 양쪽 편에서 퍽을 도구로 쳐서 미끄러뜨려 상대편의 네트에 넣는 경기 – 옮긴이)에서 내가 한 번만 더 치면 남자아이를 이길 상황이었죠. 나는 '여자아이한테 질 수도 있구나' 하는 그 아이의 표정을 보았어요. 그러곤 득점했죠. 남자들과 게임을 할 때 나는 결코 양보하는 법이 없어요. 그런데 여자들과 게임을 하면 잘 이해가 되지 않습니다. 여자끼리 게임을 하게 되면 그게 대체 무엇을 하자는 것인지 오직 하늘만이 아시겠죠. 그건 정말 이해를 못 하겠어요. _위더스

비록 우리가 별로 여성스럽다고 느끼지 않을지라도 다른 사람들은 계속 우리를 여성스럽게 볼 것이며, 우리의 행동을 비자폐 여성들과 비교하여 평가할 것이다. 실제로는 우리의 행동을 남성과 비

교하여 평가하는 것이 더 적절하다고 나는 느낀다. 어쨌거나 남성들은 사교성이 뛰어나야 한다거나 감정을 풍부하게 함양시켜야 하는 것은 아니다. 남성과의 비교가 훨씬 공정한 평가 기준이 될 것이며 다른 아스퍼걸들도 이 제안에 동의할 것이다.

여성들은 일반적으로, 한꺼번에 여러 일을 얼마나 잘 처리하는지, 충동을 얼마나 잘 조절하는지, 갈등을 얼마나 잘 무마시키는지, 그리고 다른 사람들의 감정을 얼마나 잘 진정시킬 수 있는지에 따라 평가받습니다. 사람들은 여성이 남성과 동등하다고 말하지만, 여전히 여성이 다른 사람들의 행복을 위해 사람들이 의식하거나 인정하고자 하는 것보다 훨씬 더 많은 부담을 질 것을 기대합니다. 자폐증 여성들에게는 이 부담이 말도 안 되게 과중합니다. _스텔라

여성으로 살아간다는 것의 또 다른 측면은 수많은 몸단장을 해야 한다는 것이다. 예전에 일반 여성들은 외출 준비를 하는 데 인생에서 수천 시간, 즉 수백 일을 쓴다는 것을 읽은 적이 있다. 그건 우리한테 그저 어리석게 보일 뿐이다. 기본적 위생은 성별과 관련된 주제가 아니지만, 사회가 우리에게 얼마나 '꾸며질 것'을 기대하는가 하는 것은 성별과 관련이 있다. 화장, 헤어 제품, 로션, 미용 음료, 기타 등등으로 말이다. 이 부분에 관해서는 제8장에서 더 자세히 다룰 것이다.

나는 절대 신발을 잔뜩 사지 않을 겁니다. 대체 왜 그렇게 많은

신발이 필요한지, 더구나 그렇게 갖고 싶어하는지 이해할 수 없어요. 화장을 하면 얼굴을 긁어내고 싶어지는 탓에 할 수도 없고 하지도 않을 겁니다. _엘피니아

우리는 성 정체성만이 아니라 일반적인 정체성과도 씨름하고 있다. 우리 중 몇몇은 현재의 역할 모델이나 변화하는 관심사에 따라 바뀌는 성격을 갖는 경향이 있는 것 같다.

나는 여성 아스퍼거인에 대한 소문 그대로, 잘 짜인 카멜레온 같은 성격을 보여 왔습니다. 내게는 명확하거나 일반적인 자아 감각이 없습니다. _카밀라

우리는 단지 주위의 영향을 받기 쉬운 것인가, 아니면 정말 카멜레온 같은 존재들일까? AS 여성이 상황에 따라 성격을 바꾸는 것은 삶을 여러 각도에서 경험하려는 정신적 허기에서 비롯된 것인가, 자신에 대한 불만에서 온 것인가, 아니면 정말로 그저 자기가 누구인지 모르는 데서 비롯된 것인가? 어렸을 때 나는 할 수 있는 한 많이 알고 체험해 보고 싶었다. 나는 자아를 찾기 위해서 독서를 했고 나중에는 열성적으로 여행을 다녔다. 자신이 언제나 텅 빈 그릇처럼 느껴져서 그것을 경험으로 채우면 거기에서 정체성을 만들어 낼 수 있을 것 같았던 기억이 난다. 내 인생에서 다른 사람들은 이미 자신들의 정체성을 가지고 있는 것 같았고, 그렇기에 겉보기에는 나만큼 경험이 필요한 것 같지 않았다.

심지어 나는 민족 정체성까지 찾기라도 하는 듯이 다른 억양들

을 재빨리 포착해 냈다. 한 번은 뉴욕에서 서빙 일을 하다 해고되었다. 주방에서 일하는 직원과 대화하다가 히스패닉 억양에 물들자 지배인은 나를 불법 이민자라고 생각한 것이다. 영국에 살 때는 본토박이 영국 억양으로 말했다.

우리는 자신이 속한 성별에서, 문화에서, 그리고 종족에서 이방인이라는 것일까? 이방인이라는 말은 아스퍼거적 경험을 묘사하는 데 자주 사용되어 왔다. 우리 중 일부는 어렸을 때 별로 여성 같지 않다고 느꼈을 뿐만 아니라 다른 모든 사람들과 같은 행성에서 온 것이 아니라고 느꼈다. 이것이 아스퍼걸 다수가 공상과학과 판타지를 좋아하는 주요한 이유이다. C.S. 루이스(Clive Staples Lewis, 1898~1963, 《나니아 연대기》의 작가 - 옮긴이)와 J.R. 톨킨(John Ronald Tolkien, 1892~1973, 《반지의 제왕》의 작가 - 옮긴이)의 책은 나에게 맞는 다른 세상, 다른 장소가 있다는 희망을 주었다. 내가 산 첫 번째 레코드는 데이비드 보위(David Bowie, 1947~2016, 영국의 가수이며 배우. 다양한 페르소나를 내세우며 파격적 변신을 많이 시도하였다 - 옮긴이)의 〈스페이스 오디티〉(Space Oddity, 1969년 7월 싱글로 발매한 앨범이다. 이 곡에는 교신이 끊겨 우주를 표류하는 우주비행사 톰이 데이비드 보위의 페르소나로 등장한다 - 옮긴이)였다. 그때 불과 여섯 살이었는데도 나는 등장인물이자 그의 페르소나인 톰에게 공감했다. 무엇인가 아주 큰 착오가 있어서 내가 문자 그대로 잘못된 세상, 특히 잘못된 가정에 있는 것처럼 느꼈다. 아스퍼걸 가운데 결코 나만 이런 식으로 느끼는 것이 아니다. 거의 그들 모두가 자신이 주위와 '어울린다'고 느낀 적이 결코 없다고 말했다.

나는 아직도 엑스맨(1960년대 미국의 마블 코믹스 시리즈. 특별한 능력을 가진 돌연변이들, 즉 '뮤턴트'들의 집단을 엑스맨이라고 한다 – 옮긴이)을 좋아합니다. 내가 어릴 때, 자신이 거기 나오는 뮤턴트들 가운데 하나(초능력은 없는)라고 생각하면 남들과 달라도 함께 살아갈 수 있을 것같이 느껴졌습니다. _데임 케브

✋ 아스퍼걸에게 드리는 조언

우리들 대부분은 성 전문가의 어떤 조언도 필요치 않고 다만 인정받는 것이 필요합니다. 우리의 아니마와 아니무스는 잘 균형을 이루는 듯하며, 그것은 자랑스러워할 일입니다. 만일 다른 아이들이 여러분을 놀린다면 우리들 모두 예전에 같은 경험을 했다는 것을 알아 두세요. 그리고 학교에서 우리를 놀리는 그런 부류의 아이들은 보통 딱 그 지점, 그러니까 같은 곳에서 같은 사고방식으로 계속 머물러 있게 됩니다. 정말로 자기 자신을 아는 사람들은 어떤 면에서는 운이 좋습니다. 아마도 아스퍼걸과 같은 어려움을 덜 겪을 테니까요. 하지만 어려움은 우리를 성장으로 이끌어 줍니다. 우리는 지식에 대한 갈망이 있고 우리의 개성은 스스로 억누르지 않는다면 발전해 갈 것입니다.

만일 자아에 대한 감각이 관심사에 따라 바뀐다면, 아마 카멜레온 같은 성질이 우리의 본성일 것입니다. 나는 우리들 각자가 외면적으로는 변한다 하더라도 평생에 걸쳐 유지될 핵심적 정체성을 가지고 있다고 믿습니다. 이 책의 집필을 위해 인터뷰했던 여성 각

자는 확실한 자신의 목소리와 개성을 가지고 있었습니다. 설령 그들이 스스로 인식하지 못한다고 해도 강한 개성을 가지고 있다는 것을 나는 쉽게 알 수 있었습니다.

정체성과 정상이라는 개념에 이르기까지 사회를 이루는 모든 것은 원래 존재하던 것이 아니라 구성된 것입니다. 나는 그것을 사회학 101(기초 사회학)에서 배웠지만 세계 일주를 하면서 직접 목격했습니다. 어떤 곳에서는 예의 바른 행동이 다른 곳에서는 무례한 행동일 수 있습니다. 어떤 문화권에서는 글을 오른쪽에서 왼쪽으로, 뒤쪽에서 앞쪽으로 읽습니다. 아스퍼거인들에게는 모국도 돌아갈 곳도 없지만, 한편으로 그것은 우리가 마음껏 자신들의 문화와 규칙, 그리고 환경을 만들어 낼 수 있다는 것을 의미합니다. 아스퍼걸의 한 사람인 스텔라는 "위험하거나 비위생적인 것을 제외하고, 문제를 해결하기 위해서 무엇이든지 하세요"라고 말했습니다.

스스로 인생의 핵심적 가치들을 발견하는 것, 그러기 위해 더 뛰어난 대상을 찾는 것이 중요합니다. 그것이 당신에게 어떤 의미가 있든지 간에 말이죠. 그 대상은 슈퍼 히어로나 종교적 인물일 수도 있습니다. 책에 나오는 등장인물일 수도 있지요. 우리는 모방을 통해 사회적 행동을 배웁니다. 인기있는 아이들을 보고 그들처럼 행동하려고 하면 우리 자신의 것이 아닌 완전히 새로운 일련의 행동과 도덕을 갖게 될 수도 있습니다. 현명하게 선택하세요.

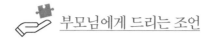 부모님에게 드리는 조언

아스퍼거 딸을 가진 아빠들에게 아주 좋은 점은 아이가 엄마와 저녁 식사를 준비하기보다 아빠가 차를 고치고 구조물을 만드는 것을 더 돕고 싶어한다는 것입니다. 이런 특성은 아이가 상상을 너무 많이 하고, 대부분의 시간에 혼자 있기를 좋아하기 때문에 간과되었을지도 모릅니다.

엉뚱하지만 지적인 말괄량이라는 것은 아스퍼걸의 세계에서는 정상입니다. 마찬가지로 만일 아이가 자기 방을 리븐델(《반지의 제왕》에 나오는 엘프들이 사는 곳 – 옮긴이)처럼 꾸미고 싶어하고 판타지 책에서 헤어나오지 못한다면, 아이가 이 세계와는 맞지 않는다고 느끼고 있다는 것을 이해해 주세요. 그 이유를 누가 알겠습니까? 옛말에도 있듯이, 우리는 이 세상에 있지만 세상에 '속할' 필요는 없습니다. 이 세상은 우리가 만든 것이 아니기 때문에 우리가 자신의 세상을 만들고 싶어하고, 그럴 필요성을 느끼는 것도 당연합니다.

이것은 일종의 불안정감, 경험과 정체성에 대한 갈망을 초래할 수 있습니다. 또한 이로 인해 직장에서나 교육 현장, 혹은 지리적인 장소에서조차 빈번하게 중도에 그만두고 또 시작하게 될 수도 있습니다. 만일 여러분의 딸이 자기 자신을 잃고 있는 것처럼 보인다면 아이는 아마도 모방을 하고 있을 것이며, 이것은 정상적인 것입니다. 그러나 만일 아이가 평소의 행동 및 윤리적 성향과 맞지 않는 식으로 행동한다면, 여러분은 그 근본 원인을 찾아서 그 모방의 대상을 좀더 적절한 역할 모델로 바꾸도록 도와 주어야 할 것입니다.

사춘기와 함묵증

사춘기와 함묵증

　이것은 여성에 관한 책이므로 독자 여러분은 틀림없이 내가 생리에 관해 이야기할 것이라고 예상할 것이다. 솔직히 처음에는 그럴 생각이 없었다. 그것은 아스퍼걸뿐만 아니라 모든 여성들이 필연적으로 불편을 겪게 되는 생물학적 기능이다. 나는 주변에 물어봤지만 사실 아무도 그것에 관해 이야기할 만큼 신경쓰지는 않았다. 하지만 생리는 몇 가지 이유로 인해 중요하다. 그것은 우리 몸의 화학 작용을 혼란에 빠뜨린다. 어떤 아스퍼걸들은 사춘기가 되어서야 강한 자폐 증상을 보이기 시작한다. 그 이전에는 그저 재능 있는 소녀로 보였을지도 모른다. 그러나 사춘기가 오면 자폐증이 본격화되며 자폐적 취약점이 드러나게 된다.

　생리가 시작되면 교우 관계의 어려움과 돋아나는 여드름으로 인해 이미 힘든 일투성이인 상황에 난관이 추가된다. 또한 아스퍼걸은 친구가 없을 수도 있기 때문에 그것에 관해 이야기를 나눌 상대가 없어서 무슨 일이 일어나고 있는지 정확히 이해하지 못한다. 학교에서 보여 주곤 하는 따분한 영화는 어색하고, 실상 생리가 어떤 것인지 잘 설명해 주지 못한다.

> 내가 자랄 때 성교육 수업이 있었지만 돌이켜보면 그것은 매우 기초적이었고, 우리(인간)가 육체적으로 재생산을 위한 준비가 되어 있다는 사실을 제대로 다루지 못했습니다. _티나

사회도 우리에게 정말 직접적인 이야기는 해 주지 않는다. 즉 생리는 이상하고 오싹하게 여겨지게 된다. 생리는 생물학적인 것이지만 우리를 혼란스럽게 하는 종교적이고 도덕적 함의를 가져 왔다. 서구 문화에서는 신이 이브의 죄를 벌했을 때 생리가 시작된 것이라는 기독교적 믿음 때문에 여성의 생리는 '저주'로 불리곤 했다. 이것은 여성들에게 종을 영속시키는 데 필요한 건강한 생식기관을 가졌다는 이유만으로 상당한 수치심을 안겨 준다. 말을 곧이곧대로 받아들이기 쉬운 아스퍼걸들은 그 수치심을 그대로 받아들일 수도 있다.

> 학교에서 생리대를 교환할 때마다 얼굴이 아주 빨개졌어요. 그럴 리가 없을 텐데도 모든 사람들이 내 비밀을 아는 것만 같았죠. 그저 자연스러운 일인데 심한 수치심과 죄의식을 느꼈습니다. _엘피니아

탐폰이나 생리대를 학교에 가지고 가서 잊지 않고 교환하는 것은 완전히 새로운 일과이다. 꼼짝 못 하고 남의 도움이 필요한 상황이 생리통으로 인해 더 추가될 수도 있다. 우리는 남들에게 주시당하는 것을 좋아하지 않는다. 생리 기간이 되면 다른 사람들이 모두 자신의 생리에 관해 말할 것 같고 창피를 당할 것만 같다. 우리는 출혈 중이라는 사실에 집착해서 5분마다 화장실에 가려고 손을 들고 싶어할지도 모른다. 무슨 말인지 이해할 것이다. 일반적으로 신체 기능에 대한 수치심과 당혹감은 있을 수 있다. 화장실에서 옆 칸에 다른 사람이 있을 때 소변을 보거나 그저 코를 푸는 것에조차 일종의 수치심이나 두려움을 느낄 수도 있다. 그런 심리가 얼마나 강한지는 부모와 많이 연관되어 있으며, 생리에 대해 준비할 수 있도록 얼마나 정보를 주었는지, 잘 설명해 주었는지, 가족들은 얼마나 개방적인지 등과도 관련이 있다.

고기능 자폐증 소녀들이 비자폐증 소녀들과 다른 점 중 또 하나는, 비자폐증 소녀들은 생리를 여성이 되는 신호로 환영할 수 있지만 아스퍼걸은 그것을 자신의 유년기 혹은 인생에 끼어든 달갑지 않은 침입자로 여길 수도 있다는 것이다.

대체로 이 시기에는 우리가 선택적 함묵증으로 고통받기 시작하거나 함묵증의 강도와 빈도가 증가할 수 있다. 함묵증은 심각한 사회적 불안으로 인해 촉발된다. 그것은 사회적 접촉에 대해 극도로 놀라 흥분한 반응이 언어적으로 표현된 것이다. 위험에 처했을 때 프리징(강한 충격이나 자극을 받았을 때 제대로 대처하지 못하고 얼어붙은 듯 마비되는 상태 – 옮긴이)과 같은 반응은 편도체가 주관하는데, 아스퍼거 증후군을 가진 사람들의 편도체는 다른 사람들에 의해 자극을 받는다고 알려져 있다. 비자폐인들은 다수와 함께 있는 것이 안전하다고 판단하는 지점에서 자폐인들은 위험하다고 판단한다.

　내가 인터뷰했던 거의 모든 아스퍼걸이 인생의 어느 시점에 선택적 함묵증을 경험했고, 몇몇은 아직도 겪고 있다. 이렇게 간혹 말을 못 하는 증세는 아스퍼거 증후군을 가진 남녀 모두에게 있어서 마음과 언어를 공격하고 아주 불쾌하게 하지만, 특히 여성들은 사교적으로 능숙한 동물이어야 한다고 '요구된다.' 여성에 대해 "물이 깊을수록 고요하다"며 침묵을 미덕으로 치던 것이 불과 언제 적 이야기인가? 요즘은 말을 걸었을 때 대답을 못 하는 여성은 그저 수줍음이 지나치게 많거나 쌀쌀맞게 보일 뿐이다. 어쩌면 정신적으로 문제가 있는 것으로까지 보일 것이다. 본 모습보다 더 자신감 있게 보여야 칭찬받는 요즘 문화에서 우리의 수줍음과 내향성은 부정적인 이미지를 가지며, 그로 인해 우리는 매우 곤혹스럽고 고립된다.

> 머릿속이 얼어붙어서 그 후 며칠 정도는 무슨 말을 해야 할지 모를 때가 많아요. 대화를 지속할 능력이 그냥 중단되고, 아무것도 덧붙이지 않은, 미리 준비된 말만 할 수 있게 됩니다. _아네모네

> 내가 어릴 때 그런 일이 엄청나게 많이 일어났죠. 만일 누군가 화를 내면 대답을 할 수가 없었습니다. 목구멍에 아주 커다란 덩어리가 생긴 것 같았고 금속 같은 맛이 났어요. 전혀 말을 할 수가 없었어요. _샘

함묵증은 우리의 말뿐만 아니라 생각하는 능력 또한 앗아간다. 레코드 바늘에 비유하자면, 싫은 가사가 있는 부분에 바늘이 고정되어서 계속 같은 부분이 반복되는데 다음 가사로 넘어가도록 흔들어서 떼어낼 수가 없는 것과 같다.

나는 생각할 수는 있지만 속도가 아주 느립니다. 너무나 말을 하고 싶지만 할 수가 없어요. 그건 마치 정보 고속도로에서 교통 체증을 처리하려고 신경 연결 통로들이 다투고 있는데 정보의 과부하로 인해 길이 막히기 시작하는 것 같은 느낌입니다. 그래서 가장 먼저 언어를 담당하는 길이 막히게 됩니다. 결국 다시 말할 수 있게 되지만 속도가 느립니다. 교통이 다시 일정한 속도로 흐르게 되는 데는 시간이 걸립니다. _브랜디

내가 처음 함묵증을 겪었던 것은 어렸을 때 집에서였다. 우리집은 엉망진창에다, 가끔 폭력도 있었고, 거의 늘 변덕스럽고 불행한 느낌으로 가득했다. 내 형제자매들과 있으면서 가끔 한 번에 며칠씩 또는 더 오래 말을 할 수 없을 때가 있었지만 그들은 눈치채거나 신경 쓰는 것 같지 않았고, 자기네들 사정으로 바빴다. 학교는 나에게 일종의 성역이었지만 괴롭힘이 시작되자 더 이상 갈 만한 안전한 곳이 없어졌다. 내가 좋아했던 들판과 숲은 아파트 단지와 쇼핑몰로 인해 파괴되었다. 사춘기의 시작과 함께 함묵증은 위기 수준에 도달했다. 학교 선배들이나 괴롭히는 아이들과 있을 때마다, 그리고 특히 조직이나 목적이 없는 사교적 모임에 나갈 때마다 그러했다. 다른 아이들은 모두 아주 여유 있고 서로에게 무슨 말을 할

지 아는 것처럼 보였다. 마치 다들 대본을 받았는데 나만 즉흥 대사를 해야 하는 것 같았다. 나는 무척 혼란스러웠다. 드문 일이지만 내가 자신감이 있는 상태에서는 마음대로 행동하거나 허세를 부릴 수도 있었다. 그러나 보통은 그렇지 못했다. 처음에는 그 자리가 불편하고, 내가 어울리지 않는 것 같다는 느낌이 들기 시작한다. 누군가에게서 약간 악의를 느끼기도 한다. 불편함이 심해지고 어느샌가 팔다리가 마비된다. 말하는 능력과 모든 운동 기능이 타격을 받아 움직임이 매우 부자연스럽고 뻣뻣해진다. 머릿속도 얼어붙어 '애들은 나를 좋아하지 않아' 하고 계속 되풀이해서 생각한다. 사람들이 서로 이야기를 나누고 있을 때 나는 잘 참여하지 않고, 그래서 사람들 눈에 띄지 않게 되길 바라지만, 결과는 오히려 사교술이 부족하다고 티를 내서 눈에 띄게 될 뿐이다. 나는 일어나서 떠날 수가 없다. 몸이 그 자리에 얼어붙기 때문이다. 아이들의 시선은 탐조등처럼 점점 더 내게 쏟아진다. 가끔 그들은 그저 의아해 하는 듯 보인다. 쟤 왜 저래? 나는 반격할 수단도 없이 궁지에 몰린 듯한 느낌이 들었다. 그들은 나를 발견하고는, 말하라고 압박하며 직접적인 질문을 했다. 이때쯤 나는 그저 단조로운 단음절로 웅얼거리거나 다른 여자아이 중 한 명이 했던 말을 되풀이하기도 했다. 더 곤혹스러운 것은 웃음이 터지는 것인데, 이 시점에서는 기괴하게 킬킬거리는 것에 더 가까웠다. 내 머릿속에서 '애들은 나를 좋아하지 않아'라는 생각이 '그만해, 진정해, 왜 이래?'라는 자책으로 바뀐다. 불행하게도 일단 그 증세가 시작되면, 사람이든 환경이든 내 증세를 촉발시킨 것에서 멀리 떨어질 때까지, 그리고 내가 다시 혼자 있거나 친한 친구와 있을 때까지 멈추지 않는다. 그러고 나면 증세가 천천히, 고통스럽게 사라진다. 그것은 늘 내 모든 교우 관계를 망쳤다. 가장 친한 친구조차 나의 이상한 행동과 당황, 그리고 친구들을 당혹스럽게 만드는 것에 질렸다. 그런 경험을 하면 언제나 끔찍한 기분이 들었고, 우울해지고, 자신이 결함이 있는 것 같고, 자살하고 싶어지기까지 했다. 아주 어렸을 때 내가 몇 초 동안 머리를 가스오븐에 끼워 넣고 있었던 기억이 난다. 나한테 무슨 문제가 있는지, 왜 다른 아이들은 이런 일을 겪지 않는 듯이 보이는지 알 수가 없었다. 나보다 능력이 별로인, 내가 괴짜라고 여겼던 아이들조차 이런 모임에서는 말도 하고 농담도 하고 웃기도 한다. 함묵증이 내게 준 느낌은 일종의 깊은 당혹감, 수치심, 소외감이었다.

이번 주말에 친구들과 지인들에게 초대를 받았지만 그들과 함께 있는 내내 나의 선택적 함묵증이 계속되었습니다. 그들이 특정한 질문을 하지 않는 한 나는 한 마디도 할 말이 없었습니다. 질문을 받았을 때조차도 더듬지 않고 말하기가 아주 힘들었죠. _엘

곤혹스럽거나 긴장된 상황에 놓이면 나는 굳어져서 문장을 만들 단어가 떠오르지 않습니다. 세상에서 가장 답답한 일이죠. 그것은 내 인간관계에 많은 부담을 주고 자존감에 전혀 도움이 되지 않습니다. _브램블

함묵증인 상태에서 마비된 듯한 느낌은 점점 강해지고 더 자주 나타나게 되어 마침내 나는 기절하는 지경에까지 이르렀다. 자폐증 센터(Center for Autism)의 스티븐 에델슨(Stephen Edelson) 박

사에 따르면(2009), 자폐 아동의 약 4분의 1이 사춘기가 시작되는 기간에 발작을 겪기 시작한다. 대부분의 발작은 분명하게 드러나는 종류가 아니라 무증상일 것이다. 이 무증상 발작이 선택적 함묵증의 심층 원인일 가능성이 있다. 나는 분명히 뇌에 산소가 제대로 공급되지 않는다는 것을 느꼈다. 일단 내가 의식을 잃기 시작하자 우리 엄마조차 신경을 써야 했다. 나는 뇌 스캔을 받았는데 아무 이상도 나타나지 않았지만, 무증상 발작은 일반적인 EEG(뇌전도: 뇌파에 문제가 있는지 살펴보는 검사)로는 발견할 수 없다.

그 당시에는 아이들이 정신과 상담을 받지 않았고, 그런 문제에 관해 아무 조치도 취하지 않았다. 이 무렵, 내게 특별한 관심을 보여 왔었던 친척 한 명이 내가 잘못 크고 있다면서 나와 연을 끊게 되었다(나는 그녀가 공감 능력이 좀 부족하고, 언행을 내키는 대로 해 온 아스퍼걸이라고 믿는다). 나는 아스퍼거 증후군을 진단받지 못한 채로, 나를 겁주던 이웃 아이들 및 학교 아이들, 둔감한 선생님들, 엉망인 가정과 함께 홀로 남겨졌다. 나는 사춘기의 문턱에 있었다. 말도 제대로 하지 못했고, 걸을 때 팔을 마구 휘둘러 걸음걸이도 이상했다. 머리는 내내 떠져 있었고 다른 사람들처럼 생각하지 못했다. 나는 정상이 아니었다. 말할 것도 없이 삶은 지옥 같았다. 함묵증은 악마와도 같았으니, 유년기와 성장기의 완전 최악의 일면이었다. 나는 행복한 유년기를 보낸 사람들과는 거리가 멀다. 그들을 질투하진 않고 부러워한다.

함묵증은 사실 나의 가장 큰 문제입니다. 항상 그래 왔습니다. 뇌가 언어로 사고하지 않기 때문에 보시다시피 유창하게 말하기가 어렵습니다. 나의 뇌는 이미지, 소리, 패턴으로 사고합니다. 화가 나거나 긴장하면 뇌의 통역 시스템이 무너집니다. 계속 생각은 할 수 있지만 그 생각을 하나도 말로 전환할 수가 없고, 내 생각을 머릿속에서 바깥으로 정확히 꺼내 표현할 수가 없습니다. 그러면 나도 괴롭고, 내가 대답을 못 할 때 다른 사람들도 괴롭지요. _앤디

마약은 효과가 없다. 남들 앞에서 부자연스러운 것과 함묵증을 고쳐 보려고 내가 택한 방법 중 하나는 술과 마약이었다. 나는 '마음을 자유롭게 하고' 세상을 다르게 체험할 수 있는지 알아보기 위해 이 대안적 방법을 십대 초반에 시도했다. 어쩌면 이것은 이웃 사람들과 잘 어울릴 수 있는 방법일지도 몰랐다. 그러나 마약은 내 사회성을 기르는 데 아무런 도움이 되지 않았다. 사실 마약은 사회성을 더 악화시켰다. 함묵증과 의식을 잃는 일이 늘어났다. 아스퍼걸들과 그 부모들은 주의해야 한다. 우리는 심신이 너무 예민해서 마약을 하면 안 된다. 마약은 우리의 건강과 복지에 아주 해롭다.

드물긴 하지만 내가 모임에서 사실상 긴장을 풀고 말을 할 수 있었던 경우는 언제나 마음속으로 매우 행복하고 신나며 안심이 되는 상태일 때였다. 나는 지금까지도 누군가로 인해 겁을 먹으면 그 사람의 말을 이해하는 능력에 영향을 받아서, 무슨 말을 하는지 알아들을 수 없고 말이 안 되는 소리로 들린다. 결국에는 의사소통 능력이 방해를 받고 사고는 흐려지고 느려진다. 이제 나는 이것을 일종의 레이더처럼 이용한다. 내가 보다 넓은 범위의 사람들과 교제하는 것을 배우고는 있지만, 나에게 이런 식으로 영향을 미치는 사

람들은 보통 그다지 가까이하고 싶지 않은 사람들이다. 친절하고 열린 마음을 갖고 있으며 일방적으로 판단하지 않는 사람들은 나를 함묵 모드로 '변이'('mutate'라는 단어를 사용, 앞서 데임 케브가 자신을 엑스맨의 뮤턴트에 비유했던 것을 상기시킨다 – 옮긴이)시키지 않으며, 이들이 내가 가까이하고 싶은 사람들이다. 아스퍼거 증후군/자폐증을 가진 많은 사람들이, 우리가 육감을 가지고 있으며 어쩌면 이것은 일반적인 인지 기능의 결손에 대한 보상이나 대안일지도 모른다는 이야기를 한다. 나는 내가 '심술쟁이 탐지기'를 가졌다고 생각하는데, 방 안에 심술쟁이가 있다고 감지하면 탐지기가 나에게 그 사람과 말하지 말라고 한다. 물론, 입을 다물어야 할 사람은 내가 아니라는 것을 배워 가는 중이다.

함묵증은 20대 중반까지 지속되었습니다. 낯선 사람들이나 함부로 비판하기 좋아하는 사람들이 함묵증을 촉발시켰고 그런 사람들과 함께 있는 한 증상은 계속되었습니다. 선택적 함묵증이 오면 새로운 생각을 할 수가 없고 마치 암흑과 같은 상태가 됩니다. _위더스

함묵증은 상호 대화에 대한 관심 부족과 같은 것이 아니다. 그런 관심 부족은 스스로 조절할 수 있지만 함묵증은 그렇지 않다.

약물을 끊고 나서 나는 내 관심사에 대해 다른 사람들에게 독백(자폐인의 특징 가운데 하나로, 다른 사람 앞에서 이야기를 하지만 상호 대화가 되지 않고 실상 혼잣말에 가깝다 – 옮긴이)하는 것을 제외

하고 말을 하지 않습니다. 대화를 서로 나누는 것이 피곤하고 따라가기 힘들다는 것을 알았습니다. 나는 대부분의 날들을 나만의 생각을 하며 혼자 지냅니다. ⏤카밀라

🖐 아스퍼걸에게 드리는 조언

생리는 성가시지만 누군가 우리에게 그렇게 주입하려 했듯 신의 저주가 아니라 완전히 자연스러운 것입니다. 우리는 종을 영속시키는 자들이 될 선택권이 있고, 생리는 그것을 위한 것입니다. 여러분의 모든 신체 기능은 자연스러운 것입니다. 재채기, 똥 누기, 그 밖에 여러분이 당황스럽게 느낄 어떤 것도 말이지요. 하지만 생리통은 몸을 심하게 해칠 수 있습니다. 미돌(Midol, 생리통 완화약의 제품명 ⏤옮긴이)은 생리통을 조절하는 간단하고 효과적인 방법이며 일반적으로 요가, 마사지, 운동도 효과가 있습니다. 생리 일기를 쓰면 다음 생리를 예측하고 준비할 수 있습니다. 사물함에 탐폰을 보관하세요. 걱정할 필요 없습니다. 아무도 모릅니다. 그렇지만 생리 기간에는 좀더 냄새가 난다는 것을 알아 두어야 합니다. 따라서 데오도란트를 평소 사용하지 않는 사람이라면 이 시기에는 사용하는 것을 고려해 볼 수도 있고, 반드시 샤워는 정기적으로 하도록 합시다.

선택적 함묵증은 끔찍합니다. 발작이 아니더라도 그 느낌은 발작과 비슷합니다. 또한 지나고 나면 일종의 숙취와 같은 느낌이 남습니다. 재빨리 왔다가 사라지는 그런 것이 아닙니다. 함묵증의 신경학적 과정이 무엇이건 간에, 그 근원은 사회적·감정적인 것으

로, 자신감의 결여와 불편하고 겁먹은 상태입니다. 내 생각에 우리는 극도로 예민하여 다른 사람들의 분위기를 포착하며, 만일 부정적인 분위기를 포착하면 마음을 닫아 버립니다. 해결책은 두 가지입니다. 자신감을 높이고 다른 사람에게서 좋은 부분을 찾아내십시오. 어떤 면이든 여러분이 공감할 만한 부분을 발견하세요. 이것은 온갖 비판과 안팎에서 솟구치는 화학 작용으로 삶이 지뢰밭인 십대일 때 가장 어려운 일이지요.

언어 치료, 클럽, 특정 이익 단체, 전화, 슈퍼마켓에서 만난 낯선 사람 등…. 우리는 그저 말하는 연습을 해야 합니다. 사람들한테 "양키스는 어떤가요?" 하는 식으로 장단 맞춰야 한다는 게 아니라 대화를 유지시키기 위해 무엇이든 해야 한다는 의미입니다. 연습을 하면 나아질 것입니다. 여러분의 사회적 모임과 관심 범위, 지식 체계를 확장시키고 일자리를 얻기 위해 교육을 받으세요. 그러면 비슷한 생각을 가진 사람들과 어울릴 수 있게 됩니다.

상호적인 대화 기술은 향상될 수 있습니다. 대부분의 대화는 편안한 테니스 게임과 같아야지, 관객 한 명에 선수 한 명이 혼자 뛰는 게임이 되어선 안 됩니다. 그것은 선수에게는 즐거워도 보는 사람에게는 지루할 것입니다. 다른 사람이 말할 때 경청하는 법을 배우도록 하고 자신이 그 다음에 무슨 말을 할지 걱정하지 않도록 합시다.

사회적으로 상당히 탄탄한 입지에 있는 듯이 보이는 다른 사람들과 달리 우리는 아슬아슬한 상황에 있고, 조금만 잘못하면 균형을 잃기 쉽습니다. 함묵증을 극복하고 관리하는 능력은 우리의 전반적인 건강, 정신 건강, 행복, 식습관으로부터 영향을 받을 것입니다. 전반적으로 건강하다는 것은 단순히 질병이 없다는 것이 아니라 신체적으로 탄탄한 상태를 의미한다는 것을 기억하세요.

여러분은 아마도 성인이 되기 전에 함묵증에서 벗어나거나 적어도 함묵증의 빈도와 범위가 줄어들 것입니다. 여러분이 말을 못 하는 이유는 혼란과, 무슨 말을 해야 할지 모르는 것과, 자신에 대한 회의 때문입니다. 마치 막힌 배수관처럼 모든 것들이 머리와 목구멍에서 막혀 있습니다. 그런 증상이 일어나는 동안 정신적으로 스스로를 책망하거나 신체적으로 자해하지 마세요. 그것은 지나갑니다. 내가 약속할게요. 만일 여러분이 예를 들어 파티와 같은 불편한 장소에 있다면, 무사히 빠져나갈 수 있으면 빠져나가세요. 집에 가서 제일 좋아하는 음악을 틀어 놓고, 고양이나 부드러운 장난감을 껴안고 자신의 생각을 적으세요. 만일 이야기할 상대가 있다면, 다시 말할 수 있게 되었을 때 그렇게 하세요.

여러분 가운데 다수는 여러분을 '이해해 주는' 누군가가 분명히 있을 것입니다. 그러나 그런 사람이 없더라도 종이와 펜 또는 컴퓨터는 가지고 있을 것입니다. 쓰세요. 글쓰기는 나의 생명과 내가 대화를 나눴던 무수한 아스퍼걸들의 생명을 구했다고까지 말하기는 어렵더라도 내가 온전한 정신을 유지하도록 지켜 주었습니다. 글쓰기는 여러분의 생각을 입증할 것입니다. 즉, 여러분은 나중에 명료해진 머리로 그것을 읽고 자신이 생각하는 많은 부분들이 합리적이고 옳다는 것을 알게 될 것입니다. 어떤 글은 상당히 부정적일 것입니다. 그런 경우에는 여러분이 보고 있는 것과 생각하고 있는 것을 재구성할 필요가 있습니다. 우리의 정신을 컬러 렌즈라고 생각하세요. 때로는 모든 것이 회색으로 보이고, 때로는 같은 장면이 장밋빛으로 보입니다. 렌즈를 잘 조절하려면 여러분의 장점인 집중력과 훈련이 필요합니다.

여러분이 글쓰기를 하지 않는다면 예술, 춤, 음악 등 자신에게 맞는 수단을 이용하세요.

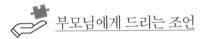 부모님에게 드리는 조언

여러분의 딸이 생리가 시작되기 전에 그것에 대해 배우고 실제적인 설명을 듣는 것이 중요합니다. 그렇지 않으면 자신의 몸에서 피가 나오는 것을 보고 무서워하게 될 것입니다. 만일 아이가 집에 틀어박혀 있다면 특히 힘들 것입니다. 아이는 자신에게 어떤 일이 일어나고 있는지 부모에게 말할 수 없거나 말하려 들지 않을 것이므로 이 '무서운' 일과 혼자서 씨름하고 있을 것입니다. 아이는 자신의 모든 신체 기능에 관해 심한 수치심을 가지고 있을지도 모릅니다. 이런 일에 대해 열린 태도를 갖는 것이 아이가 자신의 신체 기능을 좀더 편안하게 느끼도록 도울 것입니다. 생리를 돌려서 표현하는 '저주'라든가 '누더기' 같은 말은 쓰지 않는 것이 최선일 것입니다. 아이는 말을 곧이곧대로 생각하기 때문에 그것이 경멸적이고 부끄러운 것이라고 여길 것이기 때문입니다. 딸에게 과학적인 사실만을 전달하세요. – 네 자궁은 한 달에 3주 동안 혈액으로 채워져 있고 네 번째 주 동안 그것을 비워야 한단다. 별일 아니란다.

아스퍼걸인 딸이 잠자코 있으면 그건 아마 할 말이 없어서일 것입니다. 자기 생각에 빠져 있을 수도 있습니다. 그러나 만일 정말로 말할 수가 없거나 움직이지 못한다면 완전히 이야기가 다릅니다. 다른 어떤 사건이나 말 또는 무엇인가에 의해 야기된 것이 분명한 마비가 일어나고 있는 것입니다. 이런 일이 일어나고 있을 때 여러분이 다양한 촉발 기제를 발견할 수 있을지 알아보기 위해 아이에게 일기를 쓰라고 부탁하세요. 보통 새롭거나 불친절한 사람들에게 스트레스를 받는 것이 마비를 촉발시킵니다.

아이가 혼자 있고 싶어하는 것처럼 보일 수도 있고, 그러고 싶다고 말할지도 모르지만 그것은 지옥 같은 경험일 수도 있습니다. 또한 부모가 자기 방에 머무는 것을 아이가 원치 않는다고 해도 여러분이 신경 쓰고 있다는 것을 알아야 합니다. 딸아이는 곤혹스러울 것입니다. 아이에게 자기를 비난하려는 것이 아니라는 것, 아스퍼거 증후군을 가진 다른 소녀들도 똑같은 일을 겪는다는 것을 알려 주세요. 무력함은 일시적인 것이고 신체적인 원인과 해결책이 있다고 알려 주세요.

반복해서 말하자면 우리는 극도로 예민하고 사람들의 분위기를 잘 포착하며, 부정적인 분위기를 포착하면 마음을 닫는다고 생각됩니다. 이것은 일상적으로 수많은 비판을 듣게 되고 언제나 또래들에게 둘러싸여 있는 십대 시기에 가장 빈번하게 일어납니다. 또한 어릴 때는 환경을 잘 제어하지 못합니다. 딸아이의 사생활을 존중함과 동시에 여러분이 언제나 아이 곁에 있다고 알려 주십시오.

끌림, 연애, 섹스, 남녀 관계

끌림, 연애, 섹스, 남녀 관계

우리는 사물들에 관해 깊이 계속해서 오랜 시간 생각하는 놀라운 능력을 가졌다. 취미에서 이런 특성이 나타나면 열정이라고 일컫는다. 직장이나 학교에서는 이것을 집중력이라고 한다. 그러나 우리의 사생활에서는 집착이라고 부른다. 모두 같은 아스퍼거적 특징이다. 무생물인 대상이나 정보에 집착하는 것은 괜찮지만 사람에게, 특히 상호적 관심을 갖지 않는 사람에게 집착하는 것은 위험하다. 우리들 자신은 물론, 의사들과 부모들은 우리가 집착하기 쉬운 사람들이며, 이 점이 우리의 인간관계에서 주의해야 할 요소일 수 있다는 점을 이해해야 한다. 어떤 아스퍼걸들은 연애에 전혀 관심이 없다는 것이 사실이다. 그러나 우리는 감정적으로 천진난만하고, 매우 감각 지향적이며, 성역할에 대한 이해가 부족하고, 다른 사람들에 대해 싸움 아니면 도피 반응을 보인다. 그렇기에 만일 우리가 연애에 관심이 있다면, 실제로는 남자친구와의 교제를 지속하지 못하면서 연애에 대한 꿈같은 상상에 빠져 상대를 쫓아다니게 될지도 모른다.

나는 내가 반한 남자들과 결코 잘된 적이 없어요. 결국에는 스토커로 보이곤 했죠. 좋아하는 남성이 집에 있는지 알아보려고 하룻밤에 12번이나 전화를 하고 매일 밤 그와 이야기하려고 하면 안 된다고 배웠지만, 아직도 어느 정도가 적당한지 모르겠어요.
_엘피니아

내가 12살이었을때, 이웃의 가장 멋지고 잘생긴 소년들 중 한 명에게 집착을 했다. 그는 17살이었다. 나는 감각에 이끌려서 그의 머리카락과 눈을 처다보는 것을 멈출 수가 없었다. 어느 날 우리 모두 영화를 보고 있었는데, 그는 내 뒤 소파에 앉아 있었고 나는 TV 앞 바닥에 앉아 있었다. 나는 몇 초마다 고개를 180도 돌려 그를 보았다. 그는 내 시선을 피하며 그저 억지웃음을 지었다. 내가 떠난 후 엑소시스트에 관한 농담(영화 〈엑소시스트〉에서 귀신 들린 소녀 메건의 목이 돌아가는 공포스러운 장면에 비유한 것 - 옮긴이)이 만발했을 거라고 확신한다. 내가 그때 그 행동을 도저히 멈출 수가 없었던 것을 또렷하게 기억한다. 또한 아무도 내 행동을 눈치채지 못할 거라고 생각했던 것도 기억하지만 당연히 다들 눈치챘다. 어떻게 모를 수 있겠는가? 난 모두의 앞에 앉아 있었다. 그러나 난 마음이론(자신과 타인의 마음에 대해 이해하는 능력에 대한 이론. 이 능력이 제대로 형성되지 못하면 타인의 생각과 감정이 자신과 다를 수 있다는 것을 자각하지 못할 수 있다고 한다 – 옮긴이)의 능력이 결여되어 있었다. 즉, '나한테 내가 안 보이는데 다른 사람들한테 어떻게 내가 보이겠어?' 하고 생각한 것이다. 또한 내가 그를 사랑하니까 그도 나를 사랑하는 게 틀림없다고 믿었다. 몇 달 동안 그를 집착적으로 쫓아다닌 끝에 그가 마침내 화나고 거의 겁에 질린 목소리로 나를 비난했다. "너는 여자가 아니야. 난 네가 뭔지도 모르겠어." 그때 나는 처음으로 나의 어떤 부분이 남들을 겁먹게 할 수도 있다는 것을 깨달았지만 여전히 내가 무엇을 잘못했는지 짐작하지 못했다.

여자아이들은 새침을 떼는 게 당연시되지만 아스퍼걸들은 밀당을 하지 않는다. 성별에 따른 역할과 요구를 이해하지 못하는 것 외에도, 우리는 논리적이고 직접적인 존재들이다. '나는 그와 사귀고 싶다. 그러므로 그에게 데이트를 신청해야 한다'는 식으로 생각해서 비웃음과 거절을 자초할 수도 있다. 데이트의 전체 과정과 무엇을 할지, 어떻게 할지는 우리 대부분의 능력을 넘어서는 일이다. 우리는 데이트 상대를 끌어들이려는 식으로 행동해서 실패한다. 고등학교 때도 어른이 되어서도 부적절한 행동 때문에 우리는 자주 거절당할 수 있다. 그 결과 거절을 아주 두려워하게 되고 연애와 관련된 것은 무엇이든 피하게 될지도 모른다. 고독과의 평생 연애가 여기서 시작될 수도 있다.

> 나는 한 번도 남자 친구를 원하거나 로맨틱한 것과 관련되었던 적이 없습니다. _메건

대개 나는 남자를 무서워해서 어떤 남자가 내게 주의를 기울이면 내 레이더가 전력으로 가동합니다. 보통 나는 그가 두려워할 필요가 없는 사람이라는 것을 알게 되면 안심하게 되는 경향이 있습니다. 그러면 그냥 긴장을 풀고 그를 있는 그대로 받아들일 수 있게 되지요. _아네모네

어떤 행동을 해야 하는지 모르는 것 외에도 새로운 상대와 사귀게 되면 함묵증과 멜트다운 같은 극히 명백한 AS의 징후에 대한 그들의 반응을 걱정해야 한다. 무뚝뚝함이나 혼잣말을 하는 것처럼 표시가 덜 나는 AS의 특징조차도 데이트 상대는 이상하게 생각할 수 있다.

고등학교 때 친구는 많았지만 데이트는 많이 하지 않았습니다. 시도 때도 없이 사람들 앞에서 패닉을 일으켜서 데이트를 할 수가 없었습니다. _데임 케브

어떤 가까운 관계를 형성하기 위해서는 그 사람이 나의 여러 가지 이상한 점들을 불쾌해하지 않을 거라는 믿음이 필요했습니다. 예를 들면 사람들 앞에서 멜트다운을 일으키기 전에 파티 장소를 떠나야 하는 그런 점에도 말이죠. _스텔라

사회적 회피, 자신의 몸에 대한 말 못 할 두려움과 혼란, 선택적 함묵증, 부자연스러움, 틱 장애, 상호간 대화 기술 부족 등으로 인해 우리에게는 파트너 선택이 제한된다. 사회는 자신감과 외모를

높이 평가하는데 우리는 그다지 자신감이 없어 보인다. 우리는 또한 외모를 소홀히 할 수도 있다. 곱슬거리는 머리는 요즘 유행에 맞지 않는다는 것을 눈치채지 못할지도 모른다. 우리는 발한 억제 제품에 금속 물질이 들어가고, 화장품과 헤어 제품에 우리에게 유해한 화학 물질이 들어간다는 것을 안다. 그러나 그런 제품들을 사용하지 않기 때문에 우리가 수수해 보이고 심지어 좀 냄새가 날 수도 있다는 것을 깨닫지 못한다. 이로 인해서 우리는 남들에게 썩 매력적으로 보이지 않는다. 따라서 스스로에게 맞는 관리하기 쉬운 스타일과 최대한 자신을 돋보이게 할 천연 제품들을 찾아야 한다.

다행스럽게도, 우리의 짝은 한 사람이면 된다는 것이다. 그 사람도 아스퍼거 증후군을 가졌을 수도 있고, 아니면 적어도 별난 사람일 것이다. 우리가 특이하다는 것을 알고, 그럼에도 불구하고 우리를 좋아하는 것이 아니라, 바로 그 점 때문에 우리를 좋아하는 사람이다. 또한 우리의 특성 때문에 우리를 나쁘게 보지 않을 거라고 믿을 수 있는 사람이다.

우리는 미대를 함께 다녔고 그렇게 서로를 알게 되었어요. 데이트를 곧바로 시작하지는 않았어요. 그가 사귀자고 했지만 나는 너무 놀라서 처음에는 거절했지요. _라일리

나는 내 파트너와 네 살 때부터 알고 지냈고 우리는 초등학교 때 커플이 되었어요! 그는 나보다 더 AS에 대해 많이 알고 있고 나의 멜트다운이나 삶의 혼란에 대처하는 법을 아주 잘 알고 있어요. _사라

인간관계는 우리가 가장 뜻대로 할 수 없는 부분이기 때문에 누군가 우리를 나쁘게 대우해도 깨닫지 못하거나 그게 일반적인 것이라고 생각할 수도 있다. 젊을 때는 단지 누군가를 사귀려고 아무에게나 만족할 수도 있다. 누군가 우리를 원한다는 것에 그저 놀라고 기뻐할지도 모른다. 우리가 늘 원하는 타입의 상대를 얻을 수는 없기 때문에 종종 처음 파트너를 사귈 때는 상대가 우리를 선택하도록 한다. 우리는 상대를 별로 가리지 않을 수도 있다.

파트너들이 나를 선택하는 것 같고, 나는 누군가의 눈에 띄었다는 사실에 너무 우쭐해져서 제대로 된 결정을 할 수가 없어요. 누구든 사랑할 수 있을 것만 같아요. 그냥 나한테 잘 해 주면 돼요. _브램블

우리들 다수가 친구보다 파트너를 더 쉽게 사귄다. 아스퍼걸들은 주위 환경을 통제하고 싶어하는데, 남자친구에 대해서는 감각 문제 및 사회성 문제와 관련하여 자신을 따르도록 영향을 미칠 수 있다. 그러나 우리는 여전히 학대자들과 마음을 조종하려는 유형의 파트너들에게 쉬운 대상인데, 그들은 우리를 자신들에게 맞추거나 조종하기 쉬울 거라고 감지한다.

내가 어렸을 때는 다소 지배적이고 성적으로 학대하는 상대와의 관계에 머물러 있었는데, 주체적으로 생각할 줄 몰랐기 때문이에요. 남들은 무엇을 해도 되고, 하면 안 되는지 저절로 아는 것처럼 보였는데 나는 그런 것을 몰랐기 때문에, 내가 생각하는 건

모두 자동적으로 잘못되었다고 느끼게끔 되었어요. _올리브

이것은 우리의 겉으로 드러난 지능과 극명히 대조되는 심각한 결과를 가져올 가능성이 있다. 너무 일찍 임신을 하거나, 성병을 얻거나, 파트너 없이 홀로 아이들을 키워야 한다거나, 감정적으로나 성적으로 충족되지 못한 채로 지내게 되는 것이다. 대개 우리는 비교할 대상이 없기 때문에 자신이 충족되지 못하는 상태라는 것도 모른다. 우리 주변 사람들은 어떻게 그렇게 똑똑한 여성들이 남녀 관계에 있어서는 그렇게 나쁜 선택을 하는지 의아해하며 실망해서 고개를 젓는 일이 흔히 있을 것이다.

공통된 관심사를 갖고 있다고 해도, 그것은 친구를 선택하기에는 좋은 기준이지만 남녀 관계를 위한 충분한 토대가 되지는 않는다. 가령 당신과 남자친구가 음악적 취향이 같다고 해서 그가 당신에게 잘 해 줄 것이라는 의미는 아니다.

감정적으로 순진하고, 책과 영화를 사랑하기 때문에 우리들 중 일부는 사랑에 관해 극히 월트 디즈니적인 관점을 가지고 있고, 남녀 관계의 현실적인 모습을 그려 낸 것이 아닐 수도 있는 이야기들로 머릿속을 채웠다. 이상주의적인 것은 좋지만, 사람을 가리지 않는다면 우리는 번번이 상처받게 될 것이다.

나는 교제를 시작할 때는 일단 상대 남성을 믿어 주기로 하고 마치 그가 내 '운명의 짝'인 것처럼 대합니다. 결과는 늘상 실망하고 우울해지는 것이죠. 내 치료사, 친구들 등등은 교제 남성과 더 많이 이야기해 보고 괜찮은 사람인지 검증해야 한다고 해서

요즘에는 그렇게 하고 있어요. _앤 마리

어떤 아스퍼걸들은 자신들이 상처받기 쉽다는 것을 알지만 어떻게 하면 그러지 않을 수 있는지를 모르기 때문에 섹스와 교제를 모두 회피한다.

나는 실제로 성적인 관계까지 가 본 적이 없어요. 예쁘고 속기 쉬워서 너무 많은 남자들이 나를 강제로 휘두르려고 했지요. 그 결과 나는 육체적 관계를 갖는 것을 매우 경계하게 되었어요. _앤디

어린 시절에 우리는 매우 감각 중심적이기 때문에 머리카락이나 눈과 같은 것에 이끌린다. 좀더 나이가 들면 다른 아스퍼거인 같은 특이한 성격을 가진 사람을 찾기 시작한다. 더 나이가 들고 현명해지면 우리의 모든 요구를 충족시켜 줄 사람을 찾으려고 한다. 그러나 감각은 언제나 우리에게 중요한 비중을 차지한다. 대부분의 아스퍼걸은 상대에게 매혹되는 결정적인 요소로 체취를 꼽는다.

육체적으로 끌리는 상대란, 어떻게 설명하면 좋을까…, 냄새가 내 취향에 맞는 사람이에요. 나에게 맞는 경우 그의 목덜미 냄새를 맡으면 빠져들게 되지요. 만일 우리가 지적으로 동등하다면 말이죠. 그러나 냄새가 좋은 남자가 지적인 부분까지 잘 맞는 경우는 드물기 때문에 나는 지금까지 그런 남자를 겨우 두 명 만났을 뿐이에요. _시브

성행위는 감각 문제에 구애되지 않는다면 오히려 감각 문제로 인해 큰 영향을 받는다. 어떤 아스퍼걸들은 그것 때문에 섹스를 좋아하고, 극도로 강렬하고 쾌락적인 경험을 한다. 그러나 내가 인터뷰한 대부분의 아스퍼걸들은 바로 그 감각 문제 때문에 섹스를 좋아하지 않았다. 그것은 너무 고통스럽거나 그저 성가신 것이었다. 그 결과 다수는 스스로 독신을 선택했고, 반면 다른 이들은 주로 남편이나 파트너가 원한다는 이유로 섹스를 했다.

나는 친구들보다 훨씬 많이 섹스를 즐겨요. 내 고양된 감각이 그것을 더 즐겁게 해 주는 것 같아요. _앤 마리

성관계를 가지면 통증이 너무 심해서 오랫동안 파트너를 갖지 않았어요. _아네모네

부부 관계로 남편이 행복하다면 나도 행복해요. 같은 파트너와 30년이나 함께했는데도 나에게는 아직도 관계할 때 감각적인 자극이 너무 많아서 긴장을 풀 수가 없답니다. _포케그란

7년간 섹스를 하지 않았어요. 언제나 이걸로 들었다 놨다 고민하지요. 남자를 사귀고 싶은 것 같긴 한데, 실제로 누가 나에게 손을 대는 것은 무서워요. _엘피니아

인간관계를 추구하고 유지하는 데 대한 관심 부족으로 인해 어떤 사람들은 섹스를 즐길 터인데도 포기하곤 한다.

나는 섹스를 해 본 적이 없고 앞으로도 결코 하지 않을 거예요. 지금까지 살면서 딱 한 번 데이트를 했습니다. 또 아스퍼거 남성과 온라인 교제를 잠깐 했습니다. 나는 자신이 인간관계를 소홀히 한다는 것을 알았고, 그것은 다른 사람을 상처 주게 될 뿐입니다. _섀넌

관계를 갖는다는 것은 헤어질 위험도 있다는 것이고, 이별은 결코 쉽지 않지만 특히 아스퍼걸에게 어려울 수 있다. 우리는 스스로를 상처받기 쉬운 상황에 놓이게 하고, 누군가를 받아들이고, 새로운 일상이 뿌리내리게끔 한다. 사랑에 관해 순진한 생각을 가지고 우리는 '영원'을, 그는 '잠시 동안'을 생각한다.

오랜 교제 끝에 헤어졌을 때 마음이 너무나 괴로웠고 많이 울었어요…. 심한 멜트다운도 일으켰는데 그 남자친구(또는 여자친구)가 없는 일상을 재조정해야 했기 때문이죠. _데임 케브

다른 저자들은 AS 남성들이 연상의 여성들과 사귀거나 결혼하는 경향이 있다고 지적해 왔지만, 나는 우리의 경우 연하의 남성들과 사귀거나 결혼하는 경향이 있다는 것을 깨달았다. 많은 경우 이런 조합은 결과가 좋다. 우리는 실제 나이보다 젊게 행동하고, 느끼고, 종종 외모도 어려 보이기 때문에 연하의 남성과 잘 지내는 것은 이치에 맞는다. 그러나 실망에 이르게 될 수도 있다. 예를 들면 여러분이 34세이고 22세인 상대와 사귀고 있다면, 둘 사이는 아주 좋을 수도 있다. 하지만 그는 여러분이 바라는 종류의 약속을 할 준비

가 되어 있지 않을지도 모른다.

잘 보살펴 줄 파트너를 찾는 것은 어렵지만 만일 진단을 받지 않았다면 이번에는 파트너가 우리 때문에 힘들 것이다. 나는 AS인 것을 몰랐던 것이 내 모든 인간관계를 어느 정도는 망쳤다고 생각한다. 솔직히 지금까지 살아오면서 나는 남들로부터 손이 많이 가는 타입이라고 들을 만했다. 나는 감정 기복이 심하고, 신경질적이고, 무시무시한 분노발작과 대인기피성 우울발작을 일으키기 쉬웠다. 극도로 예민하고, 지속적으로 과부하를 일으키고, 마음이론이 결여되어 있고, 무뚝뚝했으며, 자신에게만 몰두해 있고, 생각과 행동이 경직되어 있었다. 자기 변명을 하자면, 나는 또한 열정적이고, 충실하고, 정직하고, 이상주의적이었다. 그러나 나는 순진했다. 남자에 관해 올바른 결정을 내릴 능력도 없이 강한 낭만적, 육체적 열망을 가지고 있었다.

우리들 대부분은 고등학교 시절 이후로 가장 친한 여자 친구가 없었다. 그로 인해 남자친구가 우리에게 연인일 뿐만 아니라 가장 친한 친구도 되어 주길 바란다. 만일 직장생활을 계속하지 못하고 자주 금전적 위기에 처한다면 그가 도와줄 수도 있겠지만 요즘 시대에 그런 식의 해결로는 오래가지 못할 것이다. 우리가 사회적 활동을 싫어한다면 밤마다 집에 앉아서 〈햄릿〉이나 〈센스 앤 센서빌러티〉를 수천 번 감상하고 있어도 행복하겠지만, 남자친구는 그렇지 않을 수도 있다. 그가 NT이건 AS이건, 그도 자기 나름의 사안들이 있을 것이다. 여러분을 있는 그대로 받아들여 줄 누군가를 찾아야 한다는 것은 맞는 말이지만, 만일 여러분이 스스로에 대해 모른다면 그들이 어떻게 알겠는가? 우리는 좋은 파트너를 사귀고, 마음을 얻기 위해 스스로의 결함을 알아야 한다. 그것이 내가 쓴 《아스퍼거 증후군을 가진 남자를 사랑하는 여성이 알아야 할 22가지 사실(*22 Things a Woman Must Know If She Loves a Man with Asperger's Syndrome*, 2009)》에서 말한 것이며 그 내용들은 자폐 스펙트럼에 속하는 우리들 여성에게도 마찬가지로 적용된다.

자신이 스펙트럼에 속한다고 밝히는 것은 언제나 중요한 선택이며 관계의 갈림길이다. 그것을 밝힘으로써 우리는 상대가 나를 알아 갈 기회를 얻기도 전에 그를 잃을 수도 있는 위험을 감수한다. 그러나 밝히지 않는다면 우리를 이해하기 위한 어떤 기준틀도 상대에게 제시할 수 없다. 우리는 새 파트너를 혼란스럽게 하거나 걱정하게 할지도 모른다. 상처받은 느낌을 들게 하고 관계는 망가지거나 중단될지도 모른다. 이런 이유로 많은 여성들은 오로지 자폐 스펙트럼에 속하는 사람하고만 사귈 것이라고 말한다. 아니면 적어도 아주 관대하고 좀 괴짜인 사람과 사귈 것이라고 한다. 스펙트럼 파트너를 가지면 분명 장점들이 있지만 비스펙트럼 파트너를 사귀면 한 가지 좋은 점이 있다. 바로 여러분이 못 하는 많은 일들을 그가 할 수 있다는 것이다. 긴 구두 지시를 기억하는 것, 사교 행사에서 여러분이 그저 미소만 짓는 알 수 없는 사람으로 보일 때 사람들과 이야기를 나누는 것 등이다. 누군가가 여러분의 부족함을 채워 주고 있다는 것을 알게 되면 기쁠 것이다. 물론 그는 새로운 소프트웨어를 이해 못 할 때마다 여러분에게 달려올 것이고, 따라서 두 사람의 관계는 완전한 공생 관계에 가까울 것이다. 그러나 그는 유머 감각이 좋고, 지적이고, 우리가 싸우고 있는 모든 문제들에 대해 잘 이해하는 사람이어야 한다.

✋ 아스퍼걸에게 드리는 조언

여러분이 양자물리학이나 만화, 또는 '던전 앤 드래곤'(Dungeons and Dragons: 미국 TSR사가 1974년 출판한 테이블탑 롤플레잉 게임, TRPG에 관한 규칙이다. 이후 판타지 소설과 컴퓨터 롤플레잉 게임에 큰 영향을 미쳤다 – 옮긴이)에 관해 이야기할 때 상대방 남성이 제대로 응수하지 못한다면 아마도 그는 여러분에게 적합한 상대가 아닐 것입니다. 만일 그가 당신의 무뚝뚝함에 당황한다면 당신은 그에게 맞지 않는 것이겠죠. 그가 여러분의 농담이나 말들, 기타 등등을 이해하지 못한다면 계속할 마음이 나겠습니까? 우리는 자신에게 결함이 있다고 느끼기 쉽고 그런 자신을 변화시켜 남들에게 인정받고 싶어합니다. 우리는 다른 사람의 흉내를 잘 내며 남자들이 좋아할 유형의 여자를 흉내 낼 수 있을 거라고 생각합니다. 공을 들이는 것은 좋지만 가장 중요한 것은 자신답게 행동하는 것입니다. 스스로를 깎아내리지 마세요. 자신의 독특함을 맘껏 즐기세요. 여러분의 지성과 말솜씨에 자부심을 가지세요. 괴짜 파워를 자찬합시다. 똑똑한 사람들이 섹시한 것을 보면 여러분은 사실 괴짜도 아닐지 모릅니다. 여러분은 부자연스러운 것이 아니라 그저 자신감이 부족한 것인지도 모릅니다. 누구든지 스타일리스트는 구할 수 있습니다. 그러나 모든 사람이 지성을 가질 수는 없습니다. 여러분의 독특함은 결국 개성적인 스타일로 바뀔 것이며 그것이 진정한 당신입니다. 그것이 여러분과 진정으로 통하는 파트너를 발견하는 방법입니다. 여러분은 학교에서 가장 인기있는 여학생이었던 적이 한 번도 없었을지도 모르겠습니다. 나는 고등학교 때 우리 학교 '최악의' 여학생으로 뽑혔고(비공식적인 투표에서였지만 남자 화장실에서 열린 매우 큰 모임이었죠) 그것이 상처가 된다는 것을 압니다. 그러나 여러분이 진실하고 자신의 관심사를 추구한다면, 그것이 바로 친구든 동료든 연애 상대든 여러분의 소울메이트와 이어질 수 있는 길입니다.

여러분이 좋아하는 남성이 자신을 좋아하게 만들려고 많은 시간과 정력을 소모하는 대신에, 이미 여러분을 좋아하는 사람과 사귀세요. 그 편이 시간도 마음고생도 덜 수 있을 것입니다. 믿거나 말거나, 이것은 모든 연령대와 스펙트럼에 속한 독신자들이 들어 둘 필요가 있습니다. 또한 만일 여러분이 원하는 타입의 남자가 여러분의 독특함을 눈치채지 못한 것 같다면, 스스로 타고난 개성을 최대한 발휘하고 있는지 자문해 보아야 할 것입니다. 나 자신을 포함해서 우리들 다수는 외모를 꾸미는 데 돈과 시간을 많이 들이는 것이 터무니없고 바보 같은 짓이라고 생각하지만, 그것을 일을 얻기 위한, 즉 관계를 만들기 위한 '유니폼'이라고 생각하면 좀더 입을 마음이 들 수도 있을 것입니다. 나는 글을 쓸 때 주위에 아무도 없으면 며칠씩 같은 목욕 가운을 입고, 화장도 하지 않고 머리도 빗지 않고(알아요, 옥!) 지낼 수 있지만, 현재의 파트너에게 계속 관심을 끌고 싶답니다. 그래서 겉포장을 예쁘게 유지하려고 애쓸 것입니다. 그것은 내면에 있는 것만큼 중요하지는 않지만, 남자들은 매우 시각적인 존재들이고 세상이 모두 항의해도 그것을 바꿀 수는 없습니다. 이 충고는 우리가 인생에서 원하는 모든 것에 적용됩니다. 우리의 외모는 우리가 받아들여지기를 원하고 우리가 그 일부가 되길 원하는 장르, 일, 서브 컬처 등등과 어울려야 합니다.

우리 중 다수가 향수는 물론, 비누, 샴푸, 로션, 염색약에 들어가는 화학 물질들을 불신하기 시작했습니다. 자신이 아스퍼거 증후군이라고 알기 오래 전부터 우리는 이런 것들을 아주 싫어했고 발진에서 두통에 이르는 반응을 보여 왔습니다. 그 결과로 우리는 극소수의 제품만을 사용하고, 까다롭게 제품을 고르고, 좋은 제품을 발견하면 충성도가 높습니다. 화학 물질에 예민해서 씻지 않을 수도 있는데 우리는 자신의 냄새에 어느 정도 면역이 생길 수 있지만 남들은 그렇지 않지요. 따라서 아예 안 씻는 것보다는 대안적인 천연제품을 직접 만들거나 사는 것이 좋을 것 같습니다. 또한 찾아보면 금속 물질이 첨가되지 않은 데오도란트와 유기농 천연향도 시중에 나와 있습니다. 인터넷 게시판에 가면 다른 사람들이 하고 있는 것을 알 수 있고, 우리가 사용할 수 있는 제품들을 판매하는 가게와 사이트에 관해 듣거나 다른 아스퍼걸에게 조언을 얻을 수도 있으니 얼마나 인터넷이 고마운지요.

우리는 외부 환경을 제어하려는 욕구를 가지고 있고 이것은 우리의 인간관계에까지 영향을 미칩니다. 우리는 어떤 남성을 좋아하면 우리 쪽에서 먼저 그에게 전화를 하거나 사귀자고 하는 등의 행동을 취할 수도 있습니다. 그런데 그도 또한 아스퍼거 증후군이거나 대단히 편견에서 자유롭지 않은 이상 이런 행동은 궁극적으로 최선이 아닐지도 모릅니다. 그를 싫증나게 할 수도 있습니다. 여러분은 NT 여성이 아니지만 여전히 여성이며, 사회는 아직도 생각보다 더 보수적입니다. 아직도 남자 쪽에서 여자 쪽에 전화를 먼저 걸어야 한다고 여겨지고 있습니다(내 기준이 아닙니다. 난 성역할을 싫어해요). 게다가 여러분의 경우에는, 전화를 했는데 그가 당장 답신 전화를 해 주지 않으면 화가 나서 집착적으로 계속 다시 전화를 걸지도 모릅니다.

젊은 아스퍼걸에게 드리는 조언

여러분이 안전한 행동이라고 느낀다면, 좋아하는 사람에게 가끔 미소와 짧고 친근한 말로 마음을 전하세요. 그러나 그가 당신을 이해하지 못한다면 그의 체취가 아무리 좋아도, 그의 눈동자가 아무리 아름답고 머릿결이 부드러워도 그는 당신의 짝이 아닙니다. 만일 스스로가 그에게 점점 집착 행동을 하기 시작하는 것을 자각한다면 그 관계를 그만두세요. 무생물인 대상, 책 또는 지식을 다룰 때는 집착해도 괜찮지만 사람을 대할 때 집착은 위험하고 상대를 두렵게 하거나 관계를 방해할 수 있습니다. 그 때문에 이루어질 뻔한 관계를 망칠 수도 있고 좋지 않은 소문이 날 수도 있습니다. 여러분이 그에 관해 아직 잘 아는 상태가 아니라는 것을 명심하세요. 우리는 그의 기이한 점들, 별난 점들(특히 그도 AS를 갖고 있다면) 또는 단순히 그의 머리카락, 눈, 저녁 무렵 거뭇거뭇 자란 수염에 매력을 느낄지도 모릅니다. 스스로에게 다음과 같이 상기시킵시다. a)나는 전혀 그를 잘 알지 못한다, b) 인생은 제인 오스틴(Jane Austen, 1775-1817, 영국의 소설가. 《이성과 감성》, 《오만과 편견》 등을 썼다 – 옮긴이)의 소설이 아니다. 아스퍼걸에게는 '첫눈에 반한 사랑'과 반대로, 잘 알아보고 심사숙고해서 상대를 선택하는 것이 최선입니다. 우리는 다른 사람의 의도를 처음에는 잘 읽지 못하고, 누군가를 알게 되기까지 다른 사람들보다 시간이 많이 걸릴 수도 있기 때문입니다. 서두르지 않는 것이 좋습니다.

서로에게 호감을 가진 교제를 할 때, 여러분이 스펙트럼에 속해 있다고 초기에 밝히는 것이 바람직할 것입니다. 내가 파트너와 사귀기 시작했을 때 그는 내가 하는 일을 통해 내가 아스퍼거 증후군이라는 것을 알았습니다. 그는 나와 사귀려면 그것에 관련된 도서를 읽어야 하고 관련 정보를 얻어야 한다는 것을 깨달았습니다. 나한테는 딱 안성맞춤이었지요. 나는 '정상'이 되려고 하기 싫었습니다. 거기에 속하지 않는걸요. 그는 이제 거의 나만큼이나 아스퍼거 증후군에 관해 많이 알고 있고, 감각 문제와 감정 문제가 발생하는 것을 예측할 수 있습니다. 남자들은 다른 사람을 훌륭하게 돌볼 수 있고 매우 세심하답니다. 단지 우리가 여성이기 때문에 모든 감성적인 일을 해야 하는 것은 아닙니다!

만일 여러분이 아직 모든 것을 밝히고 싶지 않다면 그래도 자신의 요구 사항을 말해서 첫 데이트에 그가 여러분을 잘못된 장소나 행사에 데려가지 않도록 할 수 있을 것입니다. 예를 들어 파티에 가게 되었다면 여러분은 그에게 서로 이야기를 나누고 알아 갈 수 있도록 좀더 조용한 곳으로 가고 싶다고 말할 수 있습니다. 만일 그것으로 인해 그가 눈살을 찌푸린다면, 지금의 그는 당신에게 맞는 사람이 아닙니다.

우리는 미리 우리의 요구 사항들을 알아 두어야 합니다. 어떤 사람들은 파트너가 자기를 안심시켜 주길 바랍니다. 또 어떤 사람들은 그럴 필요가 없고 그저 일주일에 두 번 연락을 받고 나머지 시간에는 혼자 있는 것으로 만족합니다. 사랑은 우리가 바라고 상상한 것만큼 달콤하지 않을지도 모릅니다. 우리는 여전히 방에서 도망치고 싶고, 손을 잡는 것을 싫어하고, 남자친구를 일주일에 한두 번 이상은 만나고 싶지 않을 수도 있습니다. 이것은 우리의 예상과는 어긋난 것입니다. '내가 왜 이럴까? 왜 그와 좀더 자주 만나고 싶지 않을까?'라고 자문할지도 모릅니다. 심지어 긍정적인 관계를 포기할지도 모릅니다. 이런 종류의 일은 이미 겪었으니까요. 자신에게 맞는 사람이 맞지 않는 사람보다는 부정적인 영향을 덜 미치거나 자폐증 버튼을 적게 누르겠지만, 그들도 역시 또 다른 인간이며 그렇기에 멋진 남자(또는 여자)와의 사이에서도 물러나 재충전할 필요가 있습니다. 우리는 '운명의 상대'라면 우리를 이렇게 만들지 않을 것이라고 생각합니다. 잘못된 생각이지만 기본적으로 자신에게 맞는 파트너는 자폐증을 치유해 줄 것이라고 생각하는 것이지요. 그렇지 않습니다. 그가 어떤 자극을 주든 여러분은 여전히 편도체를 자극받고 때때로 도망치고 싶어질 것입니다.

우리는 대부분의 시간 동안 상상력이 부족한 채로 지내기 때문에 긍정적인 강화가 필요합니다. 데이트를 할 때 한 가지 문제는 상대 소년 혹은 남성에게서 연락이 없으면 그가 자신을 어떻게 생각하는지 걱정하거나 궁금해합니다. 매 순간 일어나는 일들을 가지고 관계나 상황을 판단하려고 하지 마세요. 사귄 지 얼마 되지 않았을 때 그가 매일 전화하지 않는 것은 일반적인 일입니다. 그것이 그가 여러분을 좋아하지 않는다거나 여러분을 생각하지 않는다는 의미는 아닙니다. 내가 지금 사귀고 있는 애인이 다음과 같은 조언을 해 주었습니다.

여러분은 상대방과 하고 싶은 일이 많겠지만 만일 여러분의 기대에 부응할 수 있도록 상대방에게 주는 시간의 창문('시간적 기회'란 의미로, 여기서는 시각적 상상을 돕는 '창문window'이라는 표현을 사용하고 있다 – 옮긴이)이 작다면 그건 이루어질 수 없을 것입니다.

나는 이 '창문'이라는 표현에서 오는 시각적 지원이 아주 효과적이라는 것을 알았습니다. 창문 이미지는 내가 다른 사람들이 무슨 생각을 하는지 걱정하고 궁금해하는 것을 막아 주고, 잘 모르는 일에 관해 내 마음대로 추측하여 때때로 생각이 통제 불능에 부정적 방향으로 치닫게 되려는 유혹을 막아 줍니다. 내 파트너는 우리의 관계에 대해 이런 말을 덧붙였습니다.

나는 루디의 자폐증에 대해서, 또한 그것이 우리 두 사람과 관련해 어떻게 다루어져야 하는지 많이 배우고 있습니다. 그녀에게는 두려움이 곧 고립을 의미합니다. 두려움을 느끼면 그녀는 홀로 혼란 상태에 빠져듭니다. 여러분이나 나(비자폐인)와 달리, 그녀는 완전히 바닥을 칠 때까지 계속 그러고 있으며 멈추기 힘들어합니다. 자폐인들에게는 선을 아주 확실하게 그어 주어야 합니다. 어떤 계획이든 좌절되면 그들은 길에서 벗어나게 되므로, 그렇게 되지 않도록 명확한 방향을 제시해야 하죠. 그것은 마치 작은 불씨와도 같아서 당장 주의하지 않으면 더 큰 불이 됩니다. 어느 관계와 마찬가지로 의사소통이 열쇠이며, 나는 지금도 그녀가 아스퍼거 증후군을 가진 사람으로서 필요로 하는 것에 대해 알아 가고 있습니다.

나는 현재의 그를 만나기 전에는 다른 많은 아스퍼걸들과 마찬가지로 스스로에게 제대로 기준을 정해 두지 않았고, 내게 무관심하거나 난폭한 남자들을 사귀었습니다. 언제나 최선을 다하려고 했고 그들의 좋은 점을 사랑했지만, 받는 것보다 훨씬 많이 주고 있다면 그렇게 너그러운 것이 좋은 일은 아닙니다. 나는 혼자서도 잘 지냈을 것이고 사실 성인이 되고 여러 해를 독신으로 지냈습니다.

어떤 아스퍼걸들은 혼자인 것에 만족하고, 사람들이 "외롭지 않아요?"라며 부담을 줄 때 왜들 저러는지 알고 싶어집니다. 여러분이 무엇을 하든 남들이 상관할 일이 아니며, 만일 여러분이 혼자인 것이 좋다면 여러분은 결함이 있는 것이 아니라 운이 좋은 것이랍니다.

여러분의 인생에서 다른 것들에 대한 것만큼 연애에서도 실리적이 되세요. 다음과 같이 따져 봅시다.

- 당신의 마음은 행복합니까? 그는 그 행복을 더해 주는 사람인가요, 아니면 빼앗아 가는 사람인가요?
- 그의 곁에서 자신답게 있을 수 있습니까?
- 그는 당신의 삶과 행복을 향상시켜 주는 제안을 합니까?
- 당신이 가진 것을 최대한 활용하고 당신의 존재를 나타내기 위해 스타일과 외모에 공을 들인 적이 있습니까?

섹스에 관해서는, 사회가 아니라 여러분이 선택한 것을 따라야 합니다. 성인들이 서로 동의해서 하는 한 자신이 원하는 대로 하면 되는 것입니다. 만일 자신이 그다지 섹스를 이해하지 못한다고 느낀다면, 그리고 더 자세히 알고 싶다면 상담사, 책, 비디오, 그리고 자신의 선택지를 살펴보기 위해 할 수 있는 일들이 있으니 도움을 받으십시오.

때가 되었다고 생각해서 섹스를 서두르지는 마세요. 무엇인가에 관한 첫 경험은 지울 수 없는 흔적을 남깁니다. 그것은 적합한 사람, 즉 여러분을 알고 이해하고, 가급적이면 여러분이 AS를 가지고 있다는 것을 아는 사람과 해야 합니다. 우리는 안전하다고 느껴야 합니다. 만일 여러분이 불쾌하거나 불만족스러운 경험을 했다면, 잘 맞는 사람과의 섹스는 엄청나게 다를 수 있고 훨씬 만족감을 줄 수 있다는 것을 알아 두세요.

우리의 어색한 사회적 기술은 가끔 혼동을 초래합니다. 나는 지금까지 살아오면서 그저 친근하게 굴고 눈맞춤을 연습하는 것으로 인해 들이댄다는 오해를 자주 받았습니다. 남자들은 우리의 의도를 잘못 읽을 수 있습니다. 누군가 여러분을 원한다는 것은 으쓱해지는 일이지만 그것에 응할 필요는 없습니다. 단지 낮은 자존감 때문에, 누군가 여러분을 원하는 것이 자주 있는 일이 아니라는 이유로 누군가와 잠자리를 해서는 안 됩니다. 그 대신 자신을 사랑하고, 파트너에게서 스스로가 필요로 하고 원하는 것을 알아내려고 애쓰십시오. 그 남성 또는 여성을 발견하는 데는 시간이 걸리겠지만 그 경험은 기다릴 가치가 있을 것입니다.

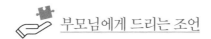 부모님에게 드리는 조언

여러분의 딸은 연애를 헤쳐 나가느라 힘든 시기를 보내고 있을

지도 모릅니다. 아이가 행복한지, 외로운지, 기타 등등에 대해 알아보도록 하세요. 아이가 외모를 가꾸고 자신의 개인 스타일과 취향을 유행에 맞추도록 격려함으로써 남들과 너무 달라 보이는 것 때문에 괴롭힘을 당하지 않도록 해 주세요. 어느 정도 반문화적이고 독특한 것은 좋지만, 학교에 핫팬츠를 입고 짝짝이 신발을 신고 가는 것은 그저 괴롭힘을 당하게 할 뿐입니다. 우리들 중 대다수가 젊은 시절, 머리를 감거나 화장을 하거나 옷을 갈아입는 것을 잊어버리기 일쑤입니다. 우리들 대부분은 쇼핑을 싫어하지요. 딸을 도와주세요. 아이가 동경하는 역할 모델의 외모나 스타일과 비슷한 것을 찾아내십시오. 비교적 따라하기 쉬운 것을 찾으십시오. 아이가 단정한 두발과 복장을 하도록 하십시오. 머리, 손톱, 기타 등등을 잘 다듬도록 상기시키세요. 딸은 나이가 들면 이런 일을 더 잘하게 되겠지만 여전히 우울한 일이 생기거나 바쁘면 단정치 못하게 될 것입니다. 딸은 대부분의 사람들이 생각하는 '여성스러운' 여성은 아닐지 몰라도 칭찬과 긍정적인 강화를 해 주면 더 잘하게 될 것입니다.

성에 관해 이야기하는 방법을 조금 익히십시오. 딸에게 적합한 시기와 상대를 만나면 성이란 믿을 수 없을 정도로 멋진 일일 수도 있다는 것을 알려 주세요. 아스퍼걸이 부모에게서 지원과 이해를 받지 못하면 너무 이른 시기에 세상을 접하게 되고, 어떻게 대처해야 할지도 모르고 대응할 준비도 되어 있지 않은 상황에 반드시 처하게 될 것입니다. 이것은 감수성이 예민하고 감정적으로 순진한 어린 소녀에게 암울한 영향을 미칠 수 있습니다. 즉, 아스퍼걸들은 진심으로 좋아하지도 않는 남자들에게 종종 휘둘리게 됩니다. 설령 여러분의 딸이 별로 듣고 싶어하지 않는 것 같더라도 딸에게 예쁘고 소중하다고 말해 주어야 합니다. 그렇지 않으면 누가 약간만 성적으로 아첨해도 들떠서 과잉 반응을 할 것입니다.

어떤 부모들은 아이가 성에 관해 일반적이지 않은 생각을 가지고 있다며 걱정을 합니다. 예를 들면 포르노 사이트를 방문하는 것 등이지요. 아스퍼걸들은 일반적으로 일부일처제 주의자들입니다. 사회적으로 수줍어한다는 사실만으로도 우리는 성생활에서 상당히 보수적입니다. 상상 속에서는 좀더 대담할 수 있을지 모르지만 말입니다. 딸이 성적으로 문란하게 될까 봐 걱정하지 마세요. 여러분이 아이에게 자신을 소중히 여기도록 가르친다면 문제 없을 것입니다.

교우 관계와 교제

교우 관계와 교제

　언젠가 영국의 술집에서 "적들에 관해서는 신경쓰지 마시기를. 신이여, 우리를 친구들로부터 구하소서!"(적들보다 무서운 것이 친구들이라는 의미 – 옮긴이)라고 적힌 명판을 본 적이 있다. 누가 그런 말을 했든 그는 아스퍼거인이었음이 틀림없다. 우리는 혼자만의 시간을 사랑하기 때문이다. 또한 터무니없는 대화와 무의미한 활동으로 평화가 망가지지 않기를 바란다. 하지만 동시에, 우정과 즐거움 또한 갈망한다. 복잡한 문제이다. 아스퍼거 증후군을 가진 사람들은 모든 사회적 접촉에 대해 싸움 아니면 도피 반응을 보인다. 우리는 있는 그대로 받아들여지기를 바라지만 긴장을 풀 수 없는 상황에서 사람들과 있으면 자신답게 있기란 어렵다. 그런 상황에서는 아드레날린이 돌기 시작한다. 만약 도망치지 않고 거기 있게 된다면 모든 사람들의 주목을 독차지하거나 마구 떠들어 대거나 원맨쇼를 벌인 다음, 집에 가서 '파티 후 멜트다운'을 일으킬지도 모른다.

> 나는 사교적인 잡담을 하지 않습니다. 모든 일은 목적이 있고 분석과 연관되어 있습니다. 가끔 사교 모임에 참석은 하지만 그 대가로 다음 날 감정적 과부하나 멜트다운, 편두통을 겪게 됩니다.
> _카멜리아

이로 인해, 그리고 우리가 매일 씨름하는 다른 모든 무수한 의사소통과 감각 문제로 인해 우리는 보통 교우 관계를 유지하기가 어렵다는 것을 알게 되고, 따라서 혼자 지내는 것을 선택한다. 이것은 아스퍼걸들에게 남성 아스퍼거인들과는 약간 다르게 작용한다. '고독한 늑대'라는 표현을 여성한테 쓰는 것을 들어 보았는가? 친구가 없는 여자들은 간단히 말해서 괴짜 같고 수상쩍은 고양이 여사(고양이를 많이 키우는 중년 또는 노년의 독신 여성을 의미하며, 성격이 약간 이상한 사람으로 여겨지기도 한다 – 옮긴이)로 간주된다. 남자가 혼자 지내는 것은 그럴듯하고 허용될 만한 일이지만, 여자는 매주 여자 친구들과 칵테일 파티의 밤을 마련하거나 전화기를 붙들고 사는 사교적 존재로 여겨지고 요구된다. 대중 매체와 대중 문화의 신화에 따르면, 여자들은 쇼핑몰은 말할 것도 없고 화장실조차 혼자서 가지 못한다고 한다. 현실에서, 원하든 원치 않든 아스퍼걸들은 친구가 거의 없거나 전혀 없다.

우리의 어려움은 보통 학교에서 시작된다. 다른 소녀들은 우리의 유행에 맞지 않는 옷차림과 내성적이거나 특이한 태도를 비웃을지도 모른다. 일단 집단 괴롭힘을 당하게 되면 다른 사람들은 아마도 거의 보게 될 일이 없을 인간 본성의 어두운 면을 엿보게 된다. 훗날 여러분이 사람들과 잘 지내는 법을 배우고 사람들의 좋은 면을 알게 된다고 해도 그것은 결코 잊을 수 없다. 그것은 여러분이 다른 사람들과 진정으로 가까워지는 것을 막을 수 있다. 왜냐하면 여러분은 인기를 얻게 되는 요소에는 심오하거나 지속적인 가치가 있는 것이 아니라고 믿게 되기 때문이다. 우리를 알기 위해 시간을 내어 줄 누군가를 찾을 수 있다면 학교에서 친밀한 또래 관계를 가꿀 수 있다.

4학년에서 9학년까지 제일 친한 친구가 있었습니다(그 아이는 외국으로 이주했습니다). 다른 모든 친구들과는 일시적인 사이였어요. _위더스

등교 첫날부터 8학년이 될 때까지 괴롭힘을 당했습니다. 그 후 친구를 한 명 사귀었습니다. 많은 사람들이 (적어도 처음에는) 나를 흥미로운 사람이라고 생각하지만 내 인생에서 사람들을 원하지 않기 때문에 그들을 멀리하려고 합니다. _시브

우리는 '적절한 또래 관계'를 형성하거나 유지하지 못한다. 어릴 때는 지적인 성숙함과 과독증(hyperlexia, 또래에 비해 뛰어난 읽기 능력을 가졌지만 문장 이해력은 떨어질 수도 있는 증상 – 옮긴이) 때문에 자신보다 나이 든 사람들에게 끌릴지도 모르지만 나이가 들어

감에 따라 나이 어린 사람들과 있을 때 더 편안함을 느낄 수도 있다. 우리는 정서적으로 성숙하지 못하기 때문이다. 어른이 되면 동년배들이 따분하고 공통의 관심사가 부족하다고 깨닫는다. 예를 들면, 얼터너티브 음악 형식을 띤 새로운 곡들은 나 자신을 포함해서 아스퍼걸에게 엄청나게 중요하지만 내 동년배 중 많은 이들은 여태 십대 시절에 듣던 음악을 듣고 있거나, 그렇지 않으면 나이 든 사람들이 따뜻한 플로리다로 이주하듯이 컨트리 음악으로 취향을 바꿨다. 그들은 유행이 지난 옷차림을 하고 자기 나이에 맞다고 여기는 헤어 스타일을 한다. 나에게는 그들이 그저 고리타분해 보인다. 내가 드물게 디너 파티에 참석하면 언제나 얼마 안 있어 모든 대화들이 찰리 브라운네 선생님이 "와 와 와 와 와…"(찰리 브라운은 찰스 슐츠Charles Schulz의 만화 피너츠Peanuts에 등장하는 인물이다. 선생님이 지루한 설명을 하면 찰리 브라운을 비롯한 아이들에게는 그저 와와거리는 소음으로 들리는 것처럼 묘사되어 있다 – 옮긴이) 하고 말하는 소리처럼 들리기 시작한다. 파티의 모든 사람들이 아무리 친절하고 지적이라도 나는 그저 집에 돌아가 내 튀튀(발레 치마 – 옮긴이)를 입고 롤러블레이드를 신고 싶을 뿐이다. 간단히 말해 개방적이고 젊은 태도를 가졌으면서도 내가 이해하는 방식으로 성숙하고 노련한 사람들을 찾는 것은 무척 어렵다.

나는 아이 엄마이지만 아직도 내 방은 싱글 침대, 곰 인형, 코끼리 수집품과 작고 잡다한 장신구 따위들이 있는 아이 방처럼 보입니다. 나는 어린아이처럼 삽니다. 또한 마치 내 정서가 제대로 발달하지 못했으면서도 극단적인 것 양쪽 다인 것 같습니다. 나는 분노발작과 멜트다운을 일으키기 쉬워요. 특별한 관심사가 아닌 한 어른들과 어울리는 것은 내 능력을 넘어서는 일이라고 느낍니다. 나는 47세입니다. 대학생처럼 옷을 입지만 내 나이대로 보이는 것 같습니다. _카밀라

아이러니하게도 나는 내가 십대였을 때보다 지금 더 십대들을 좋아한다. 몇 가지 부분에서는 십대들을 따라간다. 그들과 같은 가게에서 물건을 사고, 같은 밴드의 음악을 듣고, 그들이 보는 것과 거의 같은 영화를 좋아한다. 나는 지금 얼핏 보면 멋지다. 그러나 몇 분 대화를 하고 나면 우리의 지적, 신경학적 차이는 분명해진다. 십대들이 아직 미숙하고 헤어 스타일에 집착하는 것이 보인다. 그들은 내가 충격적이고, 이상하고, 재미있으며, 가끔 무뚝뚝해서 무섭다고 생각한다. 그리고 많은 부분에서 그들은 또다시 나를 지나쳐 갔다. 그들이 소년들과 자신들의 장래에 대해 열을 올릴 때 나는 여전히 어린이 영화를 보고 게임을 하고 싶다.

나는 컴퓨터 게임이나 해리포터와 스타트랙 같은 영화에서 즐거움을 찾는데 어떤 사람들은 이것 때문에 내가 좀 유치하다고 생각하는 것 같습니다. 나는 그런 것에 대해 이야기하는 것도 아주 좋아합니다. _시브

내가 나이보다 젊어 보인다거나, 젊게 행동하고 느낀다고는 *생각하지* 않습니다. 내가 그렇게 행동하는 건 알아요. 나는 무책임하지 않고, 그저 젊은이처럼 들떠 있고 활동적일 뿐입니다. 나는

젊은 친구들이 많이 있답니다. 특별히 내 또래와도 아무런 문제가 없습니다. 가끔 동년배들이 따분하다는 생각이 드는 것을 제외하면요. _데임 케브

스펙트럼에 속한 사람으로서 나는 많은 사람들에게 연민과 공감 양쪽을 가지고 있지만 그것은 우정과는 다르다. 내가 좋아하고, 존경하고, 잠시 동안이라면 어울려 대화를 즐길 수 있는 사람들이 있지만, 나는 쇼핑, 영화 보기, 식사하기 등등 여성들이 함께 즐기는 것으로 여겨지는 일들은 좋아하지 않는다.

나는 괴짜이고 사랑받고 자랐고 유머 감각이 좋고 흉내를 잘 냅니다. 그러나 다른 사람들과 시공을 초월해서 지속될 정도의 유대감은 느낄 수 없습니다. 많은 사람들이 내가 일 대 일 관계에 집중하는 것을 일종의 특별한 우정 관계로 착각합니다. 나는 사람을 사귈 때 대부분의 사람들과 달리 깊이 사귑니다. _카밀라

우리의 무수한 감각 문제와 사회성 문제로 인해 많은 아스퍼걸들은 오로지 자신의 파트너와 아이들하고만 어울린다. 그들은 우리를 이해하기 때문이다. 우리는 그들과 함께 하는 활동에 대해서는 조절할 수가 있다. 행사에 여러분을 초대하는 친구는 AS에 관해 책을 읽고 공부하는 데 시간을 들이지 않는다면 여러분의 과묵함과 걱정거리들을 모두 이해하지는 못할지도 모른다.

다른 사람들을 보면서 친구가 있다는 것은 어떤 것일지 궁금할

때가 있어요. 하지만 남편이 내 가장 친한 친구이고, AS인 아들이 있어서 우리는 모두 함께 아주 즐겁게 지내요. _니키

학교와 직장은 우리가 사귀게 될 가능성이 있는 사람들의 확실한 집합소이다. 그러나 일단 학교를 졸업하고 일자리를 구하지 못하면 상당히 고립될 수 있다.

나는 좀 외롭습니다. 언제나 친구를 사귀는 것이 힘들었고 지난 몇 달 동안은 부모님 집에서 살면서 집 안에서 많은 시간을 보냈습니다. 학교 공부가 내 삶을 체계화해 주던 것이 끝나고 스스로 내 삶의 구조를 짜야 하는 이 단계에서 내 침대를 떠날 동기 부여를 하는 것조차 무척 힘이 듭니다. _스텔라

내가 새로운 사람들을 만나는 유일한 장소가 직장입니다. 나는 친구가 많지는 않지만 새 친구를 사귀려고 적극적이지도 않습니다. _젠

친구를 원한다면 창의적이 되어야 하고 관심사가 같은 사람들을 찾아야 한다. 특별한 관심사가 있거나 그룹 활동을 하면 갈 곳이 생긴다. 적어도 그럴 여유가 있다면 말이다(우리들 대부분은 평생 금전적 궁핍 속에 지낸다). 그러나 사귈 만한 사람들 속에 있어도 우리는 여전히 아스퍼거인이며 대화를 해 보려고 하는 것이 힘거울지도 모른다.

나는 친구가 없어요! 클럽에 가입하고, 취미 교실에 다니고, 온갖 흔한 헛수고를 해 봤는데 효과가 없었어요. 뜨게질 교실이라고 쳐요. 거기서 결국 뜨게질은 배웠지만 누군가를 사귀거나 말을 많이 한 적이 없어요. 만약에 내가 대화를 했다면 아마도 어쩔 수 없이 말을 해야만 하는 상황이었을 것입니다. _폴리

지역 영화 산업에 관한 행사에 가면 같은 사람들을 되풀이해서 계속 만나게 되고 그중 몇 사람과는 편한 사이가 됩니다. 그럼에도 그들은 친구가 아니라 아는 사람들이죠. 내 삶은 여성스러운 친구들과 시간을 보낼 정도로 안정적이지 못합니다. 첫째, 돈이 없고, 둘째, 스트레스가 너무 심해서 그저 맘 편하게 놀 수가 없어요. _아네모네

페이스북, 트위터, 그 외 인터넷 수단들은 적어도 사회생활의 어떤 외형을 유지하는 데에 매우 도움이 된다. 이런 서비스들을 이용하는 데는 돈이 들지 않으며 우리들 대다수가 대화보다 글로 자신을 더 잘 표현하기 때문에, 온라인에서 상당히 의미있는 관계를 맺을 수도 있다.

사람을 직접 상대하는 것은 잘 못하지만 인터넷에서는 잘 됩니다. 거기선 이 머릿속에 갇혀 있는 나 자신이 될 수 있어요. 나는 특정한 주제를 가진 한 게시판에 오래 머무릅니다. 거기가 내 집이에요! 인터넷 상의 친구들은 많이 있지만 실제 주위에는 아무도 없어요. _엘피니아

온라인 교제는 그룹 환경을 피하면서도 동시에 우리가 공동체의 일부분이라는 것을 느끼게 해 준다. 어떤 사람들은 아스퍼거 증후군을 가진 사람들 사이에서 공동체 의식이 자라고 있으므로 자폐 스펙트럼에 속한 친구들을 사귈 수 있으리라고 깨닫게 된다. 자신을 이해해 주고, 계속해서 자신에 대해 설명하지 않아도 되는 상대와 이야기하는 것은 정말 기분 좋다. 다만 여기에 도사린 위험성은, '우리와 저들'이라는 사고방식이 자라날 수도 있다는 점이다.

비자폐인과 친한 친구가 되려는 것은 오래 전에 그만두었고 내가 이해하고 나를 이해해 주는 친구들만 사귀고 있습니다. _포케그란

어린 아스퍼걸들에게는 점심시간을 함께하고, 방과 후 함께 놀고, 경험을 서로 나눌 '현실 세계' 친구들이 더욱 필요하다. 이 점은 남자 아스퍼거인들보다 우리의 삶에 더 큰 영향을 미칠 수 있다. 여성들의 우정은 남성들의 그것보다 훨씬 더 사회적 기술에 기반하고 있다. 후자는 대화보다는 활동이나 관심사를 공유하는 것과 관련되어 있다. 외로운 어린 아스퍼걸은 사람을 가리지 않고 친구를 사귈 수도 있다.

친구를 사귈 수만 있다면 어떤 친구든 받아들이곤 했지요. 종종 영어를 못하는 애들도 있었어요. _올리브

어떤 아스퍼걸들은 친구를 원치 않고 혼자 있는 것을 좋아한다는 것이 사실이지만, 내가 조사해 알아낸 것은 아스퍼걸들이 선천

적으로 친구를 사귀고 싶은 마음이 없는 것이 아니라 친구를 결코 사귈 수 없을 것이라는 사실을 받아들인다는 것이다.

나는 아는 사람이 몇 명 되지 않고 친구가 한 명 있는데 그리 자주 만나지 않습니다. 그래요, 대부분은 포기했어요. 교우 관계를 어떻게 시작할지, 어떻게 유지할지 모르겠습니다. _엘

많은 아스퍼걸들은 인간과의 우정 대신 네 발 달리거나, 털이 나거나, 혹은 깃털이 달린 친구들만을 마음속에 받아들인다. 소수를 제외하고는 모두가 자신의 반려동물이 가장 가까운 친구라고 말했다.

동물들은 인간보다 사귀기 쉽고 친구가 되기 쉬운 이들입니다. 그들은 정직하고 상대를 잘 받아줍니다. 그들의 요구는 단순하고 이해하기 쉬우며 충족시키기 쉽습니다. 그들은 심리 싸움을 하지 않습니다. _포케그란

우리가 가끔 소외되었다고 느끼는 만큼, 우리도 또한 다른 사람들을 소외시킨다. 그 방법 중 하나는 우리와 열정을 함께 나누지 않는 사람들을 배제하는 것이다. 나는 십대 시절 가장 친한 친구들을 나처럼 톨킨과 음악에 심취하게 하려고 했지만 그들은 보다 '정상적인' 추구 대상, 즉 직업과 남자들을 찾아 서로 뭉쳤고, 나는 뒤처졌다. 그들의 선호에 대해 분명히 경멸했기에 사실상 그들에게서 나를 배제하는 것 외에 선택의 여지를 주지 않았던 것은 나 자신이었다. 그럼에도 나는 무척 상처받았다.

나는 다른 사람들을 떠받드는 경향이 있는데 그러고 나서 사람들이 내 좁은 관심사 중 하나를 처음에는 공유하는 척했지만 사실은 그렇지 않다는 걸 알게 되면 재빨리 그들에 대한 평가가 추락합니다. 그들의 거짓말에 배신감을 느껴요. _샘

우리는 단기 기억에 문제가 있어서 한동안 누군가에게 격렬하게 화를 내다가 조금 지나서 자신이 왜 그렇게 화를 냈는지 정말 말 그대로 잊어버릴 수도 있다. 이것 때문에 우리는 같은 행동과 기대의 패턴을 반복하면서, 건강하지 못한 교우 관계나 인간관계로 계속 되돌아가게 된다. 공감을 완전히 잃고 마음의 문을 영원히 닫아 버릴 정도로 어떤 아주 극적인 일이 일어나지 않는 이상 말이다.

의사들과 진단 안내서에 따르면 우리는 '적절한 또래 관계'를 형성하지 못한다고 하는데 이 모든 일들에 비춰볼 때 설득력이 있다. 우리는 나이보다 젊게 보이고, 느끼고, 행동하지만 십대나 어린애들과 '어울리는' 것은 우리에게 적절하지 않다. 동년배들은 따분하거나 공감할 수가 없다. 우리는 집에 틀어박혀 지내는 경향이 있다. 일단 학교 교육을 마친 나이가 되고, 특히 실직 상태이거나 맞지 않는 일을 하고 있다면 선택지는 줄어들고 한정될 것이며 적당한 수나 그 이상의 친구를 사귀기는 힘들 것이다.

우리 가운데 어떤 사람들은 그런 것에 개의치 않는다.

나는 언제나 사람들과 관계를 갖지 못했지만 외롭다고 느끼지 않았습니다. _카일리

🖐 아스퍼걸에게 드리는 조언

만일 여러분이 스스로에 대해 자신감을 가지고 있다면 그 자신 감은 여러분의 사회적 기술이나 사회적 무대로 퍼져 나가게 됩니 다. 사람들은 여러분이 자신의 가치를 알 때 그것을 감지하고 반응 합니다. 자신의 가치를 안다는 것은 남들에게 인정받는 데 도움이 되지만 인정 이전에 스스로에 대한 믿음과 자신의 생각과 능력에 대한 믿음이 생깁니다.

> 나는 〈반지의 제왕〉을 좋아하고, 르네상스 페어(Renaissance Faire, 르네상스 페스티벌이라고도 한다. 주로 미국에서 열리는 야외 행사로, 영국의 엘리자베스 1세 또는 중세 시대 복장을 하고 당시의 문화를 재현하며 즐기는 축제이다 – 옮긴이)에 가고, 만화책을 읽는 전형적인 괴짜입니다. 아마 내가 다섯 살도 채 되기 전부터 자신이 남들과 결코 어울리지 못할 것이라는 것을 알았던 것 같습니다. 또한 남들과 다르다는 것도 알았고 그것에 관해서는 그냥 신경 끄고 내 괴짜스러움을 받아들이기로 했습니다. 따분한 괴짜라는 것은 내가 스스로에 관해 정말 사랑하는 것들 중 하나입니다.
> _엘피니아

만약 여러분이 진정으로 혼자 있는 것이 좋다면 행운아입니다. 그것은 평온하고, 책을 쓰든 그림을 그리든 그저 영국 시대극 영화와 쿵푸 영화를 보며 시간을 보내든 여러분이 열정을 쏟는 일에 쓸 시간이 확실히 더 많아지기 때문입니다. 그러나 나는 여러분이 진정으로 행복한지, 아니면 많은 사람들이 그렇듯 그저 포기한 것인지 자문해 보는 시간을 가져 보길 간곡히 바랍니다. 나도 그랬던 적이 있습니다. 아주 최근까지 홀로 사는 인생을 받아들였었는데, 결국에 가서 고독사하고 어떤 성가신 여호와의 증인 신도들이 집 문앞에 와서 창문으로 들여다볼 때까지 내 시체는 미친 다람쥐들에게 여기저기 뜯어먹힐 그런 것이라 생각했지요.

그런데 옛 친구가 내 삶 속으로 돌아와 음식과 즐거움과 사람들과 술과 음악과 춤에 관한 이야기들로 나를 북돋워 주었는데 화가 나더군요. 나는 내 인생을 너무 우울하게 만들어서 기본적으로 인간관계를 포기하고 "나 그만뒀어!"라고 말하곤 했기 때문이죠. 일을 핑계로 지독하게 바쁘게 지내고는 매일 밤 혼자 앉아 영화를 보며 충만한 삶을 사는 척, 괜찮은 척했습니다.

나는 이 오랜 친구에게 아스퍼거 증후군임을 밝히고 가끔 특이한 행동을 해도 되겠느냐고, 받아들여 주겠냐고 물었습니다. 기쁘게도 이 친구는 이제 AS에 관한 책을 읽고, 생각하게 만드는 질문들을 하고, 아스퍼거 증후군을 가진 이 대단한 여자에 관해 모두에게 이야기합니다. 이번에는 그가 자신이 배운 것을 다른 사람들과 나누고 자신의 소소한 방법으로 세상을 가르칩니다. 내가 그어 놓은 경계에 이의를 제기하기는 하지만 그는 이제 나를 완전히 받아들였습니다. 지금 그는 내 파트너입니다. 다른 친구들은 나를 그렇게 이해해 주지 못하지만 그렇다고 해서 포기할 이유는 없습니다.

여러분이 더 많은 친구들을 사귀기 바란다면 뭔가 노력을 하세요. 포기하지 마세요. 여러분의 관심사와 장점과 시각화 능력을 이용해서 어떻게 해야 하는지 알아내십시오. 여러분과 모든 관심사를 열성적으로 공유하지 않는 사람들과도 여전히 친구가 될 수 있다는 것을 이해하십시오. 이것이 우리가 시야를 넓히는 방법입니다. 또한 사이버 친구 관계만으로 괜찮지 않은 이상 자신의 방에서 나가야 할 수도 있습니다. 온라인 관계는 여러분의 대면 기술을 강화시켜 주지 않을지도 모르지만 친구 관계를 시작하기에 좋은 지점이고 여러분은 이런 식으로 사람들과의 관계를 발전시킬 수 있습니다. 안전이 우선입니다. 온라인에서 만나는 사람들에게 주소, 실명, 기타 정보를 주지 마십시오. 채팅방과 게시판 외에도 여러분과 친구가 카메라를 가지고 있으면 무료로 비디오 채팅을 할 수 있는 프로그램이 있습니다. 이야기를 하면서 상대를 볼 수 있다면 훨씬 더 사람과 대화하는 느낌이 들 것입니다. 내가 진실이라고 깨닫게 된 것은, 비록 눈맞춤이 어렵다고 하지만 목소리로는 사람의 의도를 알아차리기 어렵고 얼굴과 친절한 눈을 봐야 안심할 수 있다는 것입니다. 다시 강조하지만, 안전 수칙을 따르세요.

인터넷의 또 다른 일면은 사람들이 생각나는 대로 말할 수 있기 때문에 어떤 사람의 온전한 모습을 보여 주지 않는다는 것입니다. 사람들은 실제의 자신과는 다른 모습을 띠고 여러분을 오해하게 할 수 있습니다. 나는 인터넷 게시판에서 '인터넷 허세'라고 불리는 현상을 자주 보는데, 거기서는 사람들이 아마도 직접 만나서는 하지 않을 말들을 합니다. 자신답게 그리고 요령 있게 행동하세요. 만일 여러분이 온라인에서 만난 누군가를 마침내 실제로 만나고 싶다면, 바로 여러분이 상대에게서 바라듯이 상대에게 온전한 모습의 진짜 자신을 살짝 보여 주고 싶을 것입니다.

친구의 행동이 마음에 안 든다거나 거기에 100퍼센트 동의할 수 없다고 해서 관계를 저버리지 마십시오. 여러분의 기대에 부응할 수 있는 시간적 기회를 넉넉하게 주세요. 우리의 모든 기준을 충족시킬 완전무결한 인간은 없습니다. 아스퍼걸에게는 자신이 상황을 통제할 수 있는지와 어떤 일에 앞서 예측하는 것이 매우 중요하지만, 여러분 자신과 친구에게 너무 가혹한 비판은 접어 두고 조금은 꾸며내기도 하고 망치기도 할 여지를 주세요. 스스로에게나 다른 사람들에게나 우리가 좀 비판적이잖아요?!

여러분이 성숙해 가고 있고, 여러분의 요구와 여러분에게 의지하고 있는 여러분 자녀들의 요구를 잘 처리하고 있다면야 무슨 옷을 입든 뭐 어떻습니까? 원더우먼 파자마 같은 것들을 계속 입어도 괜찮습니다.

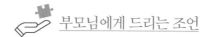 부모님에게 드리는 조언

로알드 달(Roald Dahl, 1916-1990, 노르웨이계 영국인 소설가, 시인, 시나리오 작가로, 《찰리와 초콜릿 공장》 등을 썼다 – 옮긴이)이 쓴 《마틸다》(1988년 출간, 책 읽기를 좋아하는 초능력 천재 소녀 마틸다의 성장소설이다. 마틸다의 부모님은 남다른 딸을 못마땅해하고, 하니 선생님만이 마틸다를 이해해 준다. 한국어판은 김난령 옮김, 시공주니어 – 옮긴이)에 나오는 부모님들처럼 책을 좋아하는 딸의 습관과 혼자 있기를 좋아하는 성격을 이해하지 못하는 사람들이 있습니다. 그들은 딸을 집 밖으로 몰아내서 다른 아이들이 팔 벌려 기다리는 곳(중요

한 것은, 종종 그 팔이라는 것이 주먹과 던질 물건을 가진 무기arms를 뜻하게 되지만)으로 보내면 아이한테 득이 될 것이라고 생각하는 듯합니다. 사회화에는 적당한 때와 장소가 있겠지만, 아이에게는 이웃 가운데 가능한 사람 아무나하고 무작정 사귀기보다는 비슷한 생각을 가진 아이들을 찾는 것이 더 낫습니다.

AS를 가진 젊은이들이 나에게 사회성 훈련(social skills training)이 정말로 도움이 되었다고 말합니다. 지역 자폐증 서비스, 학교, 치료사들을 통해 거주 지역의 선택지를 살펴보세요. 보디랭귀지 등에 관한 책도 있습니다.

딸이 좋아할 만한 클럽이나 활동들을 찾아보세요. 예를 들어 아이가 과학 괴짜라면 지역 과학관에 클럽이나 활동이 있는지 알아보십시오. 아이를 즐겁게 하는 지적인 활동을 추구하면 관심사가 같은 사람들, 생각이 비슷한 사람들과 접촉하게 되고, 그러면 사회화는 거의 자연스럽게 이루어질 것입니다.

어떤 부모들은 AS 자녀들에게 인터넷을 못 하게 막는데 그렇게 하면 자녀가 세상으로 나가게 될 것이라고 생각합니다. 그러나 나는 그것을 권하고 싶지 않습니다. 인터넷은 사람들, 조직, 정보에 대해 우리가 가장 선호하는 연결 고리이며, 현실 세계와의 연결도 거기에서 이루어집니다. 또한 온라인에서 돈을 벌 수 있는 방법도 많이 있으며 여러분은 아스퍼걸의 장점을 살려야지, 그것에 반대해서는 안 됩니다.

만일 여러분의 딸이 불만을 느끼고 친구가 부족하다면 여러분과 가족들이 적극적인 역할을 맡을 수 있습니다. 여러분의 딸과 잘 지낼 만한 사람을 혹시 안다면 만남을 주선하는 것도 나쁘지 않을 것입니다. 아이가 좋아했으면 하고 여러분이 바라는 사람이 아니라 아이 본인이 좋아할 만한 사람인 한, 선택한 자신의 직감을 믿어야 합니다.

나는 남편을 통해서나 다른 가족들 또는 오랜 친구들을 통해 친구들을 만납니다. 흔히 그 편이 더 오래가는 교우 관계가 됩니다. 이상한 말인지도 모르겠지만, 나를 잘 아는 사람들이 사람을 선별해서 나와 잘 지낼 수 있을지 아닐지 알아보는 것 같습니다.
_데임 케브

데보라는 어떤 어머니는 자신과 딸이 거주 지역에서 다른 아스퍼거인을 만날 기회를 가질 수 있도록 AS 지원 그룹 활동을 시작했습니다. 그것이 바로 내가 능동적 자세라고 부르는 것입니다! 아마도 여러분이 참여할 수 있는 지역 그룹이 이미 있을 겁니다. 한번 해 보세요. 득이 되면 되었지, 손해 볼 것은 없습니다.

고등 교육

CHAPTER 10 | 고등 교육

　대학에 가면 초등학교에서 고등학교 때까지와는 완전히 상황이 달라진다. 수업은 어느 정도 스스로 선택하게 되어 있고, 좀더 도전 의식을 불러일으키며, 우리는 좀더 자율성을 갖게 된다. 법을 어기는 행동만 하지 않는다면, 제 시간에 할 일을 하는 한 아무도 여러분이 하는 일을 신경쓰지 않는다. 처음에는 천국 같고 잘 지내겠지만 얼마 안 가 아스퍼거 증후군의 일상적인 문제들이 고개를 불쑥 내밀기 시작한다. 우리를 기억해? 그들이 물을 것이다. 우리를 없앴다고 생각하겠지만 아직도 여기 있다고!

　집을 떠나 자립 생활을 해 나가고, 아르바이트를 하고, 수업을 제 시간에 듣고, 과제물을 제출하는 것은 갓 성인이 된 청년들에게 힘들 만한데 특히 AS를 가진 사람에게는 너무 가혹한 일일 수 있다.

사람을 사귀기도 어렵고 아는 사람 한 명 만날 수 없을지도 모른다(달리 보면, 이게 다행일 수도 있다). 기숙사 생활은 우리의 모든 사생활과 감각 문제에 얽히고 우리는 수면 부족과 제출 시한을 지키는 것과 큰 과제들을 동시에 해내는 것 등으로 고생할지도 모른다. 이런 것들은 우리가 직면하는 어려움들의 일부이다. 우리들 중 어떤 이들은 동기가 계속 부여되지 않아 힘들어할 것이고 스스로 감당하기 어려운 상황에 있다고 느낄 것이다. 그 외의 사람들은 AS 덕분에 물 만난 물고기처럼 활약할 것이다. 아스퍼걸의 장기인 집중, 정해진 일과 따르기, 공부, 공부, 공부!

나는 대학이 잘 맞았어요! 초·중·고등학교는 바보 같은 규칙과 자존심으로 가득하고 그런 것을 하루 종일 견뎌야 하죠. 대학에서는 하고 싶으면 공부를 하고, 가야 할 때 수업에 가고 그게 다죠. _위더스

아스퍼걸의 대학 경험은 기능 수준과 개인적 과제, 다니는 학교에 따라 달라질 것이다.

9월 현재 나는 박사 과정생입니다. 대학에서 처음 2년은 낙제를 했습니다. 큰 공립학교에서 600명이 수강하는 대강의실 수업을 들었는데, 그냥 못 하겠더군요. 더 작은 학교로 편입한 뒤에는 아주 잘 지냈어요. 시간이 좀 걸리긴 했지만 그럴 가치가 있었습니다. 지금은 주위에서 많은 도움을 받고 있어요. _앤디

우리는 지식에 대한 강한 갈망과 카멜레온과 같은 성질을 가지고 있기에, 우리의 관심 분야는 급격하게 극적으로 변할 수 있고 무엇을 공부할 것인지 혼란을 일으킬 수 있다. 몇몇 사람들은 진로를 몇 번 바꿀 수도 있지만 나는 일반적으로 우리가 맨처음의 관심사로 돌아온다고 믿는다. 우리 중 다수는 어릴 때 나중에 커서 무엇이 되고 싶은지 알게 될 것이다. 우리가 그 유명한 성실함으로 목표를 추구하고 옆길로 빠지지 않는다면 성공할 좋은 기회를 얻을 것이다. 목표를 위해 노력하기에 앞서 자신을 알고 자신의 요구를 알면 경험을 최적화하게 될 것이다. 나의 책 《아스퍼거인의 직장생활(*Asperger's on the Job*, 2010)》에서 나는 여러분의 직장생활에서 어떤 것들이 여러분의 즐거움, 열정, 대처 능력을 파괴할 수 있는 자폐증 버튼을 누르는 계기가 되는지 확인하는 것에 관해 언급했다. 촉발 계기는 언제나 존재하겠지만, 여러분이 가장 자연스러운 열정을 가진 분야에서 일한다면 과정을 끝까지 마칠 수 있는 더 나은 기회를 가지게 될 것이다.

나는 인터렉티브 시스템 디자인(사용자와의 상호작용을 기반으로 하는 시스템에 관한 설계 – 옮긴이)을 공부하고 있습니다. 다른 일은 상상할 수 없습니다. _앤디

우리들 중 다수는 자신이 받은 진단으로 인해서, 또는 진단을 받으려고 알아보다가 심리학이나 남을 돕는 직업에 관심을 가지게 되곤 한다. 우리는 다른 사람의 여정을 보살피고 돕고 싶어하게 되는데, 그것이 얼마나 힘든지 알기 때문이다.

나는 현재 심리학을 전공하는 학부생입니다. 처음에는 수의대 예과로 시작했지만 갑자기 생물학에 대한 흥미를 잃게 되었고 심리학에 집중하게 되었습니다. 이렇게 된 데는 내가 받은 진단이 아주 큰 영향을 끼쳤지요. _섀넌

나는 로열 노던 음대(Royal Northern College of Music)에 갔고 작곡을 전공했지만, 병원에 입원을 한 후에 자신이 사실은 간호사가 되길 원한다는 것을 알았습니다. 지금 3년간의 자격증 과정에서 2학년입니다. _카일리

높은 지능과 낮은 자존감, 그리고 새로운 직업을 시작하려는 열망이 합쳐져서 우리는 가끔 과욕을 부린다. 여성 AS에 관해 알아야 할 핵심 사항들 가운데 하나는 이것이다. 즉, 사회는 우리의 지능과 정상적인 외모를 근거로 일을 잘 처리할 것이라고 기대한다. 불행히도 우리는 종종 같은 것을 스스로에게 요구한다. 설령 우리가 학문적으로나 지적으로 일을 감당할 수 있더라도 그것이 곧 신체적으로나 감정적으로도 감당할 수 있다는 것을 의미하지는 않는다. 우리는 대부분의 사람들보다 더 많은 시간과 인내가 필요하고, 더 세심한 대우를 필요로 한다. 과욕은 금물이다.

나는 저널리즘과 영문학을 전공했습니다. 모든 수업을 과도하게 열심히 들었는데 그래야만 한다고 느꼈기 때문입니다. 일부 수업에는 작업 준비와 연구가 포함되어 있었죠. 다른 대부분의 학생들이 2년 동안 듣는 수업의 두 배나 되는 수업을 들었는데

도 내 성적은 여전히 좋았습니다. 하지만 결국에 가서는, 근신 처분을 받은 데다 짓궂은 장난으로 학장을 화나게 해서 학교를 그만둘 수밖에 없었습니다. _데임 케브

나는 고등학교 졸업반 때 전교 일등이었습니다. 대학은 세 번이나 시도했는데 결과는 정신병동에 입원하는 것이었죠. 사람들이나 조직의 요구에 대처할 수 없었습니다. 중퇴했죠. _카밀라

장애 지원 부서(Offices of Disability Services, ODS): 몇몇 대학의 장애 지원 부서에서는 아스퍼거 증후군과 자폐증이 실제로 어떤 것인지에 대한 이해가 부족하다. 어떤 사람들은 아스퍼거 증후군에 관한 실무 지식을 가지고 있지만 어떤 사람들은 전문 교육을 위한 자금이 부족하다는 이유를 들며 AS에 관해 거의 알지 못한다. 내가 몇 사람에게 전화를 해서 질문을 하고 자신이 아스퍼거 증후군을 가지고 있다고 말하자 어떤 사람들은 내가 지적 장애가 있는 것처럼 나에게 느린 말투로 이야기했다.

여러분이 얼마나 도움을 받을 수 있을지는 장애 지원 스태프가 자기 가족 중에 자폐인이나 아스퍼거인이 있어서 개인적으로 그들을 엿볼 기회가 있었는지 없었는지에 따라 다를 수 있다. 그런 삶을 살아 보거나 체험해 보지 않은 사람들은 AS를 특별한 연구 주제로 삼지 않은 이상 거기에 어떤 것들이 수반되는지 알지 못한다.

AS는 어떤 면에서는 장애라고 할 수 있다. 아무도 휠체어를 탄 사람에게 2층에 올라가려면 계단으로 올라가라고 말하지 못한다. 그러나 우리가 청각 정보 처리나 사회적 상호작용과 같은 문제들

을 설명하려고 하면 지원 스태프와 상담사들의 반응은 보통 우리가 "잘 해 보려고" 해야 하며 "사람들과 잘 지내려고" 해야 한다는 것이다. 물론 그래야 한다. 하지만 우리는 실질적으로 우리가 해낼 수 있는 방법으로 어떻게 해야 하는지 모른다. 또한 불행히도 다른 사람들은 우리와 잘 지내려고 항상 노력하지는 않는다는 것을 알게 된다. 그렇더라도 여러분은 AS를 가진 사람들을 위한 일부 편의를 제공받으려고 시도해야 한다. 제출 마감일을 더 늦추고, 시험을 볼 때 더 긴 시간을 배정받고, 증후군에 대해 진짜 잘 아는 사람에게 상담을 받는 식으로 말이다.

나는 기숙사에서 지냈는데 반려동물이 없으면 지옥과 같았습니다. 현재는 정서 지원견을 데리고 있는데 이 경우 반려동물 금지 주택에서도 데리고 있을 수 있습니다. _섀넌

나는 모든 수업에서 노트북을 사용하게 되었습니다. 가능할 때 강사로부터 강의 개요를 받기 때문에 중요한 세부 사항에 확실하게 집중할 수 있습니다. 또한 장애 서비스의 도움도 받고 있는데 나의 AS가 어떻게 문제를 일으킬 수 있는지 설명도 해 줍니다. _아타

대학원은 나에게 내내 힘들었습니다. 내가 가지고 있는 장애와 의사 및 상담사들에게 받은 진단 정보를 제시했을 때 장애인 편의를 담당하는 여성은 편의를 고려하는 태도와 거리가 멀었습니다. 그녀는 내 요구를 받아들이는 데 문제가 있다고 했습니다.

학교 공부는 문제가 아닙니다. 나를 미치게 만드는 것은 사회적 상호작용입니다. 그리고 우리의 교육 체계는 스펙트럼에 속한 사람들, 특히 성인들의 이런 문제를 아직도 이해하지 못하고 있습니다. _브랜디

우리가 감각적, 사회적, 인지적 정보처리 문제를 안고 있다는 것은 우리가 자신만의 일하는 방법과 시간을 찾아야 한다는 뜻일 수도 있다.

3년 학위 과정을 마치는 데 5년 걸렸습니다. 청각 정보인 강의를 알아듣지 못했어요. 지금은 온라인 MBA(경영학 석사) 과정을 하고 있는데 최고 점수를 받고 있습니다. _케스

언제나 그렇듯이 우리의 경험은 우리 삶에 들어와 자리잡은 사람들에 의해 도움받거나 방해받을 것이다. 하지만 대학원 학위를 가진 대부분의 사람들은 그들 자신의 인내 덕분에 학위를 마칠 수 있었던 것이지, 항상 다른 사람들의 지원과 협력에 의해 마친 것은 아니다.

언론정보학 석사 과정에 합격했습니다. 내가 장애를 가진 것을 알게 되자 학과 대부분의 사람들이 내게 차갑게 대했죠. 한 사람은 학교를 그만두라고 했죠. 나는 현재 이학 석사 학위를 가지고 있습니다. _위더스

나는 천체물리학 학사와 석사 학위를 가지고 있습니다. 심각한 불안 장애로 엄청나게 고전했고 교수들에게서는 지독한 취급을 받았죠. 종종 함묵증을 일으켰고 성취도가 떨어졌습니다. 현재는 박사 논문을 쓰고 있습니다. _미셸

학사 학위를 마쳤습니다. 그걸 따느라 죽을 뻔했답니다. 나에게 AS가 시작되었을 때 그걸 알았더라면 가동 중인 지원 네트워크를 이용할 수 있었을 것이고, 그것이 많은 고민을 덜어 주었을 것입니다. _헤더

나에게는 지원해 주는 스태프들과 친구들이 있어서 다행이었습니다. 그들은 모두 하늘이 준 선물입니다. _스텔라

상담과 심리학을 공부하는 동안 내가 마주친 한 가지 사실은 나를 가르치는 선생들이 상상력이 부족하고 정신적으로 경직되어 있다는 것이었다(선생들이 AS였냐고? 아니었다. 적어도 내가 아는 AS는 아니었다). 아스퍼거 증후군/유동적 지능으로 인해 나는 배우고 있던 것을 초월한 어떤 독특한 연관성을 만들어 낼 수 있었고 그래서 오해를 받았다. 또한 심리학의 특정한 측면에 윤리적으로 반대했다. 우리들 가운데 가장 이상주의적인 사람들은 감정적으로 순수하기 때문에 자신이 열정을 가진 분야에 현실 세계가 적용되는 것을 발견했을 때 환멸을 느끼게 될지도 모른다.

나는 환경보호학에서 이학사 학위를 받았지만 오랫동안 그 분야

에서 일하지 않았습니다. 왜냐하면 내가 만났던 사람들은 사고가 개방적이지 못했고 정신성(영성)도 부족해 보여서 나를 좌절시켰기 때문입니다. _앤 마리

지난 6년간 학교를 기반으로 한 언어치료사로 일했습니다. 하지만 학교에서 일하는 것이 싫었어요. 행정 직원들과 교직원들은 장애에 대해 매우 편협한 경향이 있습니다. 또한 학부모들에 대해 뒤에서 험담하는 경향도 있습니다. 물론 좋은 사람들도 있지만 그리 많지는 않아요. 나는 현재 가정 기반 서비스를 하고 있습니다. 이쪽이 훨씬 낫습니다. _위더스

많은 아스퍼거인들은 수학을 좋아하는데 수학 수업에서는 강사가 여러분을 어떻게 생각하는지는 상관없고, 단지 정답을 얻는가 아닌가만 중요하기 때문이다. 나는 소논문이나 발표 중심 수업(선생들의 의견에 따라 성적이 좌우되는)에서 채점의 주관성이 매우 불만스럽다는 것을 알게 되었다. 다시 학교를 다녀야 했다면 중퇴를 하는 대신에 호의적인 선생을 찾아 학교를 옮겼을 것이다. 떠날 이유를 찾고, 퇴로를 차단하고, 실패하기 전에 그만두는 것은 아스퍼거인들의 주특기인데 우리가 경계해야 할 점이다. 기본적으로 나는 집단 괴롭힘과 더불어 이 모든 문제들을, 중도에 그만두기 위한 핑계로 삼았다.

나는 마침내 국가고등 1급 기술 검정(Higher National Diploma [영국], HND, 한국의 전문대학 졸업 자격과 유사 – 옮긴이) 과정을 마

첬지만 학위는 받지 못했습니다. 원래 취득했어야 할 것보다 훨씬 적은 자격증을 가지고 있지요. 한 번도 그 부분을 잘 해내지 못했습니다. _샘

아스퍼걸에게 드리는 조언

대학과 관련해서 나는 모든 아스퍼걸들에게 제발 포기하지 말라고 말하고 싶습니다. 돈, 시간, 미래 삶의 질, 자립 등 너무나 많은 것이 걸려 있는 중요한 기회입니다. 내가 인터뷰한 여성들은 많은 것을 성취했습니다. 그들 가운데 누군가가 목표에 도달하기 전에 포기하는 것을 보게 된다면 슬플 것입니다.

한 과목만 들어야 하는데 너무 욕심을 부려 다섯 과목씩 수강하는 짓은 하지 마세요. 여러분의 지적 능력은 그것을 감당할 수 있을지 모르지만, 여러분의 정서와 감각은 그렇지 않을 수도 있습니다. 여가 시간을 더 많은 수업으로 채우는 대신, 그 시간을 여러분의 신체적, 정서적 건강을 돌보고, 안정시키고, 부담을 해소시키는 데 쓰세요.

가능한 한 많은 도움을 구하는 것이 중요합니다. 교내 장애 지원 부서에서 시작해서 스태프들이 장애에 관해 어떤 지식을 가지고 있는지, 실제로 얼마나 협조적인지 알아보세요. 만일 지원 스태프들이 여러분이 원하는 것보다 구태의연하고, 그들에게 AS를 이해시키기 위해 가르쳐 줘야 하는 상황이라면 큰 비용을 요구하지 않고 지원해 줄 다른 사람들이 있을 것입니다. 혹은 아마도 지역 자폐

지원센터의 누군가가 도움을 줄 수 있을지도 모릅니다. 심지어 파트너나 부모들도 장애 지원 부서에 연락할 수 있습니다. 자신에 대해 스스로 설명하는 것은 매우 어려우니까요. 여러분이 다니고 있는 학위 과정을 성공적으로 해내기 위해 필요한 사항을 적어 보면 어떨까요. 그런 다음에 몇 번 읽어 보고, 간결하고 실현 가능한 내용인지(너무 많은 것을 요구하거나 불가능한 것을 요구하면 안 되겠지요) 확인한 후에 교원이나 지원 스태프에게 전달하십시오. 그 다음은 그들의 지원을 따라가십시오. 때때로 우리는 자신이 생각하는 능력보다 더 강해져야 합니다. 그게 얼마나 힘든지 압니다. 목표를 위해 꾸준히 노력하고, 필요하다면 기꺼이 타협하십시오. 자폐인 공동체는 비자폐인 세계 쪽에서 이제 막 알아 가고 있는 소수 문화입니다. 우리는 개척자이며 우리가 내린 선택은 후배들에게 긍정적인 영향을 줄 수 있습니다.

여러분의 행복을 따져 보고 그 다음에는 그것을 추구하기 위해 할 수 있는 가장 실질적인 교육과 자격 요건을 찾으십시오. 우리는 진로를 도중에 변경하는 경향이 있습니다. 가능한 한 철저하게 큰 그림을 살펴보세요. 여러분이 원하는 삶을 시각화해서 그려 보고 그 삶에 도달하기 위해 논리적인 두뇌를 사용하세요. 아직도 자신이 무엇을 원하는지 모르겠다면 자신의 강점을 살려서 일할 수 있고 진로와 직업 전망에서 유연한 학위를 선택하십시오.

우리 대부분은 독학을 하고 그런 방식을 그만둘 이유가 없다고 생각합니다. 몇몇 아스퍼걸은 대학 공부가 좀 진도가 느리다고 느낄 수도 있고 어떤 필수 과목들은 너무 관심 영역 바깥에 있는 것들일 수도 있습니다. 하지만 다른 사람들에게 여러분의 가치를 증명하기 위해서, 그리고 대부분의 직책에 발이라도 들여놓기 위해서는 그 종이 조각을 가져야 합니다. 대학 졸업을 못 하면 수입에 심각한 영향이 있을 것입니다. 지원을 요청하고, 여러분의 조건과 맞지 않으면 요구 사항을 밝히고, 괴롭힘이 있으면 보고를 하고, 고개를 숙이지 말고 당당하게 들고 계속 나아가세요.

여러분의 선생님들은 그저 시설을 이용하고 연구 기금을 받으려고 학교에 있는지도 모릅니다. 선생님들의 마음이 가르치는 데 있지 않다고 느낀다면 진로 변경이 가능한 경우 바꾸세요. 하지만 직업에 임하는 동기가 좀 복합적이고 그다지 일에 열정적이지 않은 사람들과는 언제나 마주치게 될 것입니다. 그런 사람들로 인해 영향받지 않도록 하세요.

학위를 마치기 위해 다른 사람들보다 좀더 시간을 길게 잡고, 사회성이나 학습상의 어려움 때문에 자책하지 마십시오. 우리는 평균에서 평균 이상의 아이큐를 가지고 있지만, 여전히 특정 유형의 학습을 어렵게 만들 수 있는 몇몇 인지적 특이성을 가지고 있습니다. 예를 들면, 문자나 시각적 수단으로 학습하면 더 잘 하는데 강의를 들으면 청각 정보가 머릿속에 남지 않습니다. 만일 여러분이 수업에서 어려움을 겪고 있다면 추가로 특별 개인 지도를 받고, 정보가 머릿속에 남아 있을 학습법을 찾아보세요. 강의를 녹음해서 나중에 장기 기억 속에 고정시키기 위해 타이핑하거나 쓰거나 그려도 보십시오.

여러분의 학교 상담사가 여러분의 문제는 아스퍼거 증후군보다는 우울증이나 다른 심리적 상황과 더 관계가 있다고 말한다면, 상담사를 바꾸세요! AS의 전반적인 기본 특성을 이해하고 고려해 줄 사람을 찾으십시오. 여러분의 상담사가 이 책과 다른 아스퍼거 증후군에 관한 책들, 특히 여성 아스퍼거 증후군에 관한 책들을 기꺼이 읽으려고 한다면 그렇게 하도록 기회를 주십시오. 그건 이 주제에 관해 다른 사람들을 가르칠 여러분의 임무를 다하는 것이니까요. 그러면 그들은 미래에 여러분과 같은 다른 사람들을 도울 수 있을 것입니다. 여러분이 얼마나 많은 사람들을 가르칠 수 있는지, 그리고 다음 번에는 그들이 얼마나 많은 사람들을 도울 수 있는지 절대 과소평가하지 마십시오.

자폐 스펙트럼에 속한 사람들을 위한 대학 특별 프로그램(UCLA 부설 '패스웨이Pathway' 등등)이 있습니다. 내가 느끼기에는 이런 프로그램은 비용도 비싸고 기숙사에 입소해서 지내는 쪽이기 때문에 생활 기능에 큰 어려움이 있는 사람들을 위한 것 같습니다. 매년 이런 프로그램이 증가할 전망이므로 만일 대학에 돌아갈 생각이 있다면 알아보세요.

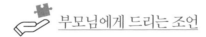

부모님에게 드리는 조언

딸이 장애 지원 부서에 연락하는지 확인하십시오. 지원 부서에서 부모님이 연락할 수 있고 아스퍼거 증후군에 관한 인쇄물과 이해를 전달할 수 있는 사람을 찾으십시오. 이런 부서의 많은 사람들은 젊고 경험이 부족하지만 좋은 의도를 가지고 있으며, 만일 여러분이 마찬가지로 좋은 의도를 가지고 다가가면 더 기꺼이 여러분의 이야기를 경청할 것입니다. 여러분이 알려 주기 전에는 그들의

AS에 관한 지식이 '사회적 어색함과 상상력이 부족한 사고방식'으로 제한되어 있을 수도 있습니다. 그들은 아마 아스퍼거 증후군의 복잡한 특성과 많은 긍정적인 면들을 모를 것입니다.

딸을 격려하고, 학교에 관해 이야기하고, 아이가 필요로 하는 시간과 관심을 받고 있는지 알아보십시오. 그리고 아이가 필요로 할 때 이해심을 가지고 귀를 기울여 주세요. 하지만 아이에게는 들어주는 것 이상의 도움이 필요합니다. 아이는 스스로를 변호할 수 없을 수도 있기 때문에 때때로 변호해 줄 사람이 필요합니다.

취업과 직장생활

취업과 직장생활

　아스퍼거 증후군을 가진 사람들이 특수하게 겪는 직장 내의 다양한 함정과 고충이 있다. 무엇보다 우선, 일자리를 구하는 것이 문제이다. 마법의 특효약은 없지만 아스퍼거인의 직장생활과 관련해서 알아야 할 다양한 요령, 전략, 항목들이 있다. 우리 대부분의 가장 큰 문제는 사회성 때문에 직장생활을 계속하는 데 어려움을 겪는다는 것이다. 자신의 강점을 살려서 일하고, 어떤 계기들이 자폐 버튼을 누르는지 인정하는 것이 얼마나 중요한지는 아무리 강조해도 지나치지 않다. 이렇게 함으로써 올바른 진로를 선택할 수 있을 것이다(그러한 목표를 이루기 위해 나의 책《아스퍼거인의 직장생활》에서 '개인별 직업 지도'를 작성했다). 우리가 일하고 싶어하는 분야는 회화에서 도안, 디자인, 작곡과 공연, 글쓰기, 건축, 공학, 물리학, 의학에 걸쳐 있다. 내가 지금까지 인터뷰했던 여성들 가운데 평생 목표가 비서, 판매원이나 웨이트리스가 되는 것이라고 말한 사람은 아무도 없었다. 그러나 그런 종류의 직책들이 종종 우리가 종사하게 되는 일들이며, 특히 학위가 없으면 더욱 그렇다. 그런 직업들에는 학위가 요구되지 않지만 사람을 상대하는 기술이 반드시 요구된다. 우리에게 가장 부족한 것 말이다. AS를 가진 사람이 열정이나 애착을 가진 분야, 몰두할 수 있는 분야에서 일할 수 있다면 훨씬 더 일하러 갈 의욕이 나게 되고 개인적으로 성취감을 느끼게 될 것이다.

재정적 안정은 남녀, AS, NT 가릴 것 없이 누구에게나 중요하지만, 나는 이것이 어떤 의미에서는 아스퍼걸에게 가장 중요하다고 생각한다. 많은 아스퍼걸들은 스스로의 선택으로 독신으로 남는데, 독신 가정은 가계 소득이 얼마 되지 않는다. 또한 '남성의 보호' 없이 지내야 하는데 그 말인즉, 정비공이나 배관공을 돈 주고 부르지 않아도 되게 해 주는 존재가 없다는 것이다. 독신 아스퍼걸이 자립할 수 없다면 다른 사람들에게 휘둘리게 될 것이다. 만일 당신이 돈이 있다면 감각 문제에 매우 중요한 환경, 즉 싸고 시끄러운 아파트와 대조적인 조용한 집을 구입하거나 그런 집에서 살 수 있다. 어디를 갈 때도 스스로 돈을 지불할 수 있고 파트너에게 의존하지 않아도 된다. 무력하고 무능하다는 느낌은 여성 AS에서 중요한 부분이며 가난은 그런 느낌을 더 강화시킬 뿐이다.

아스퍼걸은 종종 어린 시절에 자신이 무엇을 하고 싶은지 꽤 뚜렷하게 알게 되며 올바른 지원을 받으면 그 꿈을 이루게 될 수도 있다. 그들이 학위를 내세울 수 있다면 만족스러운 직업을 갖게 될 가능성이 더 높아진다.

사서가 되는 것이 줄곧 나의 꿈이었습니다. 도서 목록을 작성하는 것이 내 전문이고 사서로서 20년간 일해 왔습니다. 현재는 중세 필사본에서 18세기 소장본에 이르기까지 넓은 범위의 자료들로 작업하고 있습니다. 소장본을 가지고 일을 할 때면 시간도 장소도 잊어버립니다. _시브

대중매체 분야에서 일하고 있고 첫 번째로 선택한 것이 이 직장입니다. 나는 생계를 위해 대중과 소통을 하는 자폐인이고, 그 아이러니를 즐긴답니다! 대학을 졸업하자마자 바로 현재의 고용주에게 채용되었고 그 이후로 계속 함께 일하고 있습니다. 내가 일하는 직장에서는 아스퍼거인들의 비율이 상당히 높고(그들 자신이 알고 있거나 말거나!), 특이함에 대해 매우 관대하기 때문에 아주 감사하게 생각합니다. _폴리

예술이나 음악 쪽의 일을 바라는 사람들에게 그런 일로 먹고산다는 것은 매우 힘들지만 불가능하지는 않다. 이런 종류의 직업에 따르는 위험성 가운데 하나는 재정적으로 불안정해지는 일이 잦다는 것이다. 또한 자신이 합당한 보상을 받지 못하고 있으며 자신의 음악이나 예술이 제 가치를 인정받지 못하고 있다고 느낄 수도 있다. 예술 분야의 일에서는 주관성이 엄청나게 많이 작용하고, 종종 우리는 부족한 사회성 때문에 제대로 발전하지 못하고 좌절할 수 있다. 이런 종류의 일에 관해 또 하나 짚어 둘 점은, 당신이 자리를

잠을 때까지는 돈을 벌기 위해서 무언가 다른 일을 해야 한다는 것이다. 우리 대부분은 그림을 그리거나 노래하는 것을 생업으로 하고 싶은 상황에서 풀타임으로 대학을 다니거나 다른 분야에서 시간을 많이 빼앗기는 직업을 갖고 싶어하지 않는다. 그래서 웨이트리스 일과 같이 마지막에 몰려 택하게 되는 일을 시작하는데 이런 일들에는 대인관계 기술이 필요하고 따라서 이 일도 결국 마지막이 된다. 우리 대부분에게 그것은 곧 무명, 가난, 그리고 매우 높은 강도의 스트레스를 뜻한다.

> 문화의 진화에 관한 주요 연구 프로젝트를 포함하여 팔릴 만한 것을 쓸 수 있기를 바라며 글을 쓰고 있습니다. 성인이 되고 나서 12년 가까이 생활 보호 대상자로 지내고 있습니다. _아네모네

> 5살 무렵 이래 내 첫 번째 선택은 예술가가 되는 것이었습니다. 현재 나는 호주에서 성공적인 예술가이며 또한 자폐 스펙트럼 장애 문제에 관한 강연가입니다. 홀로 일하고 칩거하고 있지만 성공적으로 살고 있습니다. 내 작품은 상업적 화랑이 대리로 판매해 주며 수상 경력도 있습니다. 그러나 몇 년간 여러 가지 자질구레한 일들을 했지요. 일을 감당해 내지 못해서 보통 시작한 지 일 년 정도 지나면 그만두었습니다. _카밀라

나는 대학에서 음악을 전공했지만 곧 직업적으로 노래를 하게 되어 중퇴했다. 내가 속한 밴드가 해체되자 웨이트리스, 비서, 접수 담당자, 접대부, 보모, 주부, 통신판매원, 그리고 그 밖에 내 감각 문

제와 사회성 문제에 얽힐 만한 모든 일을 했다. 그 목록은 내가 기억할 수 있는 것보다 훨씬 길다. 내가 가수로서 18세에서 19세 사이에 이루었던 정도로 성공했던 적은 두 번 다시 없었다. 가수의 길을 마침내 포기하기까지 20년 이상 분투했다. 그러는 동안 줄곧 나는 내 자존감에 아무 도움도 되지 않고, 내 재능을 활용하지도 못하고, 내 아스퍼거 증후군에 문제를 일으키거나 아니면 내 AS가 상대 쪽에 문제를 일으킨 무수한 의미 없는 직업들을 날려 버렸다. 지난 몇 년 동안에 작가와 상담가로 성공을 하긴 했지만, 처음으로 돌아가 다시 시작한다면 나는 학위를 끝마치고 자질구레한 직업들을 피할 것이다. 가끔 우리가 정상 궤도로 돌아가기 위해서는 혹독한 교훈이 필요하다.

> 나는 지금 직장이 없습니다. 30개가 넘는 일자리를 전전했지요. 패스트푸드점 직원, 주방 설거지 담당, 보모, 개인 돌봄 보조원, 정신보건 복지사, 정신과 입원 병동의 행동요법사, 생산직 근로자, 환경미화원, 프레스 오퍼레이터, 바텐더, 소매업자, 주택 지원 전문가, 주택 및 가정 관리인, 간호 조무사, 프로그램 보조, 보조 교사. 이것이 내가 기억하는 전부입니다. 현재는 대학원생입니다. _브랜디

우리의 강점을 살려 일하는 것과 마찬가지로 학위를 받는 것은 우리 대부분에게 성공을 위해 아주 중요한 부분이다. 그러나 학위가 성공을 보장해 주지는 않는다. 우리는 또한 자신의 부족한 점을 고치려고 노력해야 한다. 그렇지 않으면 만족할 만한 위치를 확보

하는 데 어려움을 겪을 것이다.

> 나는 청소 일이 싫어요. 그건 너무나 머리를 쓸 필요가 없는 일이
> 에요. 그리고 대학 학위를 가진 사람에게 얼마나 구질구질한 결
> 말이에요. 관리인? 청소부? 아유, 창피해요! 나는 지금 직장이 없
> 어요. 지금까지 직장을 4개월 이상 유지해 본 적이 없어요. _헤더

취업에 관한 내 책에서 서술했듯이 대부분의 아스퍼거인들은 출
근하고, 일하고, 퇴근하고 싶어한다. 그러나 그것이 그리 간단하지
가 않다. 우리가 어떤 일을 겪을 때 그 분위기를 조성하는 것은 사
람들이다. 그렇기 때문에 많은 아스퍼걸들이 집에서 일하거나 동
물들과 일함으로써 다른 사람들과 일하는 것을 피하려고 하는 것
이다.

> 나는 무직 상태입니다. 집에 있으면서 아들에게 홈스쿨링을 하
> 고 있어요. 그저 사람들을 오랜 시간 상대할 수가 없어요. _니키

> 나는 애견 미용사로 일하는 것이 좋습니다. 내 개와 내가 손질하
> 는 개들과도 친밀감을 느낍니다. 엄마 늑대와도 같이 내가 그들
> 세계의 일부인 것처럼 느낍니다. _엘피니아

지금까지 지적 도전과 성취에 대해 많이 이야기했지만, 물론 모
든 아스퍼걸이 창조적인 천재는 아니다. 어떤 이들은 단순 반복적
인 일을 좋아한다.

13살 때 나는 치과 위생사가 되기로 결심했습니다. 치아에서 치석을 제거하는 반복적인 일을 좋아해요. 힘든 부분이라면, 그 치아를 가진 사람들과 일하는 것이고 온갖 성격적인 문제가 일어나는 것입니다. _젠

아스퍼거인들은 취미와 직업에 대한 흥미가 매우 빨리 달아올랐다가 식을 수 있기 때문에 자신이 열정을 가진 분야에 몸담는 것이 좋다. 그래야 오랫동안 관심과 집중을 유지할 수 있고 좋아서 몰두하는 일로 돈도 벌 수 있다. 만일 열중하고 있는 분야에서 일자리를 찾지 못한다면 집중을 못 하고, 지루해하고, 우울해질 것이다. 심지어 몸이 아플 수도 있다. 우리는 집착적인 몰입이 필요하다. 그것은 우리의 정신적 지주가 되어 주고, 우리의 사고에 대단히 중요한 의례적이고 일상적인 틀을 부여해 준다. 몰입이 없으면 우리의 생각들은 갈 곳 없는 풍선처럼 그저 바람에 떠돌 것이다. 아무 데도 가지 못하는 그 상태는 진정으로 이륙한 적이 없는 것과 같다.

나는 사람들과 하루 종일 함께 있으면서 내 관심사를 추구할 수 없어 매우 스트레스를 받습니다. 그래서 새벽까지 깨어서 취미 활동을 하느라 잠을 거의 못 잡니다. _위더스

템플 그랜딘은 자폐 스펙트럼에 속한 사람들에게 "여러분 자신이 아닌 여러분의 성과물을 파십시오"라고 말했고, 그 말은 맞다. 그러나 인성이 팔리는 문화에서, 그리고 일자리를 얻기 위해서는 심리 검사나 인성 검사가 흔히 요구되는 세상에서 어떻게 그럴 수

있는가? 소위 인성 검사라는 것은 우리의 사회적, 인지적 차이(다른 것이지 꼭 결함은 아니다)를 드러내고, 아스퍼거 증후군을 가진 사람이 스스로 어떤 사람인지 보여 줄 기회를 갖기도 전에 일자리를 잃게 만들 수 있다. 직업 만족도를 높이고, 실직하거나 불완전 고용 상태인 자폐인의 수를 감소시키는 방법은 결국 우리의 재능을 인식하고, 결함을 받아들이고, 강점을 활용하는 것으로 요약된다.

훌륭한 직업의식을 가진 헌신적이고 성실한 일꾼이라는 것은 더 이상 중요하지 않아요. 고용주들은 오히려 수다스럽고 외향적인 사람을 채용할 것입니다. 나는 1년 이상 한 직장을 계속 다닌 적이 없어요. 현재 나는 실업자이고 경제적 문제 때문에 내 성격에 맞든 안 맞든 구할 수 있는 일자리라면 무엇이든지 받아들여야만 합니다. _엘

이 질문이 어른을 대상으로 한다는 건 알지만 아무튼 대답해 볼게요. 나는 취업이 걱정돼요…. 면접을 어떻게 해야 할지 모르겠어요. 사람들, 특히 낯선 사람들의 눈을 쳐다보는 것이 너무 힘들어요. _메건

삶의 대부분을 고학력 반백수로 지내는 거죠. AS에 관한 최악의 일면이에요. _미셸

AS라는 것을 만일 공개하게 된다면 언제, 어디에서 할 것인가. 공개는 언제나 개인적 선택과 필요 사이의 교차점에서 이루어지게

된다. 부분적 공개라는 또 다른 선택도 있다. AS를 가지고 있다는 사실을 밝히는 대신 개인적 지원을 요청하는 것이다. 우리 가운데 어떤 사람들은 공개를 해서 AS가 어떤 것인지에 대한 인식을 확산시키는 것이 우리의 의무라고 간주하기도 한다. 그러나 논의와 문서를 포함해서 완전히 공개하더라도 지원이나 진정한 이해를 보장받을 수 있는 것은 아니다. 그렇기 때문에 우리들 가운데 다수가 예술가, 작가, 변호사 등의 자유업을 선택하거나 공학과 소프트웨어 개발과 같은 아스퍼거 친화적인 분야에서 일하는데, 이런 분야에서는 우리의 별난 점이 잘 눈에 띄지 않을 것이다.

자신의 분야에서 제대로 교육을 받고, 좋은 선택을 하고, 사회의 유용한 부분이 되기를 포기하지 않는 것은 특히 순진한 아스퍼걸에게 대단히 중요하다. 만약 우리가 적극적으로 자신을 위한 환경을 만들지 않는다면, 우리가 환경에 휘둘리기 쉽다.

나는 르네상스 페스티벌(제9장 '아스퍼걸에게 드리는 조언' 참조 – 옮긴이)에서 일하고 있고 텐트나 내 차에서 지냅니다. 2달에 한 번씩 다른 아웃사이더들과 함께 새로운 쇼에 가곤 하지요. 2년 전에 끔찍한 교통사고를 당했습니다(시속 70마일 구간에서 좌회전을 하려고 기다리는 동안에 뒤차가 들이받았습니다). 그 사고로 추간판 탈출증, 섬유 근육통을 얻었고, 차를 잃었습니다. 작은 판잣집에서 침대에 누워 지냈죠. 현재 5년 정도 떠돌아다니고 있습니다(홈리스 상태). _브램블

내가 이 책의 '들어가며'에서 썼듯이, 점점 더 많은 사람들이 진

단을 받고 있는데 나는 실질적으로 그 이유가 고용과 경제적 문제로 인한 것이라고 생각한다. 현대 사회에서 생활비는 많이 들고, 더 오래 더 열심히 일해야 하며, 인성 검사와 같은 장애물과 더불어 더욱 심한 취업 경쟁을 해야 한다는 것으로 인해 우리는 깨닫게 된다. 우리가 제대로 대처해야 하는데 그러지 못하고 있으며, 그 이유를 찾아내고 싶다고 말이다. 그래서 진단을 받게 된다.

아스퍼걸에게 드리는 조언

아스퍼걸도 정말 만족스러운 직업을 가질 수 있습니다. 여러분은 자신이 열정을 가지고 있는 분야에서 일하고, 학위나 교육을 가능한 잘 마쳐야 합니다(충분한 도움을 받을 수 있길 바랍니다). 그러고 나서 적어도 어느 정도의 자율성과 명망, 그리고 충분한 지적 도전이 있는 자리를 찾으십시오. 동시에 자신의 감각적 요구를 존중해야 합니다.

많은 직업에서 사회성이 실제 직업의식보다 더 중요시되는 것은 대체로 사실입니다. 책, 그룹, 요법 등등의 형태로 사회성 훈련법이 나와 있습니다.

사회적 접촉을 거의 하지 않고 혼자 할 수 있는 일도 있고 또한 자영업이라는 선택지도 있습니다. 경영주와 자영업자는 종종 고생도 하지만 원하는 일을 하고 독립해 있다는 데서 오는 평화와 만족을 누립니다. 그러나 자영업은 자체적인 어려움들을 겪을 수 있습니다. 재정적 불안정을 포함해서 복합적이고 다양한 책임들이 따룹니다(예를 들면 여러분이 예술가일지라도 자기 자신의 비서, 마케팅 담당자, 회계사가 되어야 할 수 있습니다). 그리고 여러분의 사회성을 강화시켜 줄 사회적 접촉이 너무 적다는 점도 들 수 있지요.

전업주부들 또한 행복해 보이고 성취감을 느끼는 것으로 보입니다. 그러나 남자가 여러분을 부양해 줄 것이라고 바라고 의존하는 것은 현실적이지 않습니다. 요즘 대부분의 남자들은 여자를 부양하고 싶어도 그럴 여유가 없습니다. 아스퍼걸은 스스로를 부양하고, 성취하고, 자신을 부양해 줄 누군가를 필요로 하지 않는다는 목표를 가지고 세상을 마주해야 합니다. 특히 혜택을 받기가 매우 어렵고 여러 난관이 있는 미국 사회에서는 말이지요. 그 모든 어려움들은 마치 여러분에게 굴욕감을 주고 자존감을 무너뜨리려는 듯이 보입니다.

만일 여러분이 예술 쪽에 뜻이 있다면 말리지는 않겠습니다. 그러나 경험자의 말을 믿으세요. 자격을 취득하고, 여러분의 주요 목표에 버금가는 관심 분야에서 대안을 두세 가지 마련하십시오. 자신의 행복을 좇되, 가능한 교육을 많이 받고 두세 가지 대안을 갖추십시오. 이것은 비겁한 것이 아니라 똑똑하다고 일컫는 것입니다. 대비책을 갖고 있지 않다고 해서 대비책이 필요 없는 게 아니기 때문입니다.

모든 아스퍼걸이 창의적인 천재는 아닙니다. 회계사가 되면 정해진 일과와 예측 가능성 덕분에 여러분이 원하는 일상의 보증과 평온을 얻을 수도 있습니다. 또한 모든 사람이 계산원이 되기를 싫어하는 것은 아닙니다. 일부 고기능 자폐인과 아스퍼거인은 계산대에서 정해진 대로 움직이는 생활을 좋아합니다.

일은 정해진 일과를 방해합니다. 그러나 새로운 일과를 만드는 것도 가능합니다. 식사 계획을 짜고, 수면 보조 도구를 이용하고, 근무 외 시간을 생산적으로 이용하면 보다 순조롭게 일과를 전환할 수 있을 것입니다.

시간을 들여 자신을 알아 가고 자신이 원하는 것과 감당할 수 있는 것에 대해 진정으로 솔직해지세요. 만일 잡코치(job coach: 발달장애인 직무 지원인 – 옮긴이)와 함께 일을 할 예정이라면 그들이 AS에 관해 깊이 있게 이해하고 있는지 확인하십시오. 여러분과 잡코치가 취업에 관한 내 책(시몬, 2010)을 읽고 많은 사회적·감정적·환경적 문제들에 관한 철저한 이해를 얻을 수도 있습니다. 다른 책들도 있습니다. 로저 마이어(Roger N. Meyer)의 《아스퍼거 증후군 취업 워크북(*Asperger Syndrome Employment Workbook*, 2001)》과 사라 헨드릭스(Sarah Hendrickx)의 《아스퍼거 증후군과 취업(*Asperger Syndrome and Employment*, 2009)》은 두 권 모두 탁월합니다.

재정적 안정과 자립에 열의를 가지십시오. 그리고 거의 무엇이든 해낼 수 있는 여러분의 유명한 집중력과 성실함으로 그것을 추구하십시오.

🧩 부모님에게 드리는 조언

여러분의 아스퍼걸 딸이 관심 분야에서 가능한 최고의 자격을 얻을 수 있도록 격려해 주십시오. 또한 사회성 훈련과, 도움이 필요한 모든 실지 응용을 격려해 주세요. 앞서 서술했듯이, 교육 과정

그 자체에 온갖 어려움들이 내재되어 있지만, 여러분의 딸이 잠재력을 실현시키려면 그것을 헤쳐 나가야만 합니다. 아스퍼걸의 행복은 다음과 같은 요건들이 잘 충족되고 있는가에 달려 있습니다. 즉 의미 있는 일을 하는지, 갈등은 적은지, 창조의 자유가 있는지, 상황을 스스로 통제할 수 있는지 등입니다. 반면에 너무 부담을 주지는 마세요. 우리의 열정은 바뀌기도 하고, 우리가 우주에 매혹되어 있다고 해서 우주비행사가 되고 싶다는 의미는 아니기 때문입니다. 아스퍼걸은 AS의 특징을 살릴 수 있되 자폐증 버튼을 누르지는 않는 직업을 찾아야 합니다.

　많은 아스퍼걸들은 일을 두려워할 것입니다. 직장에 들어가 보고 자신이 어울리지 않는다는 것을 깨닫게 될 것입니다. 직장에서 괴롭힘을 당하거나 그저 정말 힘들다고 느낄 수도 있습니다. 18세 자녀가 여태 같이 살고 있고(혹은 38세가 되도록 그럴 수도 있습니다) 제대로 된 직업을 구할 수 있을 것 같지 않으면 부모는 좌절감을 느낍니다. 여러분의 딸이 게으른 것은 아닙니다. 겪어 보지 못한 사람에게 설명하는 것은 매우 어렵지만, 골칫덩어리가 된 듯한 느낌, 어색한 느낌, 불편하고, 주시당하고, 자신의 정해진 의례와 일과를 방해받고, 자신의 주위 환경을 통제하지 못하는 것, 이 모든 것들이 우리가 선호하는 직업을 구하기 힘들게 합니다. 여러분의 인내심이 시험받을 것입니다. 다른 사람들이 흔히 겪는 인생의 중대 전환은 딸에게도 찾아올 것입니다. 그저 여러분이 바라거나 예상하는 시점보다 좀 늦을 뿐입니다. 직장생활에 잘 적응하지 못한다고 해서 딸에게 화를 내지 말고 힘을 주세요. 그리고 딸의 꿈이 무엇인지, 그 꿈을 실현시킬 가능성이 무엇과 관련되어 있는지 의논하십시오.

결혼, 누군가와 함께 살기

CHAPTER

12 | 결혼, 누군가와 함께 살기

아스퍼걸에게 집은 신성불가침이다. 남자들도 자신만의 동굴을 가지고 있겠지만 우리도 그렇다. 그리고 우리의 그것은 일반적으로 훨씬 더 지내기에 안락하다. 집은 우리가 시각적 대상, 소리, 냄새, 온도, 촉감을 완벽하게 통제할 수 있는 곳이다. 우리가 진정으로 자신답게 있을 수 있는 곳이다. 만일 돈이 있어서 우리가 선택한 환경에서 살 수 있다면 집은 지상 낙원이 될 것이다. 도대체 왜 그걸 망치려고 하겠는가?

누군가와 산다고 생각만 해도 너무 두려워요. 예전에 5년 동안 같이 살아 봤는데 결국 상황을 극복하기 위해 끝냈습니다. 다시는 나 자신을 포기하고 싶지 않아요. 상대에게 무언가 기대를 하

지 않고 있는 그대로를 유지하는 것만으로도 행복해하는 사람을 찾고 싶습니다. _케스

내가 이야기를 나눈 아스퍼걸들 가운데 독신 생활에 만족하는 사람들은 집에서 자신이 키우는 기니피그보다 털 많은 그 어떤 존재도 원치 않는다. 또 다른 사람들은 혼자 살면서 가끔 만날 수 있는 남자친구를 찾고 싶어한다. 그 외의 사람들은 결혼하거나 누군가와 살고 있고 매우 행복하다. 결혼은 우리 모두가 다른 관점과 경험을 갖고 있는 또 다른 상황이다.

누군가와 함께 산다는 것의 장점은 공과금을 함께 낼 사람이 있다는 것, 여러분이 훌륭한 것을 만들어 냈을 때 감동해 줄 사람이 있다는 것, 재미있는 것을 볼 때 함께 웃어 줄 사람이 있다는 것, 자신 이외에 이야기를 할 대상이 있다는 것이다. 또한 고정적인 성적 관계를 지속할 수 있는 것, 함께 외출할 사람이 있다는 것도 장점이다. 그것은 우리가 혼자만의 습관과 일과에서 조금도 벗어나지 못하고 빠져들게 되는 것을 막아 줄 누군가를 의미한다. 혼자 살면 자기 자신에게서 헤어나지 못하거나 어떤 식으로든 성장할 수 있도록 자극을 받지 못한다.

나는 좀 외로워요. 친구들은 몇 명 있지만 연애 상대는 없습니다. 종종 애정과 위로와 안정을 갈망합니다. 혼자 사는 것은 내게 해로워요. 누군가 나를 집 밖으로 끌고 나가 줘야 해요. _앤디

결혼은 어렵다. 그것은 교환과 타협과 대화의 연속이다. 또한 당

신의 물리적 공간과 음식을 나누고 혼자만의 시간이 줄어든다는 것을 뜻한다. 그의 아이들과 개, 친구들, 그의 냄새, 그리고 그가 엉망진창으로 해 놓은 것들을 받아들이는 것일 수도 있고, 입장을 바꾸어 그 반대도 성립한다. 비자폐 여성들에게도 맞는 짝을 찾기란 종종 매우 어렵다. 우리 아스퍼걸에게는, 오랫동안 함께하려면 정말 특별한 종류의 사람이 필요하다.

> 나는 정신을 온전하게 유지하기 위해 내 파트너가 필요해요! 그는 나보다 AS에 관해 더 많이 알고 있고 내가 멜트타운을 일으키거나 화가 났을 때 어떻게 다루어야 하는지 아주 잘 알고 있어요. _사라

자기 인식은 자신의 존재와, 자기가 좋아하는 것과 싫어하는 것을 진정으로 아는 것이다. 우리의 경우 그것은 또한 남녀 관계에서 AS가 얼마나 영향을 미칠지 아는 것이다. 정체성과 자아에 대한 강한 인식을 갖지 못한다는 것은 우리가 비자폐 여성들보다 결혼할 준비가 되기까지 좀더 시간이 걸릴 수도 있다는 것을 의미한다. 어떤 아스퍼걸은 파트너를 어린 시절부터 알고 지냈고 무척 행복한 반면, 어떤 아스퍼걸은 진단을 받기 전에 바람직하지 못한 결혼을 했다. 성공적인 결혼 생활은 자기 인식과, 파트너가 스스로 AS에 관해 공부하는 사람인가, 그리고 아스퍼거 증후군에 반대하는 것이 아니라 함께하는 사람인가 하는 것에 달려 있다.

내가 아스퍼거 증후군 남편을 선택한 이유는 그가 복잡하지 않

고, 직설적이고, 정직하며, 내가 약한 분야에 강하기 때문입니다. 우리는 이심전심으로 통했습니다. 그가 나를 이해한다는 것을 알았고 나는 그를 이해했습니다. _젠

우리가 연애의 전 과정을 좋아하지 않기 때문이기도 하고, 이전에 로맨틱한 관계를 가졌던 남자가 거의 없었을 수도 있기 때문에 어떤 사람들은 너무 빨리 결혼을 결정한다. 나와 같은 아스퍼걸은 나이가 찼기 때문에 결혼했다. 사랑이 무엇인지도 모르고 그저 적령기라고 생각했다.

나는 두 번 결혼했어요. 두 번 다 연애도 하지 않고 상대가 우겨서 즉시 결혼했습니다. 이런 결혼은 권하고 싶지 않아요. 두 남자 모두 폭력적이 되고 말았어요. 이제 나는 고독을 사랑해요! _위더스

또한 우리는 자신을 돌봐 줄 사람이나, 특히 취업이나 직장생활에 문제를 가지고 있다면 혼자 감당 못 하는 생활 기반에 도움을 줄 사람이 필요하다고 느껴서 결혼이나 동거를 할 수도 있다.

나는 나를 돌봐 주는 남자친구와 살고 있습니다. 그는 내가 함께 살아서 좋은 유일한 사람이에요. 내가 사랑에 빠졌다는 생각은 들지 않습니다. 나는 내가 가질 수 없는 사람에게 사랑을 느낍니다. _미셸

우리는 순진한 사람들이다. 사람들이 우리에게 하는 말을 믿고 약속을 지킬 것이라고 믿는다. 누군가 우리를 사랑하고 결혼하고 싶다고 말한다면, 설령 그의 행동이 그 말과 반대되는 것일지라도 우리는 보통 그 사람이 진심일 것이라고 생각한다. 나는 두 번 결혼했다. 나는 외로운 것, 특히 같은 방에 누군가와 함께 있으면서 외로움을 느낄 때가 싫다. 두 명의 남편 모두 날 무척 외롭게 했다. 첫 번째 남편은 나보다 연상이었고 나는 그가 날 돌봐 줄 것이라고 생각했다. 그는 나를 전혀 이해하지 못했거나 나에 관한 어떤 것도 좋아하지 않았고 18개월 된 딸을 남기고 떠나 버렸다. 두 번째 남편은 나보다 열두 살 연하였다. 그 또한 나를 비난하기만 했고 나를 좋아하거나 존중하는 것 같지 않았다. 그도 나를 갑자기 떠났고, 다시는 볼 수 없었다.

아스퍼거 증후군을 가진 사람에 대해서는 비난하지 않는 태도가 매우 중요하다. 비난은 우리를 웅크리게 할 뿐이다. 우리에게는 잘한 일에 대한 긍정적인 강화가 필요하며, 칭찬을 받으면 더 잘 하려고 노력할 것이다. 함께 살아가려면 이 점을 이해해 주는 매우 특별한 파트너가 필요하다.

내가 인터뷰했던 다수의 기혼 아스퍼걸은 자신의 남편을 AS라고 진단하거나 의심했다. 그가 아스퍼거인이든 아니든, 삶의 특정 부분에 관해 당신과 비슷한 견해를 가질 필요가 있다. 만일 그가 사람의 진실성과 깊이보다 외모와 사회적 관습을 무척 신경쓰는 부류의 사람이라면, 그리고 자기 표현보다 순응을, 또는 자질보다 자신감을 더 신경쓴다면 함께 힘든 시간을 보내게 될 것이다. 그가 사교성이 뛰어나고, 한 번에 여러 일을 잘 처리하고, 자녀 교육에 열성적인 아내를 원한다면 당신에게 실망하게 될 것이다. 그는 어떤 일을 하고 싶어하지 않는 것과 할 수 없는 것은 매우 다르다는 것을 이해해야 한다.

우리 남편은 아스퍼거 증후군이고 매우 이해심이 많습니다. 우리는 결혼한 지 30년이 되었고요. 가끔 다른 사람들과 떨어져 있을 곳이 서로 필요하다는 것을 이해합니다. _포케그란

나는 아스퍼거 증후군 남성과 행복한 결혼 생활을 하고 있습니다. 우리는 AS를 가진 성인을 위한 인터넷 게시판에서 만났어요. 그는 나보다 나이가 좀 많고 아내는 집에 있으면서 가사를 돌보는 것이 보통이라고 여겨지던 시절에 자랐기 때문에 내가 직업이 없는 것을 문제시하지는 않았죠. 우리는 작은 집을 소유하고 있고 경제 형편 내에서 소박하게 살고 있습니다. 상대방의 특이한 성격과 기벽에 대해 매우 참을성 있고 관대해지려고 노력하고 있습니다. 우리 둘 다 독신으로 지낸 기간이 상당히 길어서 결혼에 매우 감사해하고 있습니다. 오랜 기간의 외로움과 고독을 통해 우리 두 사람은 결혼 생활에서 생기는 어떤 문제나 사안도 소란을 피우거나, 특히 관계를 망칠 만한 일은 아니라는 것을 배웠습니다. _헤더

당신의 파트너가 AS를 가지고 있다고 해서 자동적으로 서로에게 완벽한 짝이 될 것이라는 보장은 없다. 두 사람 모두 마음이론(제8장 옮긴이 주 참조)이 결여되어 있고, 진정으로 사랑하지 않고,

사회적으로 고립되어 있고, 감각 문제와 멜트다운을 겪는다면 양쪽 모두에게 극적인 상황과 외로움을 초래할 수 있다.

> 결혼 생활에서 끊임없는 말다툼 때문에 불행합니다. 우리는 서로를 이해할 수 있을 것 같지가 않아요. 또한 그는 나만큼 섹스를 좋아하는 것 같지 않아서 내가 원할 때 말을 꺼낼 수가 없어요. _샘

일단 우리가 자기 자신을 알게 되고 더 이상 자신답지 않은 존재가 되지 않으려고 하게 되면 이상하게 혼합된 가치관을 가지게 된다. 우리 가운데 어떤 사람들은 매우 전통적이고 단순하지만 어떤 사람들은 자신들의 필요에 맞는 대안적인 생활 양식을 택한다. 그러나 어느 쪽이든 우리는 자신의 방식대로 나아간다. 그것은 내면으로부터 나오는 결정이다.

> 아빠가 일을 하는 동안 엄마는 아이들과 집에 있어야 한다고 나는 생각합니다. 이것이 세상의 잘못을 어떻게 고칠 수 있을지 내가 일장연설을 할 수도 있지만 내 견해가 언제나 다수 의견은 아니죠. 특히 여성학 수업에서는요. _니키

나에게는 함께 사는 주요 파트너가 있고 매주 화요일에 만나는 두 번째 남자친구가 있습니다. 두 사람의 파트너와 지내는 것은 아주 순조로워요. 파트너들끼리 잘 지냅니다. 두 번째 남자친구가 아주 고지식하고 생활 공간을 많이 필요로 하기 때문에 이런

식으로 지내는 것이 좋습니다. 그와는 같이 살기가 거의 불가능
할 거예요. _올리브

아들의 아빠와 나는 지금 친구로 지내고 있습니다. 같은 집에 살
고 있지만 생활 공간은 분리되어 있습니다. 주로 내 자폐 스펙트
럼 장애(ASD) 때문이지요. 하지만 우린 꽤 행복하게 삽니다. _카
밀라

우리가 견뎌내야 했던 사회적 비난과 고립으로 인해 우리가 진
정으로 훌륭한 파트너를 얻을 자격이 없다고 스스로 내면화한 사
람들이 있을지도 모른다. 외롭게 지내는 것은 우리의 결함에 따른
대가일지도 모른다고 말이다. 당신에게 맞는 파트너는 당신의 그
런 특성들도 매우 다른 관점으로 볼 것이다.

그녀는 나의 전부이기 때문에 나는 그녀를 무척 보호하려고 합
니다. 그녀의 별난 점에 대해서는 신경쓰지 않습니다. 그것은 그
녀가 어떤 사람인지 보여 주는 것이 아니라 그저 그녀의 성격을
재미있게 만드는 것의 일부일 뿐입니다. 그녀는 똑똑하고, 재미
있고, 솔직히 내가 만나 본 여성 중에 가장 용기 있는 사람입니
다. 그녀는 고통을 겪어 왔고 무사히 극복했습니다. 그녀가 겪은
고통 가운데 일부는 AS를 이해하지 못하는 사람들로 인한 것이
라고 확신하지만 나는 신경쓰지 않습니다. 그녀는 내 사람이고
나는 그녀를 바꾸려 들지 않을 것입니다. 글쎄요, 그녀의 삶이
조금 더 순탄했더라면 하는 생각도 들지만 만일 그랬다면 지금

과는 다른 사람일지도 모르죠. _데임 케브의 남편

멜트다운과 우울증은 아스퍼걸에게 엄청난 비중을 차지하는 문제이며 우리의 정서적 폭풍 앞에서 도망치지 않으려면 특별한 남성이어야 한다.

정말 지독한 우울증 기간 동안에 남편의 결혼 서약인 "아플 때나 건강할 때나"가 진실로 빛을 발합니다. 내가 거의 긴장증(조현증의 한 임상병형으로 특유한 정신운동성 장애를 주 증상으로 한다. 심한 흥분이나 의식 혼탁이 나타나는 경우도 있다 – 옮긴이)과 같은 상태에 있으면 그는 내가 먹지 않을 거라는 걸 알면서도 음식과 주스를 가져다줍니다. 잠옷을 갈아입혀 주고 샤워를 권하기도 합니다. 가끔 내가 여러 시간 자고 난 후에 눈을 뜨면 내가 깨길 기다리며 그가 내 옆에 누워 있는 것을 발견하곤 합니다. 그는 내 눈물방울을 일일이 닦아 주고 위로의 말을 건넵니다. 그의 위로가 결코 내 우울증을 없애 주는 것 같진 않지만 그것이 내 정신줄을 잡아주었고 그 위로가 없었다면 나는 지금 이 자리에 있지 못했을 것입니다. 가끔 그는 마치 내 고통을 느낄 수 있기라도 한 것처럼 나와 함께 울지만 곧 나는 실제로는 그렇지 않다는 것을 깨닫습니다. 그는 그저 원래의 나를, 원래의 우리를 그리워하는 것입니다. 날마다, 밤마다 그는 나를 기다립니다. 이것은 최상의 보살핌입니다. _브랜디

👋 아스퍼걸에게 드리는 조언

나는 처음에 육체적 매력과 서로간의 집착을 바탕으로 짝이 될 사람을 선택했습니다. 그러나 아스퍼걸과 결혼한 사람은 아내를 보살피고, 인내해야 합니다. 만일 그가 AS에 관한 정보를 읽지 않는다면 결코 여러분을 이해할 수 없을 것이기 때문에 책도 읽어야 합니다. 그는 소음 정도, 가구용 직물에서 거주할 곳에 이르기까지 모든 것에 관해 기꺼이 타협해야 합니다. 멜트다운에 대해서도 이해하고 용납해야 합니다. 내가 조사한 바로 멜트다운은 우리들 중 97퍼센트에게서 가끔 일어나고 어떤 사람들은 꽤 자주 겪습니다. 아내의 AS로 인한 무수한 문제들을 그는 감수할 수 있어야 합니다.

마찬가지로 여러분도 타협해야 할 것입니다. 그가 언제나 보살펴 주고 양보해 주는 사람일 수는 없습니다. 여러분은 그를 위해 언제나 자신의 한계라고 정해 놓은 지점을 뛰어넘으려고 최선의 노력을 해야 합니다.

여러분이 배우자나 파트너를 원하면서 가끔 스스로 그런 자격이 없다고 느낀다면, 데임 케브의 남편이 그녀에 대해 했던 말을 기억하고 여러분도 마찬가지로 사랑받을 권리가 있다는 것을 이해하기 바랍니다. 여러분의 부모님, 형제자매들, 심지어 자녀들(그들이 우리에게 가장 신랄한 비평가가 될 수 있으니까요)과 지인들이 무슨 말을 하든 여러분은 사랑받을 자격이 있습니다. 그리고 그 사실을 믿는다면 사랑을 얻을 것입니다.

독신으로 행복한 사람들은 그저 체념한 것이 아니라 정말로 행복한지 때때로 확인해 보십시오. 그것이 진정한 행복인지, 아니면 최악을 피하기 위해 선택한 쪽인가요? 단지 여러분이 아직 제 짝을 만나지 못해서 그렇지, 짝이 될 남성 혹은 여성이 지금도 여러분을 기다리고 있을지도 모릅니다. 언젠가 여러분이 인생을 함께 나눌 누군가가 생겼을 때 인생이 좀더 풍요로워질 선택을 하게 될지도 모른다는 것을 알아 두십시오. 여러분이 적극적으로 짝을 찾고 있지 않다고 해도 기회의 문을 약간은 열어 두세요.

어떤 아스퍼걸은 끝나 버린 결혼 생활로 인해 무척 상처받고 실망했습니다. 그들은 함께 사는 것이 곧 고통과 스트레스와 같다고 생각합니다. 그러나 일단 여러분이 딱 맞는 짝을 사귀게 되면 누군가와 함께 사는 것이 얼마나 다를 수 있는지, 얼마나 더 잘 지낼 수 있는지 놀라게 될 것입니다. 정서적인 지지와 무조건적인 사랑은 찾기 힘들지만 만일 여러분이 그것을 찾아낼 수 있고 그것이 너무나도 어둡고 외로운 삶을 전혀 다른 것으로 바꿀 수 있다면 믿을 수 없을 정도로 훌륭한 것입니다. 마이클 존 칼리(Michael John Carley)의 책 《아스퍼거 증후군의 모든 것(Asperger's from the Inside Out, 2008)》에서 내가 가장 좋아하는 부분은 그가 아내에게 쓴 헌사입니다. 거기에는 "세상을 다시 세운 캐서린에게"라고 씌어 있습니다. 그것을 읽었을 때 나는 무척 외로웠는데 그 문장 덕분에 아스퍼거 증후군을 가진 사람도 진정한 사랑을 찾을 수 있다는 희망을 가지게 되었습니다. 이것이 내가 현재의 파트너에게 이 책을 바친 이유입니다. 원래는 내가 존경하는, 분투 중인 수많은 AS 여성들에게 이 책을 바치려고 했지만 나의 마음과 세상에 말 그대로 불을 밝혀 준 사람은 파트너인 마이크입니다.

그를 찾기 위해 나는 헤어진 사람을 원하는 것을 그만두었고, 내가 원치 않는 것에 관해 생각하는 것을 그만두었습니다. 그 대신 간단하지만 강력한 시각화 기술을 이용했습니다. 내가 원하는 남자의 특징 목록을 마치 이미 그를 사귀는 듯이 적었지요. "나는 완벽한 파트너가 있다"라는 말로 그 목록을 시작하고 나서 언제나 현재 시제로 말하면서 그의 특징을 열거해 나갔습니다. 내가 원치 않는 것과 같은 부정적인 것은 아무것도 포함시키지 않고 오직 내가 원하는 긍정적인 것만 넣었습니다. 2주 후에 그 사람은 나를 발견했습니다. 여러분이 시각화의 마법을 믿거나 말거나 이 목록을 적어 보면, 우리가 남성에게 어떤 특징을 원해야 한다고 생각하는 것과는 달리, 어떤 특징들이 정말 우리를 행복하게 하는지 구체적이고 명확해집니다.

어떻게 하면 행복한 결혼 생활을 할 수 있는지 나로서는 말할 수 없지만 이것은 말할 수 있습니다. 청혼하는 첫 번째 남자에게 무턱대고 "예스"라고 말하지 마세요. 괜찮은 남자친구가 있었고 적령기가 되었기 때문에 결혼했던 아스퍼걸은 나뿐만이 아닙니다. 아직 사랑에 빠져 본 적이 없다고 해서 앞으로도 결코 그렇지 않을 것이라고 가정하지 마십시오. 사랑은 예기치 못하게 올 수 있고 여러분이 이미 결혼을 했다면 후회하게 될 것입니다. 사랑은 분명히 만족스러운 결혼 생활의 중요한 요소 가운데 하나입니다.

마찬가지로 중요한 것은 AS를 이해하고, 여러분을 바꾸기보다 매사를 보다 쉽고 편안하게 해 주려고 하는 파트너를 갖는 것입니다.

 ## 부모님에게 드리는 조언

이 부분에서 여러분이 할 수 있는 것은 별로 없습니다. 딸은 자신이 원하는 사람과 결혼할 것입니다. 그녀가 자신의 불안을 증가시키지 않고 달래 줄 사람을 만나기를 바랍니다. 여러분이 할 수 있는 최선의 방법은 상대 남성을 만나 이야기를 나눠 보고 그가 정말로 딸의 한계와 더불어 잠재력도 이해하고 있는지 알아보십시오. 그녀가 똑똑하고 자립적이라는 이유만으로 간과해서는 안 되는 특수한 요구가 있다는 것을 그에게 명심시키십시오. 여러분이 딸에게 자존감을 가질 수 있도록 키운다면 그녀가 올바른 판단을 하는 데 도움이 될 것입니다.

자녀 양육

우리 가운데 어떤 사람들은 가족과의 동반자 관계와 사랑을 원하지만 또 어떤 사람들은 그것을 두려워하며 살아간다. 자기 자신도 간신히 돌볼 지경인데 어떻게 다른 사람을 부양한단 말인가? 아이를 갖는 것은 아스퍼거 증후군을 가졌든 아니든 결코 가볍게 결정할 일이 아니다. 그러나 일단 갖게 되면 모든 내재적 문제들이 뒤섞인다. 아이를 갖는다는 것은 평화롭고 고요하고 고독한 생활, 즉 우리가 가장 좋아하는 것들과 작별해야 한다는 것을 의미한다. 아이가 있으면 학예회에서 부모 교류 모임에 이르기까지 사회적 행사에 참석해야 한다. 우리는 보호자로서의 역할을 요구받고, 성숙한 결정을 내리는 성숙한 어른이어야 하며, 이타적이어야 한다. 그 외에도 우리가 고심하는 모든 역할을 요구받는다. 우리는 대부분의 다른 엄마들처럼 보이거나 행동하지 않을 것이고 특별히 엄마답게 느끼지도 않을 것이다. 바로 '엄마'라는 그 이름은 우리에게는 맞지 않지만 모두에게 적용되는 여성상을 나타내기 때문에 우리로서는 꺼릴 수도 있다.

나는 결혼하기도 아이를 갖기도 싫습니다. 자신의 몸을 통제할 수 없게 되는 것이 싫습니다. 언제나 엄마로서의 역할을 계속해야 하는 것도 원치 않습니다. _케스

나는 아이가 없고 앞으로도 가질 생각이 없습니다. 육아를 책임지고 싶지 않아요. 나 자신을 제대로 파악하는 것만으로도 힘듭니다. _섀넌

나는 임신했을 때 좋았어요. 너무나 아름다운 느낌이었습니다. 아기를 돌보는 것도 좋았고, 아기들의 언어와 세계관을 풍부하게 해 주는 것도 즐거웠습니다. 나는 아이가 셋인데 다른 부모들도 내게 종종 자기네 아이들을 봐 달라고 부탁했지요. _위더스

벽지에서부터 안부 카드에 이르는 모든 것에서 유아기의 이미지는 곰 인형과 풍선 같은 것으로 나타난다. 나는 이런 이미지가 대소변과 토사물과 피로 대체되어야 한다고 자주 말해 왔는데, 한 인간을 낳는 것과 관련된 것은 바로 그런 것이기 때문이다. 그것은 예쁘지도, 즐겁지도 않았다. 그리고 아이를 갖는 것은 내가 가진 모든 감각 문제, 사회적 문제, 상황 통제에 관한 문제와 맞물려 상황을

어지러웠다. 게다가 나는 상당히 자기도취적인 사람이어서 나 자신의 요구를 억누르고 다른 사람의 요구를 우선시하는 것은 좋아하지 않았다. 딸이 겨우 두 살이었을 때 딸을 데리고 캘리포니아에서 뉴욕으로 가는 기차를 탔을 때 일이다. 기차 안에서 아이는 어떤 소년과 놀고 있었고 소년의 할머니는 천사 같은 두 아이들을 보고 수다 삼아 물었다. "엄마여서 그저 너무 좋지 않아요?" 나는 정직하고 직설적으로 대답했다. "아뇨, 그렇지 않아요." 그 여성은 잠시 완전히 경악한 표정을 지으면서 엉덩이를 슬금슬금 움직여 멀어지더니 창가 자리로 넘어가서 가능한 내게서 시선을 멀리 두었다. 분명히 그녀는 방금 나를 연쇄 살인범 범주에 넣었을 것이다. 나는 혼자 웃으며 사람들이 스스로를 속이는 능력에 경탄했다.

그녀는 내게 딸을 사랑하느냐고 묻지 않았다. 만일 그렇게 물었더라면 나는 그렇다고 대답했을 것이다. 내가 싫어했던 것은 엄마 노릇 하는 것이었다. 그것이 터무니없이 힘들다는 것을 알았기 때문이다. 태어난 순간부터 비명을 지르고, 내 살을 잡아당기고, 샌프란시스코의 내 작은 아파트의 정적을 깨고, 지독한 냄새로 그곳을 가득 채우는 내 아기는 아스퍼걸 최악의 악몽이었다. 내가 얼마나 자신을 사랑하는지 딸이 알고 있고 내 감각 문제를 알기에, 이제 딸은 말을 하기 전에는 재빨리 음악을 끈다든지 내가 글을 쓰고 있을 때는 개들을 조용히 시키기 때문에 나는 이 글을 쓰면서 웃고 있다. 그러나 딸이 아기였을 때는 내가 영화를 볼 때도 늘상 울거나 소리를 질렀는데, 그것은 다음과 같은 아스퍼거인 윤리 규정 14조를 위반하는 것이다. 내 영화를 방해하지 말라!

무슨 운명의 조화인지 내 딸은 자폐증이 아니다. 하지만 영유아기에 무척 껴안기 힘든 아이였다. 아이는 내가 안고 싶은 유일한 사람이었지만 나를 밀어냈고, 아이가 그렇게 행동하자 아이에 대한 나의 애착은 줄어들었다. 나는 육아에 대한 태도에서 흡사 스팍(스타트렉에 나오는 등장인물 중 하나로, 감정보다 이성을 중시하며 사람의 감정을 잘 이해하지 못한다 – 옮긴이)과 같은 태도를 취하게 되었다. 나는 아이가 나를 필요로 하지 않거나 심지어 사랑하지 않는다고 잘못 추측했다. 이 무렵에 나를 떠난 아이 아빠를 아이가 더 좋아할지도 모른다는 생각이 들었다. 나는 아이와의 강한 유대감이 되살아날 때까지 한동안 아이 아빠에게 딸아이를 맡겼다. 유대감은 매우 강력하고 갑작스럽게 돌아왔다. 딸아이는 자신도 나와 거의 동시에 나에 대해 거리감을 느꼈고 또 유대감이 되살아나는 느낌을 경험했다고 한다. 나는 해외로 이주했고 아이 아빠가 딸을 보내 줘서 함께 살게 되었다.

> 열 살 난 아들이 하나 있습니다. 아이는 멀리 떨어진 도시에서 아빠와 살고 있지요. 그 애는 일 년에 대여섯 번 나를 보러 옵니다. 나는 그게 최선이라고 생각해요. 나는 아들을 사랑하고, 그 애는 내 삶의 기쁨이자 의미입니다. _시브

딸이 내 보살핌 아래로 돌아왔을 때 다시 한 번 나는 매우 헌신적인 엄마이자 좋은 양육자가 되었다. 나는 별난 행동을 하긴 했지만 그럼에도 의례와 일과를 필요로 했다. 그것은 우리집 안에서 일어나는 일들이 안정적이고 안전하고 예측 가능했다는 것을 의미한다. 우리가 일정표와 생활의 흐름에 익숙해지자 안정된 상태는 오

랫동안 지속되었고 아이는 적응할 수 있었다. 집안 환경에 대한 통제권을 다른 사람과 나눌 필요가 없었기 때문에 나는 결혼한 엄마들보다 싱글맘인 것이 좋았다.

나는 행복하고, 독신이며, 두 살짜리 아들이 있습니다. 아들과 사이가 엄청나게 좋답니다. 다른 누구와도 함께 있고 싶지 않아요. 모성애는 세상에서 제일 좋은 것입니다. _카일리

우리는 통제를 필요로 하고 감각 문제를 가지고 있으며 배우는 것을 매우 좋아한다. 그 영향으로 우리 아이들은 책을 많이 읽게 되고 텔레비전을 보는 시간은 제한된다. 엄마들이 음식과 식품 첨가물에 민감하기에 아이들은 영양가 있는 음식을 먹게 되고 정크푸드는 거의 먹지 않는다. 우리 아이들은 운동을 하고 신선한 공기를 마신다. 다른 아스퍼걸로부터 내가 배운 것은 우리가 인습에 얽매이지 않지만 안정을 추구하는 엄마들이라는 것이다. 또한 엄격하고 안전하고 논리적이고 보호적이며 지적으로 자극을 주는 엄마들이다.

통제에 관련된 문제와 학교 시스템에 대한 불신의 결과, 우리는 자녀들에게 홈스쿨링을 하고 싶어할지도 모른다. 딸아이가 자라 일곱 살이 되었을 때, 나는 6개월 간 아이에게 홈스쿨링을 했다. 노스웨일즈의 우리 지역 학교에서 아이는 지적으로 자극받지 못했기 때문이다. 우리는 매일 매일을 비위치드(Bewitched: 미국의 ABC방송에서 1964년 9월에서 1972년 3월까지 방영했던 시트콤 판타지 시리즈 – 옮긴이)로 시작하고 뒤이어 노래 지도와 예술 활동을 했다. 하지만

또한 수학, 독서, 글쓰기, 지리, 사회, 과학을 포함한 모든 필요한 과목들을 다루었다. 딸은 학교로 돌아가자 전과목 A를 받았다. 물론 딸이 다니게 될 새 학교는 그저 다니기 편하기만 한 곳이 아니라, 내가 찾을 수 있는 한 가장 친절하고 창의적인 분위기를 가진 최고의 학교여야 했다. 내가 등하교 시키기에 좀 힘들더라도 아이에게 좋은 학교를 선택했고, 한동안 나는 대학 공부와 파트타임 일을 곡예하듯 병행하느라 아이를 학교에 데려다 주고 데려오기 위해 하루에 버스를 네 번 탔다. 나와 대화했던 다른 아스퍼걸 엄마들도 아이들을 홈스쿨링했거나 교육에 적극적이었다.

나는 무척 똑똑한 편이었지만 필요한 도움을 받아 본 적이 없습니다. 현재 세 명의 AS 아들들에게 홈스쿨링을 하고 있습니다. _나가 엠프레스

매우 열심히 노력했는데도 나는 언제나 내가 하고 있는 것이 결코 충분하지 않다는 느낌을 받았다. AS라고 자각하기 전, 내 딸은 내가 수없이 변화하는 모습을 보았다. 내가 나 자신을 알아내려고 하게 되면서, 아이는 나와 함께 여행을 계속해야 했다. 자아 찾기 여정은 정신적인 여행뿐 아니라 종종 실제 여행이었기 때문이다. 아이는 14살이 될 때까지 14개국을 방문하거나 거주했다. 다른 엄마들은 나보다 돈도 많고, 인내심도 강하고, 더 안정적이고, 한 번도 나처럼 스트레스를 받는 것처럼 보이지 않았다. 그들은 놀이터에서 서로 이야기를 나누고 커피를 마시러 만났지만 나는 초대를 받은 적이 없다.

언젠가 내 딸이 울며 외쳤다. "엄마는 왜 다른 엄마들처럼 평범하지 못해?" 그 말에 마음이 아팠다. 나는 차 안에서 오페라를 아주 크게 부르고 있었다. 분명히 다른 엄마들은 그런 행동을 하지 않을 것이었다.

정서적으로 미성숙하지만 똑똑한 엄마를 두었다는 사실을 긍정적인 면에서 보자면, 내 딸에게는 늘 함께 놀 사람이 있었다는 얘기가 된다. 또한 〈치티 치티 뱅뱅〉(Chitty Chitty Bang Bang: 1968년에 제작된 영국·미국 합작의 판타지 뮤지컬 영화 – 옮긴이)을 같이 볼 뿐만 아니라 모든 노래를 함께 부를 수도 있는 그런 사람이 있었다는 뜻이다. 그런 맥락에서 우리는 영화 〈반지의 제왕〉 속에 나오는 풍경을 좋아했기 때문에 뉴질랜드로 이주했다. 딸아이가 십대가 되자 우리는 옷을 함께 입었다. 우리는 같은 얼터너티브 음악을 많이 들었다. 하지만 그리고 나서 아이는 성장했고 나는 그렇지 못했다. 나는 아직도 아동용 영화를 보고 아이들 노래를 부르지만 이제는 나 혼자 즐긴다.

딸아이는 지금 대학생이고 먼 곳에 있다. 완전히 자립했다. 한편으로는 아스퍼거 엄마가 있어서 아이에게 유익했다고 생각하면서도 다른 한편으로는 진작에 아스퍼거 진단과 지원을 받았더라면 하는 생각도 든다. 그랬다면 아이가 좀더 지리적으로, 재정적으로 안정을 얻을 수 있었을지도 모른다. 하지만 나는 스스로가 잘 해냈다고 생각한다. 딸은 동정심 많고, 남을 절대 괴롭히지 않으며, 훌륭하고 개방적인 인생관을 가지고 있다. 남을 함부로 비판하지 않으며 사회성이 뛰어나다. 그런 건 나를 하나도 안 닮았다. 나는 다시 나 자신을 위해 살고 있고, 이게 좋다고 인정해야겠다!

나와 이야기했던 대부분의 아스퍼걸 또한 아기에 대해 특별한 애정을 가지고 있지는 않았지만 아이를 가졌던 사람들은 그들을 매우 사랑했고, 많은 이들이 자신의 아이들에게서 큰 기쁨과 우정과 동료애를 발견했다.

나는 모성을 느끼지 못하지만 내 두 아이들을 사랑합니다. _샘

그들의 집 안은 박물관, 남들이 그들을 보러 와, 모두들 경악해 소리쳐, 그들은 아스피 패밀리. 나는 가족 전원이 자폐 스펙트럼에 속한 가정에 가 본 적이 없지만 그곳은 난해한 관심사의 흔적과 우리 은하의 모형, 천장까지 쌓인 책들, 멋대로 뛰어다니는 동물들로 가득한 멋진 곳일 것이라고 상상할 수 있다.

해변이나 공원에서 우리는 모래나 흙을 파고, 주위를 탐색하고, 우리를 평온하고 행복하게 해 주는 것이라면 무엇이든 합니다. 나나의 집에서는 많은 사촌들과 게임을 하고, 노래하고 춤을 춥니다. _데임 케브

우리는 숲을 탐색하고, 쓰레기장에서 끌고 온 전자 제품을 분해하고, 로드킬을 조사했습니다. 박물관에 가고, 코스튬 플레이를 위한 옷을 만들고, 개를 훈련시키기 위해 4H 클럽(20세기를 전후로 미국 농무부의 장려하에 농촌 젊은이들을 중심으로 결성되었다. 공동체를 위해 젊은이들이 머리 Head, 손 hands, 가슴 heart, 건강 health으로 봉사할 것을 주창했다. 활동 내용 가운데 개 보호와 훈련이

포함되어 있다 – 옮긴이) 활동을 시작했습니다. 우리는 매일 밤 잠들기 전 서로에게 책을 읽어 줍니다. 나는 12년 간 전업주부 엄마였고 그러한 매 순간을 사랑했습니다. 나는 책임감이 있지만 무척 어린아이 같아서 아이들과 노는 것은 시간을 보내는 아주 좋은 방법입니다. _위더스

집에 아스퍼거인이 한 명 이상 있으면 문제가 더 복잡해진다.

나는 아들이 내 볼에 뽀뽀하려는 줄 알았는데 아이가 내 얼굴을 잡아당기더니 윗입술을 깨물었어요(내가 남편과 키스하는 것을 보고 오해를 한 것 같아요). 어떤 의미에서는 이중 멜트다운이 일어났습니다. 내가 큰 소리를 질러대고 이리저리 날뛰었기 때문에 아이가 멜트다운을 일으켰습니다. 그 애는 자기 방으로 뛰어들어가 장난감들 사이에서 격렬하게 분노했어요. 나는 울며 부엌으로 가서 냉장고에서 남은 음식을 한 움큼 꺼내 바닥에 집어던졌어요. 내가 한 행동을 깨닫고 나는 부엌 구석으로 가서 잠시 몸을 흔드는 상동 행동을 했습니다. 몇 분 지나자 아들이 우리 둘 다 진정시킬 장난감을 가져왔고, 우리는 잠시 함께 놀았어요. 그런 후에야 나는 흩어놓은 것들을 치우고 아이를 재웠습니다. _데임 케브

우리들 가운데 어떤 사람들은 자신의 가족 안에서, 그리고 보호해 주는 환경에서 잘 지낸다. 또한 앞서 서술했듯이 가족에 대해 놀라울 정도로 보수적이고 전통적인 관점을 가질 수도 있다. 그러면

결혼생활이 끝나면 어떻게 될까? 파트너의 도움을 잃는 것은 어느 어머니에게도 충격적인 일이지만 우리의 경우에는 가족의 유일한 생계를 책임지는 사람, 우리에게 가장 중요한 사회적, 환경적 완충 역할을 해 주는 사람, 우리가 할 수 없는 모든 일을 돌보던 사람을 잃게 될 수도 있다. 우리는 이제 모든 것을 아우르는 엄마와 아빠 둘 다가 되어야 한다.

> 내 남편은 변호사였습니다. 그는 나에게 아이들과 돈을 조금 남기고 떠났습니다(나중에 도로 빼앗아 갔지요). 그 사이 또 다른 남자가 저와 "사랑에 빠졌다"고 했습니다. 그 후, 나는 남녀 쌍둥이를 낳았지만 그도 떠났지요. 생계를 위해 일해야 했지만 직업 경험도 없었고 홀로 다섯 아이를 키우게 된 겁니다. 퇴근을 할 때쯤이면 엄마 역할을 할 여력이 없었습니다. 지난 16년간 내 인생을 되찾으려고 애썼지요. 내가 집 안에만 들어앉아 있으면 무척 좋은 엄마라는 말을 들을 수 있을 것 같지만, 현실 생활은 정말 어려워요. _위더스

자녀 문제로 고심하는 것은 아이들이 성인이 되어도 끝나지 않는다. 그들은 여전히 우리의 자폐증 버튼을 누를 수 있고 우리 인생에서 가장 까다로운 사람들일 수도 있다. 아이들은 우리가 자폐증이라는 것을 알아도 여전히 부모 노릇을 하고 자신들의 요구를 충족시켜 주기를 바란다.

대개 우리 아이들(29세, 27세, 21세, 16세 2명) 가운데 한 명이 내

가 들어줄 수 없는 요구를 하기 시작하고 고집을 꺾지 않곤 합니다. 내가 혼자 좀 있겠다고 해도 아이들은 침실까지 따라 들어옵니다. 아이들이 나를 혼자 내버려두지 않아 나는 점점 흥분하다가 마침내 완전히 미친 듯이 화를 내게 됩니다. 다른 사람이 그런다면 대체로 벗어날 수 있는데 말이죠. 우리 아이들을 나쁘게 생각하지는 말아 주세요. 그들은 능력 있고 똑똑하지만 모두 강한 개성을 가지고 있답니다. 아이들은 내가 자신들의 아버지와 했던 결혼에서 잘못된 것들이 전부 내 탓이랍니다. 내가 파트너와의 분쟁에서 너무 많이 빼앗겼기 때문에 엄마가 무능하다고 생각하지요. 또한 내가 결국 매우 가난해졌기 때문에 날 하류층이라고 생각하고요. 전 남편은 자기 아이들을 내게서 데려갔고 심지어 감독하에 이루어지는 방문권도 수년간 내게 허용하지 않았습니다. 그건 너무 괴로웠고 아이들에게는 그로 인해 풀어 가야 할 문제들이 잔뜩 있습니다. 그들은 내가 나쁘다고 생각했었지만 이제는 나에 대해 더 많이 알아 가고 있습니다. _위더스

정서적으로 미성숙하지만 지적으로 정상적이고, 논리적이며 체계적이지만 실행 기능 장애를 가지고 있다는 양분된 특성은 다른 사람들(예를 들면 사회복지사와 가정법원 심사위원들)에게는 이해하기 어려운 부분이다. 우리는 가끔 나쁜 부모들로 의심받기도 한다. 나와 이야기했던 몇몇 여성들은 아동 보호 기관으로부터 조사를 받았던 경험이 있다. 적어도 두 명의 여성이 어떤 증거도 없이 단지 육아를 제대로 하지 못할 것이라는 의혹만으로 아이들을 일시적으로 빼앗겼다. 두 사람 모두 무죄로 밝혀졌다.

✋ 아스퍼걸에게 드리는 조언

우리가 독신 여성이나 자녀가 없는 부부를 더 이상 이상하거나 달갑지 않은 존재로 여기지 않는 세상에 살고 있어서 다행입니다. 누구에게도 자신의 선택을 정당화할 필요가 없습니다. 자신의 인생이거든요. 가족을 원하는 아스퍼걸에게 주의 사항 몇 마디만 언급하겠습니다. 안락한 가정이 있어서 좋은 것도 잠시뿐이라는 것을 기억하십시오. 자녀들은 자라서 집을 떠날 것입니다. 특히 아이들이 여러분의 아스퍼거 증후군을 물려받지 않았다면 말이죠. 여러분은 다시 한 번 자신을 위해 살 수 있을 것이라고 생각하고 싶겠지만 인생의 의미와 동반자 관계를 위해 자녀들에게 너무 많이 의존했다면 여러분은 전적으로 사회적 관계 없이 남겨질 것입니다. 이것은 빈 둥지 증후군이 최고 상태에 이른 것으로, 상당히 치명적일 수 있습니다. 갑자기 함께 영화를 보고, 쇼핑과 기타 등등을 함께 할 사람이 없게 됩니다. 그때서야 여러분이 얼마나 스스로를 외로워지도록 자초했는지 깨닫게 되지요. 완전히 혼자 있는 것이 정말 행복하지 않은 이상, 그런 일이 일어나기 전에 친구들을 몇 명 찾아보세요.

본인 생각에 아이를 원하지만 아직 아이가 없다면 부모가 된다는 것이 재정적으로, 사회적으로, 감각 문제상으로, 정서적으로 어떤 의미일지 아주 신중하게 살펴보십시오.

만일 비자폐인 자녀가 있다면 아이들은 여러분이 자연스럽게 이해하거나 예상하지 못하는 것들을 기대할 수도 있다는 것을 기억하세요. 예를 들면 나는 딸이 고등학교 졸업 무도회 드레스를 입은 모습을 보러 시간을 내서 갔어야 했다든가, 그 애가 기숙사로 이사할 때 도왔어야 했는데 그러지 못했던 것을 나중에 지적받았지요. 두 경우 모두 내가 가는 것을 딸이 원치도 않고 갈 필요도 없다고 생각했습니다. 우리의 삶에서 내가 무엇을 해야 하는지 단순히 몰랐던 무수한 사례들이 있었습니다. 나는 동성 친구도 없고 친정 자매들이나 어머니와 가까운 사이도 아니어서 그런 경우에 내가 '해야 할' 일을 말해 줄 사람이 아무도 없었습니다. 여러분에게 비자폐인 자녀가 있다면 비자폐 여성에게 도움과 조언을 구하십시오. 그들은 엄마가 알아주고 기념해 주었으면 하고 자녀들이 바랄 중요 일정과 행사들에 대해 더 잘 이해할 수 있도록 해 줄 것입니다.

또한 아이들을 안아 주는 것도 잊지 마세요. 여러분이 포옹을 좋아하지 않더라도 자신에게 맞는 방법을 찾으세요. 스킨십은 매우 중요합니다.

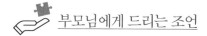

부모님에게 드리는 조언

손주 걱정을 하시는 여러분들, 걱정 마세요. 우리 아스퍼걸들은 좀 특이하긴 하지만 훌륭한 엄마 역할을 해낼 수 있습니다. 하지만 부모님이 보기에 딸의 육아에 빈틈이 있다면, 예를 들어 딸 본인이 필요하다고 생각하지도 않으면서 자녀들을 위한 미용실 예약과 매니큐어, 또는 묘기용 자전거와 하키 장비를 사는 데 두 달마다 100달러를 지출한다면 부모님이 개입을 할 수도 있을 것입니다. 그리고 죄책감을 느끼지 않게 하면서 딸이 중요한 것을 놓치지 않도록 필요한 정보와 격려를 주세요.

아스퍼걸인 딸이 원치 않는다면 결혼을 하라거나 아이를 가지라고 부담을 주지 마십시오. 우리는 자신을 제대로 돌본 적이 없을지도 모릅니다. 다른 사람을 키우느라 헌신하기 전에 그것부터 잘 해야 할 것입니다. 우리는 그저 결혼과 육아를 원치 않을 수도 있습니다. 그럴 땐 아무 말씀 마세요. 내키지 않는데 결혼을 하거나 엄마가 되는 것은 너무 위험 부담이 큽니다.

의례와 규칙적 일과,
논리적이고 경직된 사고방식,
직설적 말투, 공감,
사람들의 오해

CHAPTER
14

의례와 규칙적 일과,
논리적이고 경직된 사고방식,
직설적 말투, 공감,
사람들의 오해

DSM-IV(정신장애 진단 및 통계편람 제4판)에서는 우리가 비실용적인 의례와 규칙적 일과를 엄격하게 고수한다고 되어 있다. 내가 보기에 그것은 실용성을 어떻게 볼 것인지에 따라 해석이 달라질 것 같다. 아스퍼거인들에게는 의례와 규칙적 일과(R&R: Ritual and Routine)가 필요하다. 그것은 자신들의 세계를 통제하는 방법이다. 의례와 일과는 안정감을 주는 애착 물건과도 같으며 예상되는 것, 예상 장소, 예상 상대를 파악하는 것이다. 매일 같은 음식을 먹거나 출근길에 같은 경로를 택하거나 옷장 서랍에 속옷을 색상별로 정리함으로써 말이다. 이렇게 하지 않으면 불안정하게 느껴지는 이 세상에서 이런 것들은 우리를 안심시켜 준다.

이런 의례와 일과에 대한 필요성은 어떤 사람이 자폐증이라는 것을 관찰자가 모를 경우 '통제 집착 문제'가 있는 것으로 너무 단순하게 규정된다. 어떤 사람이 통제에 집착한다고 하면 비난처럼 들린다. 그것은 신경증을 암시하는데, 즉 증상의 기저에 어떤 사건이 있고 우리가 증상을 변화시키거나 없앨 수 있다는 의미이다. 이 말은 은연중에 우리가 노력만 하면 통제 욕구를 제거할 수 있다는 뉘앙스를 풍긴다. 의례와 일과에 대한 욕구는 명상, 요법, 노력으로 줄일 수는 있지만 결코 완전히 사라지지는 않을 것이다. 다른 사람들이 이 점을 이해하고 용인해 줄 필요가 있다.

아스퍼걸은 똑똑하고, 창의적이고 심지어 때로는 외향적이어서 가끔 그들이 아스퍼거 증후군을 가지고 있다는 것을 잊기 쉽다. 또한 아스퍼거 증후군이 경증 자폐증이라는 것도 잊기 쉽다. 가끔 우리는 사람들, 인간과의 접촉, 그리고 자연스러움까지도 갈망한다. 그러나 대부분의 경우 우리는 일상적 의례를 체계화하고, 바로잡고, 시행하고 싶어한다. 우리들 대부분은 어린 시절 장난감을 사실상 가지고 놀기보다는 정리하는 데 훨씬 많은 시간을 보냈다. "철사 옷걸이는 절대 안돼!"(1981년 프랭크 페리Frank Perry 감독의 미국 영화 〈마미 디어리스트Mommie Dearest〉에 나오는 대사이다. 이 영화는 배우 존 크로포드Joan Crawford의 인생을 입양 딸 크리스티나의 관점에서 묘사한 것으로, 크로포드는 자신과 주변인을 엄격하게 통제하고 결벽증적인 면모를 보인다. 똑같은 옷걸이에 걸려 정렬되어 있는 옷들 속에서 딸의 비싼 드레스가 이질적으로 철사 옷걸이에 걸려 있는 것을 발견하고 격노하는 장면에서 위와 같이 외친다 – 옮긴이)라고 고함치며 날뛰는 자폐적인 존 크로포드처럼 우리는 자신의 세계와 거기에 속한 모든 것을 통제해야만 직성이 풀린다. 따라서 규칙적 일과가 필요하며, 그것이 없으면 혼란과 예기치 못한 일들이 일어나게 된다. 우리는 뜻밖의 시련에 대한 대책이나 대안을 갖지 못하는 것인지도 모른다.

> 어렸을 때 나는 모든 것이 똑바르고 질서정연해야 했습니다. 그렇지 않으면 불안을 느꼈지요. 깜짝 이벤트는 두려웠습니다. _포케그란

의례와 일과가 어긋나는 것에 대한 우리의 반응은 짜증에서부터 완전한 멜트다운에 이르기까지 다양하다. 즉흥적으로 행동하지 못한다는 점은 우리의 인간관계에 부정적 영향을 끼칠 수 있다. 주어진 상황에서 꼼짝도 하지 않으려는 상태에 빠질 수 있는 것이다. 정해진 의식을 고집하는 것은 취직을 하고, 여행을 가고, 행사에 참석하며, 인간관계를 맺는 데 방해가 된다. 긍정적으로 말하자면, 정해진 일과를 가지려는 욕구는 남들이 우리를 신뢰할 수 있게 해 준다. 또한 우리가 가정이나 사회에서 구성원들에게 안정감을 주는 데 기여할 수 있다.

> 내가 하는 일은 매우 반복적이라고 할 수 있는데 그것 때문에 힘든 적은 전혀 없어요. 힘든 것은 직장에서 내게 정해진 일과가 변경되는 것이죠. _엘피니아

일과에 대한 집착은 내가 대학 공부를 끝까지 해내고 제시간에

출근하도록 집중을 유지시켜 주는 장점이었습니다. 따라서 내 직장 생활에 도움이 되었습니다. _앤 마리

자폐증이 없는 많은 사람들도 우리와 마찬가지로 일과를 정하고 따를 필요성을 느끼겠지만, 늘 그렇듯이 우리가 이야기하고 있는 것은 빈도, 필요성, 강도 등 '정도'의 문제이다. 대부분의 비자폐인들은 샌들이 없어졌다고 한밤중에 과호흡을 일으키며 깨어나지 않겠지만, 우리는 그럴 수 있다. 샌들 값이 아까워서가 아니라 단지 물건이 있어야 할 곳에 없기 때문이다. 항상 열쇠를 같은 곳에 넣어두는 실용적인 일상 규칙은 혼란을 최소화하는 데 도움이 된다. 물건을 빨리 찾아야 할 때 시각적 인지에 문제가 있는 사람들은 혼란스러워하게 되지만 이렇게 하면 필요할 때 허둥대지 않아도 된다. 이런 실용적인 행동과 달리 좀더 눈에 띄고, 무의미하게 보이며, 강박장애(OCD)의 범위에 들어가는 의례적 행동도 있다. 내 친구 중에 AS를 가진 사람이 있었는데 그는 언제나 머리를 적신 채로 있어야 했다. 심지어 우리가 저녁 식사를 하러 외출했을 때도 자리에서 자주 일어나서 화장실에 가고, 겁에 질린 손님들 위로 머리에서 물을 뚝뚝 떨어뜨리며 돌아왔다. 내가 인터뷰했던 여성들은 아무도 이런 종류의 강박 행동을 갖지 않았다. 여성들 쪽의 행동이 안전도가 높았다. 이것이 여성 AS가 눈에 덜 띄는 또 다른 방식이다. 즉, 우리의 집착이 그러하듯이 우리의 일과적 행동도 실용적인 경향이 있다.

우리는 타협하기 위해 스스로를 설득하는 능력이 있다. 예를 들면 아이가 있는 아스퍼걸은 깨끗했던 아파트가 대부분의 시간 동

안 엉망이 된다는 것을 알게 된다. 우리는 그것을 싫어할 수도 있지만 아이들을 사랑하기 때문에 상호 절충을 한다. 아스퍼걸은 사랑, 섹스, 동반자 관계를 위해서 혼자만의 시간을 필요로 하는 일들을 얼마간 희생시킬지도 모른다. 우리가 얼마나 타협할 수 있는지는 개인별로 자폐 스펙트럼 상의 어디쯤에 위치하는지, 또한 성격적 특성과 과거 경험 같은 무수한 다른 요소들과 관련이 있을 수 있다.

내가 멜트다운을 일으키는 것은 많은 경우 일과의 변경 때문입니다. 나는 변화를 감당할 수가 없어요. _브랜디

아들을 학교에 운전해서 데려다주고 나서 혼자서 6시간 동안 그림을 그려요. 매일 같은 음식을 먹고 모든 음식에 아시안 칠리 소스를 뿌립니다. 사람들에게 이메일을 보내고 취미 생활을 합니다. 친정 어머니에게 전화를 할 수도 있고요. 매일 똑같은 생활이에요. _카밀라

우리의 경직성은 사고에까지 영향을 미치며, 사실 경직된 사고는 아스퍼거 증후군의 또 다른 특징이다. 우리가 정확성에 대한 집착을 가지고 있다는 것을 우리와 교류하는 사람들에게 알려야 한다. 누군가 우리에게 오후 6시에 전화하겠다고 하고 6시30분까지 전화하지 않는다면 이것은 대단히 화나는 일이다. 상대방이 죽었는지, 납치되었는지, 왜 약속을 지키지 않는지 30분 내내 생각할지도 모른다. 기다리는 대신 전화를 걸 수도 있는데, 이것은 다른 사람들에게 우리가 지배적인 성향을 가졌고 정서가 불안정하다고 생

각하게 할 수 있다.

경직된 사고란 때때로 내가 정말 꼭 막혔다는 것을 뜻한다. 내 수중에 칼라마타 올리브(그리스 칼라마타 지역의 이름을 딴 블랙 올리브 – 옮긴이) 12개를 장식으로 올려야 하는 채식주의자용 요리법이 있었을 때 이야기다. 나는 슈퍼마켓 식품 판매대로 가서 올리브 12개를 주문했다. 점원은 작은 플라스틱 용기에 큰 숟갈로 하나 퍼 담아 주며 물었다. "이 정도면 되겠죠?" 나는 "몰라요, 몇 개가 들어 있나요?"라고 했다. 그는 화난 듯 나를 쳐다보고 나서 그걸 셌다. 18개였다. "거기서 6개는 빼 주세요. 전 12개만 필요하거든요." 남는 6개는 요리에 넣지 않고 그냥 먹어도 된다는 생각은 해 볼 줄 몰랐다. 그는 여분의 올리브 6개를 빼면서 크게 한숨을 쉬었다. 나는 당황했고 불쾌했지만 이유를 알 수 없었다. 그저 요리법에서 하라고 한 대로 따랐을 뿐이었다.

> 택시 기사가 내가 사는 지역의 거리에 도착하자 물었어요. "어디에요?" 나는 뒷좌석에서 대답했죠. "저 여기 있는데요." _호프

사람들은 우리가 똑똑해 보이기 때문에 자기들한테 시비를 걸고 있다고 생각하거나, 혹은 어쨌든 우리가 그리 똑똑하지 않아서 그렇다고 생각한다. 특히 우리는 농담을 못 알아듣기도 한다. 왜 우리는 셰익스피어에서부터 사우스 파크(South Park: 1997년부터 미국 케이블 방송국인 코미디 센트럴에서 방송된 블랙 코미디 애니메이션 – 옮긴이)에 이르기까지 모든 것을 이해할 수 있지만 누군가 "팬티에 지렸다"고 할 때 그게 그저 농담이라는 것을 깨닫지 못할까? 우

리는 너무 자세히 분석하기 때문에 농담을 놓치거나 잘못 파악하거나, 사람들이 그런 것으로 농담을 하지는 않을 것이라고 가정하기도 한다. 이것은 종종 유머 감각이 없는 것으로 나타난다. 일부 아스퍼걸이 농담은 자기들한테 통하지 않는다고 했지만 나는 이런 사람들이 다수는 아니라고 생각한다. 뇌는 유연한 기관이며, 다른 모든 능력과 마찬가지로 유머 감각도 길러지고 개선될 수 있다. 직설적이고 솔직한 말투는 우리를 곤경에 빠뜨릴 수 있는 또 다른 요소이다. 우리는 자기 생각을 명확히 밝히려고 하지만 그것은 역효과를 내는 것 같다. 세상은 솔직함을 처세술로 포장하기를 바란다는 것을 아스퍼걸은 이해하지 못한다. 우리의 처세술은 우아하지 못하고 유치한 경향이 있다.

> 나는 본심을 그대로 말하고, 남들에게 용인될 만한 미사여구나 규정된 용어로 수식하지 않아서 적을 많이 만들었습니다. 하지만 기자 나부랭이라, 기본적으로 직설적으로 말하거나 이상한 질문을 하는 것이 사회적으로 허용되지요. _폴리

> 솔직함과 정직함 때문에 수없이 심한 오해를 받아 왔습니다. 지난 몇 년간 내 의견을 조금 보류하는 법을 배웠지요. 오해를 받는 것은 나에게 큰 고통을 줍니다. _카밀라

인터뷰에 응했던 아스퍼걸 가운데 한 명을 제외하고 모두가 자주 오해를 받는다고 했다. 말과 의도가 오해를 받기도 하고, 자폐적 행동이 잘못 해석되면서 의도치 않은 공격을 유발하기도 한다. 우

리는 하지 않은 일로 비난을 받을지도 모르지만, 비난받을 일을 했다고 하더라도 적어도 의도적으로 한 것이 아니고 아마 그럴 능력도 없을 것이다. 예를 들면 사회적 회피와 위축으로 인해 사람들은 우리가 뭔가 숨기는 것이 있다고 믿게 될 수도 있다. 몇 년 전에 나는 세 들어 살던 집에서 쫓겨났는데 옆집에 살던 집주인이 내 멍한 행동을 보고 마약을 하는 것이라고 오해했기 때문이었다. 나는 진통제인 이부프로펜보다 강한 약은 아무것도 복용하지 않기 때문에 그건 전혀 사실이 아니었다. 경증 자폐증은 거의 언제나 오해를 받는다. 사람들은 그 오해에 기반하여 우리에 관해 추측하는데 이것은 우리의 평판을 심각하게 해치고, 일자리와 친구, 집과 그 이상의 것들을 잃게 할 수 있다.

> 사람들이 내가 거만하고, 따지기 좋아하고, 독선적이라고 생각했기 때문에 간호 실습에서 불합격할 뻔했어요. 내가 그들을 불쾌하게 했다는 것을 알고 무척 충격받았습니다. _카일리

우리는 어린아이 같은 순진함을 갖고 있지만 여성의 몸을 가지고 있기 때문에 우리가 개방적이고 친절하게 굴면 종종 유혹한다는 혐의를 받는다. 눈맞춤을 잘 못하면 거짓말을 하고 있다는 의미로 받아들여진다. 우리는 항상 게임의 법칙을 알아내려고 하고, 매사를 미리 준비하려고 하기 때문에 조작에 능한 것처럼 보일 수도 있다. 또한 불안도가 높기 때문에 신경증적이고 지배적이고 못된 사람으로 보일 수도 있다.

종종 내가 했던 말이 오해를 받았다는 것을 훨씬 나중에서야 알아차리곤 했습니다. 또한 내가 형제자매들 가운데 한 명보다 훨씬 진실했는데도 어린 시절 내내 거짓말을 한다는 혐의를 받았습니다. 그런 의도가 없었는데도 속임수를 쓴다는 비난도 받았습니다. _섀넌

자폐증이 있든 없든 어린아이들은 자신들이 제대로 이해받지 못하고 있다고 느끼고, 이것은 무척 아이들에게 속상한 일이다. 비자폐 아동들은 자라면서 거기에서 벗어나게 되지만 우리는 정서적으로 성숙하지 못하기 때문에 그렇지 못하다. 그런 느낌은 계속되어 결국 평생 동안 친구를 사귀거나 일을 가지려고 노력하는 것을 포기하고 세상으로부터 멀어지게 만들 수도 있다. 오해를 받게 될 뿐이라는 것을 알면서 뭐하러 노력을 해야 한단 말인가? 그렇다고 그냥 포기한다면, 그토록 재능 있고 이상적인 능력을 타고난 사람들에게 비극이라고 할 쓰라린 결과를 낳을 수 있다.

나 자신을 매우 명확하게 설명하려고 노력하지만 나는 대부분의 사람들과는 완전히 다른 방식으로 사물을 경험하는 것 같습니다. _헤더

공감은 우리가 오해를 받는 또 다른 영역이다. 사람들은 아스퍼거 증후군을 가진 사람들이 공감 능력이 부족하다고 생각한다. 그러나 우리의 공감 능력이 발휘될 때는 대개 그 능력이 너무나 강력해서 우리를 압도할 수 있다. 아마도 그것 때문에 우리가 그 대안으

로 오히려 공감 능력을 억누르는 쪽을 선호하는 것이 아닐까.

가끔 나도 공감을 합니다. 또한 너무 많은 것을 느껴요. 하지만 자주 둔감하다는 말을 듣습니다. 나는 항상 마음속으로는 다른 사람들에 대해 깊이 신경쓰고 있다고 느끼지만, 다른 사람들이 항상 이것을 알아주거나 이해해 주는 것은 아니에요. _카밀라

공감은 여러분이 어떤 사전적 의미를 따르는가에 따라 연민이나 동정심과 비슷한 것으로 볼 수 있다. 그 개념을 규정하기는 어렵겠지만 공감 능력이 결여되었을 때 그 사실을 자각할 수는 있다. 우리의 경우, 다음과 같은 몇 가지 이유 가운데 하나로 인해 공감이 나타나지 않을 수 있다. 1)공감을 느끼지만 어떻게 표현해야 할지 몰라서, 2)상황을 이해하지 못해서 – 즉, 그 상황이 이전에 겪어 본 적이 없는 것이기 때문에 그것이 어떤 느낌인지 몰라서, 3)공격받는 것 같은 느낌이 들어서 자기 방어를 위해 마음의 문을 닫기 때문에. 이 가운데 하나일 것이다.

가끔 좋지 않은 상황에 있는 사람들에게 미안함을 느낍니다. 하지만 그것이 나에게 일어난 일이거나 내가 즉시 이해할 수 있는 일이 아닌 이상, 아마도 그들에게 느껴야 할 만큼 깊이 미안하다는 마음을 가지고 공감하고 느끼는 데 어려움을 겪습니다. _니키

우리는 진실되려고 노력하는 논리적 존재들이다. 우리는 직설적이다. 그 결과 우리는 다른 사람들이 듣기를 원하고 기대하는 말

을 자주 하지 않을 것이다. 우리는 남들과는 일을 처리하는 방식이 다르고, 시간 감각도 다르다.

아저씨가 한 분 계셨는데 자살을 했어요. 나는 그 분이 돌아가셔서 운 적이 단 한 번도 없습니다. 그 분은 인생이 비참했고 언제나 지구를 떠나겠다고 했죠. 그래서 나는 내가 아무 슬픔도 느끼지 못하는 것이 그렇게 나쁜 일인지 잘 모르겠습니다. 아마 내가 이미 너무 많은 작별 인사를 했기 때문에 실제 상황에서 할 필요가 없다고 느꼈나 봐요. 아저씨가 돌아가신 후 내가 슬퍼하지 않았기 때문에 엄마가 나한테 "너무 차갑구나", "마음이 죽었어"라고 소리치기 시작했던 것을 기억해요. 그 말들은 아직도 뇌리에서 떠나지 않아요. 종종 엄마가 옳았었나 하고 생각합니다. 가끔 내가 소시오패스일까 봐 걱정됩니다. 남들이 느끼는 것을 나는 못 느끼는 것 같아요. 그저 아무것도 못 느낄 때 거짓말로 느낀다고 해요. _엘피니아

나는 아스퍼거 증후군을 가진 사람들 대부분이 인생 시작 단계에서는 매우 예민하다고 믿는다. 우리가 사람들에게 되풀이해서 상처받고 오해받으면서 공감을 차단하는 데 점점 더 익숙해지는데, 이 점에 관해서는 18장에서 자세히 다룰 것이다.

직장에 내가 강한 반감을 가지고 있는 상대가 있습니다. 최근 그녀가 치명적인 병에 걸렸고 곧 죽을 것이라고 합니다. 다른 사람들은 그 사실을 받아들이면서 그녀의 미래를 생각하지만 나는

그녀에게 이전과 다른 감정을 느낄 수 없어요. 그녀는 그저 변함없이 견디기 힘든 상대입니다. _시브

보통 나는 공감을 조금이라도 느끼는 한 먼저 표현을 합니다. 그런데 만일 상대방이 그에 대한 반응을 보이려고 하지 않는다면 상황에 따라서는 화가 날 것입니다. 그래도 대체로 용서하겠지만 계속 반응이 시큰둥하다면 그 사람에 대한 어떤 공감도 완전히 사라져 버립니다. 극단적으로 보일 수도 있겠지만 만일 그런 사람이 트럭에 치일 위기에 처한 것을 봐도 나는 아무것도 하지 않을 것입니다. 그것은 복수가 아니라 공백과도 같은 감각입니다. 그 밖에 달리 어떻게 설명을 해야 할지 모르겠지만, 그 느낌은 마치 그 사람이 일종의 존재하지 않는 그림자인 것과 같습니다. 걷고 말하는 그림자 말이죠. 반면에, 어떤 사람이 나에게 약간이라도 온정을 보이려고 긍정적인 노력을 한다면 나는 무조건 그 사람을 옹호하는 경향이 있습니다. _데임 케브

🖐️ <u>아스퍼걸에게 드리는 조언</u>

의례와 일과에 관해 조언하겠습니다. 그것들을 뒤흔들어 놓으세요. 새로운 음식, 새로운 옷, 새로운 레스토랑, 새로운 경로, 새로운 TV쇼를 시도해 보십시오. 친구를 사귀기 위한 새로운 접근, 새로운 대화 주제, 새로운 수업이나 공부 분야를 시도해 보십시오. 해보면 마음에 들지도 모릅니다. 물론 우리는 뿌리 깊은 열정, 관심

사, 일과로 되돌아가지만 도중에 새로운 것을 선택합니다. 만약 혼자서 그렇게 할 수 없다면 행동 요법이 여러분의 정해진 일과를 한 번에 조금씩 깨도록 도와줄 수 있습니다. 만일 여러분의 일과적 행동이 좀더 눈에 띄고, 보속증(제4장 참조 – 옮긴이)에 가까운 집요한 것이라면 우선 운동을 해 보세요. 그리고 요가 같은 것으로 마음을 안정시키고 여러분이 몸 전체에서 느끼는 에너지를 발산해야 합니다. 나는 아스퍼거 증후군을 가진 사람들에게 레이키(일본식 기치료의 일종 – 옮긴이)와 반사 요법(마사지, 지압술, 침구술 등을 이용해 신체 특정 부위에 자극을 주면 그에 대한 반사 반응으로 신체 활동이 전체적으로 활성화된다는 이론에 의한 요법 – 옮긴이)을 써 왔고, 요법을 체험한 사람들은 그 후 얼마 동안 긴장이 완화되었다고 말했습니다. 레이키는 세심하게 관리되는 교육 기관에서 지도하기 시작했으며 초기 단계의 성과는 긍정적입니다.

일상적 의례와 일과를 추구함으로써 여러분이 안심할 수 있다면, 여러분은 자신의 두려움에 대해 기록하고, 두려움에 관해 상담사나 믿을 만한 사람과 이야기하고, 영성에 대해 생각하고 싶을 수도 있습니다. 감각 처리 장애, 공간 지각 문제, 협응 문제(협응은 신체의 다양한 신경 기관, 운동 기관 등이 목적에 맞게 통합적으로 움직이는 것이다. 예를 들면 물건을 눈으로 보면서 손으로 집는 행위에는 눈과 손의 협응 능력이 필요하다 – 옮긴이), 불안으로 인해 헤쳐 나가기 힘겨운 세상에서 우리는 남들보다 뛰어난 감각을 활용하는 법을 배워야 합니다. 또한 스스로의 능력뿐만 아니라 우리에게 필요한 것을 제공해 주는 세상의 모든 능력 또한 믿어야 합니다.

처세술이 별로 없다고 스스로 인정을 하면 사실 상당히 해방감을 느끼게 됩니다. 일을 망칠 수도 있다고 스스로 여지를 주면 실제로 그렇게 되었을 때 그리 충격을 받지 않을 것입니다. 나는 여전히 자주 오해를 받지만, 물론 자신의 AS를 공개한 사람으로서 그 사실과 교육을 통해 내 의도와 행동이 실제로 어떤 것인지를 사람들에게 알립니다. 이제는 내가 오해를 받을 것임을 아주 잘 알고 세상에 나가지만, 적어도 더 이상 그것 때문에 사람들에게 화를 내지는 않습니다. 처세술은 예술입니다. 새로운 춤을 배울 때와 같은 방식으로 접근하십시오. 스텝을 조심하고 발가락을 밟지 않도록 연습하세요.

내가 강의에서 사용하는 시각적 비유가 있는데 이것은 다른 사람들에게 덜 직설적이고 좀더 허용될 만한 말을 하도록 돕기 위해 내가 고안한 것입니다. 우리가 언어적 의사소통을 할 때는 말을 화살처럼 쏘아 대는 경향이 있습니다. 여러분이 하는 말을 화살이라고 떠올려 보면 그 말이 듣는 사람을 맞췄을 때 얼마나 상대가 움찔하거나 위축될지 또한 그려 볼 수 있을 것입니다. 화살을 쏘는 대신, 여러분의 말을 선물처럼 예쁜 포장지로 싸서(처세술임) 받는 사람에게 건네주세요. 상대방은 열린 태도로 그것을 받을 것입니다 (여러분의 말을 이해할 것입니다).

똑똑한 체하는 사람은 아무도 좋아하지 않습니다. 똑똑한 것과 똑똑한 체하는 것은 다릅니다. 여러분의 지성을 믿는 것과 그것을 과시하는 것은 다릅니다. 여러분이 그런 사람이 아니란 것을 알지만, 남들은 그렇게 생각할지도 모릅니다. 지성과 처세술을 결합하면 같은 상황에서 여러분이 원하는 것을 얻을 수 있는 가능성이 더 커집니다. 그리고 지성은 있지만 처세술이 없으면 보통 원하는 것을 얻지 못하는 결과를 낳게 됩니다. 또는 얻기는 하지만 그 과정에서 친구가 될 수 있었던 사람 등 잃는 것이 생깁니다.

오해를 받는 것이 우리가 겪는 대부분의 시련의 근본 원인으로 보입니다. AS인 것을 공개하는 것과는 별도로, 다른 사람들을 받아들인다는 것은 균형을 유지하는 것이기도 합니다. 즉 열심히 노력하고 상호작용을 하는 데 신경쓰면서도 자신과 다른 사람들에게 실수할 여지를 주어야 합니다. 그렇게 함으로써 오해를 받더라도 놀라거나 충격받지 않게 말이죠. 단 한 사람일지라도 정말로 진실되게 여러분을 이해하는 좋은 친구를 찾으세요.

공감 능력 또한 학습될 수 있습니다. 우리들 다수는 영화 보기를 좋아하고 영화 속 다양한 등장 인물들의 삶과 드라마에 사로잡혀 있지만, 우리 대부분은 사람들이 그들의 갖가지 고생담을 이야기할 때 소상히 이해하는 데 어려움을 겪습니다. 이 부분에 대처하는 나의 비법은 영화에 대한 나의 애정을 이용하여 다른 사람들에게 공감하는 방법을 배우는 것입니다. 누군가 나에게 자신들의 상황에 대해 말할 때 나는 상상으로 '미니 영화'를 만듭니다. 즉, 머릿속으로 등장 인물과 연기를 떠올립니다. 예를 하나 들지요. 우리 어머니는 직장 동료인 한 여성에 관해 내게 이야기하곤 했는데, 그 여성은 자신의 개를 너무나 사랑해서 직장에 늙고 병든 개를 유모차에 태워 데리고 왔다고 합니다. 개는 바로 얼마 전에 죽었습니다. 나는 그녀나 그 개를 본 적이 없기 때문에 처음에는 그 여성에 대해 아무것도 느낄 수 없습니다. 머릿속으로 나와 내 개를 주연으로 삼아 미니 영화를 만들면 그녀가 어떻게 느낄지 이해할 수 있게 됩니다. 정신이 그쪽으로 집중되고 마음이 열립니다. 그렇게 하려고 의식적으로 노력하지 않았다면, 그리고 그녀의 말이 그저 내 머릿속에 머물러 있기만 했다면 그것은 나를 거북하게 만들고, 상동 행동을 하고 싶다는 초조한 느낌을 유발할 것입니다. 위의 방법을 통해 그녀의 말을 내 마음속에 받아들이면 나는 어느 정도 동정심을 느끼고 스스로에 대해 기분이 나아집니다. 내 생각엔 이것이 아스퍼걸 여러분이 말해 온, 공감보다 동정심을 더 가지고 있다는 것인 듯합니다. 개인적으로는 그 두 가지의 차이가 모호하다고 생각합니다. 중요한 것은, 배려하는 것을 배우는 것입니다.

경청의 예술도 배우십시오. 사람들이 이야기할 때 여러분은 종종 아무것도 할 필요가 없습니다. 그들이 다른 사람들에게 바라고 원하는 것은 그저 들어 주는 것이니까요. 내가 생각하기에는 그것이야말로 AS를 가진 우리들 대부분이 어려워하는 것입니다. 듣고 있는 것에 관해 아무것도 할 수가 없기 때문에 모두에게 시간 낭비라고 여겨지고, 그래서 우리는 들으려고 하지 않는 것이겠지요.

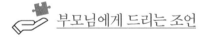 부모님에게 드리는 조언

자녀의 의례적 행동을 존중하십시오. 그러나 일주일에 한 번 정도 새로운 음식·책·활동, 기타 등등을 한 가지 시도해 보기로 합의하십시오. 성인이 된 딸조차 이 점과 관련하여 문제 제기와 존중 둘 다 받아야 합니다. 만일 아이가 정말로 싫어한다면 비난하거나 회유하는 것은 좋은 생각이 아님을 이해하십시오. 아이에게 "기운 내"라고 말하지 마세요. 그저 딸을 부글부글 끓게 만들 뿐입니다. 그녀는 안전하고 안심할 수 있다고 느끼기 위해 의례와 일과를 필

요로 합니다. 만일 의례 행동이 정말로 무의미하고 반복적이라면 이에 대한 여러 요법과 운동도 있고, 물론 약물 요법도 있습니다. 그러나 우선 불안을 발산할 배출구를 찾아보십시오. 반복 행동을 대체할 수 있는 보다 생산적이고 아이가 좋아할 만한 활동 말입니다. 그것은 음악이 될 수도 있고, 과학, 예술, 하이킹도 될 수 있습니다. 맞는 것을 찾기 전에 여러 가지 활동을 시도해 보아야 할 것입니다.

여러분의 딸이 가끔 몰인정하거나 차갑게 보인다면 최선의 방법은 아이가 어떻게 느껴야 한다고 말하는 것이 아니라, 아이가 이해할 수 있는 비슷한 사례나 사건을 아이의 삶에서 예를 들어 제시해 주십시오. 긍정적인 신호를 보게 될 것입니다.

훈계를 하는 것보다 긍정적으로 대하는 편이 여러분의 아스퍼걸이 훨씬 빨리 처세술을 배우는 데 도움이 될 것입니다. 딸이 눈치가 없는 것은 99퍼센트의 경우 의도하지 않은 것입니다. 여러분 자신이 AS를 가지고 있다면 어떻게 그렇게 되는지 이해하고 있겠지만, 그렇지 않다면 어떻게 그렇게 머리 좋은 아이가 자신이 하는 말에 내포된 의미를 모를 수가 있는지 이해하기 매우 어렵습니다. 나의 시각적 비유를 이용하거나 여러분 자신의 방법을 찾아내서 딸의 의사 전달을 돕고 아이를 비판하여 당황하게 만들지 마십시오. 그녀는 자신이 다른 사람을 화나게 했다고 느끼면 속상할 것입니다. 그녀의 솔직함과 정직함을 소중히 여기도록 하십시오.

진단, 오진,
그리고 약물 요법

CHAPTER 15 | 진단, 오진, 그리고 약물 요법

아스퍼거 증후군의 진단에 관련된 문제점은 비용이 많이 든다는 점, 미국에서는 보험이 충분치 않다는 점, 보험이 있어도 어쨌거나 적용이 잘 되지 않는다는 점, 그리고 검사의 주관성이다. 자폐증이나 아스퍼거 증후군을 확진하는 혈액 검사는 없다. 듣기로는 DSM-5(정신장애 진단 및 통계편람 제5판)에서는 아스퍼거 증후군을 독립된 진단명에서 제외하고 자폐증 범주에 넣을 것이라고 한다(2013년 개정된 DSM-5에서는 아스퍼거 증후군이 삭제되고, 자폐 스펙트럼 장애Autistic Spectrum Disorder, ASD라는 새로운 진단명에 포함되게 되었다 – 옮긴이). 진단에 관한 부분은 명확하지 않고 앞으로도 그런 상태가 지속될 것이다. 진단에서는 세 명의 의사가 자신들의 경험과 지식을 바탕으로 여러분의 진단명을 결정할 것인데, 여성

AS에 관한 지식은 제한되어 있다. 한스 아스퍼거(Hans Asperger, 1906~1980, 오스트리아의 소아청소년과 의사이며 아스퍼거 증후군의 특징을 최초로 정의했다 – 옮긴이)는 소년들의 증상을 묘사했기 때문에 의사들은 여성들의 증상을 어떻게 찾아야 할지 알지 못한다. 느리지만 다행스럽게도 변화가 시작되고 있다.

나는 여성들의 증상이 남성들과 매우 다르다고 생각합니다. 모든 문헌들은 남성들의 사례에 기초하고 있습니다. 그것으로 인해 여성들에 대해 오진을 하고, 그렇게 되면 그 여성들은 당연히 제대로 된 지원을 받지 못하게 됩니다. _바바라 니콜스Barbara Nichols 박사, 성인 아스퍼거 협회Adult Asperger's Association, 투산, 애리조나

아스퍼거 증후군으로 진단을 받은 사람은 항상 진단이 '옳다고 느낀다.' AS로 진단을 받고 자기한테 맞지 않는 것 같다고 말하는 사람은 인터뷰에서 한 번도 만난 적이 없다. 그러나 나는 평생에 걸쳐 AS가 아닌 다른 여러 가지 진단을 받은 사람들을 많이 만났고, 그때마다 그들은 진단이 전체 가운데 한 부분만을 다루고 있다고 느꼈다. 왜냐하면 진단이 아스퍼거 증후군의 어느 한 가지 양상(예를 들면 운동 틱)(틱 장애에는 음성 틱과 운동 틱의 두 가지가 있는데 운동 틱은 근육 틱이라고도 한다. 운동 틱은 자신의 의지와 상관없이 근육이 반복적으로 움직이는데, 예를 들면 눈 깜빡거리기가 이에 해당된다 – 옮긴이)에 초점을 맞추거나 의사가 아스퍼거의 동반 질환(예를 들면 조울증)에 주목했기 때문이다. 이로 인한 불행한 결과는 아스퍼걸

이 종종 갖지도 않은 질환이나 동반 질환에 대한 약물 처방을 받지만 정작 본인에게 필요한 아스퍼거 증후군에 대한 지원은 받지 못한다는 것이다. 이것은 그녀의 건강과 행복, 그리고 심지어 재정적 안정에 해를 끼친다.

조현병에서 조울증을 거쳐 다중인격 장애에 이르기까지 온갖 오진을 받았어요. 사람들이 들어 봤을 온갖 항우울제는 다 먹었습니다. 25세에 AS로 진단을 받았는데, 한 의사가 내가 AS가 아니라는 것을 증명하려고 세상의 모든 검사를 다 해 본 후였습니다. 정말 다행이었죠. _폴리

오진은 우리가 일, 대학, 인생, 인간관계, 그 외 모든 것에 대처하기 위해 올바른 조언을 얻고 있지 못하고 있다는 것을 의미한다. 어떤 경우에는 오진이 온전한 정신과 삶을 위협할 수도 있다.

당시 나는 대학을 다녔고 정말 힘겹게 싸우고 있었습니다. 평범해지려고 정말 열심히 노력했습니다. 사교적이고, 친구들을 갖고, 스터디 그룹에 참가하고, 여가 활동에 참여하고, 수업에서 상위권을 유지하기 위해 노력했죠. 나는 몸과 마음이 망가질 때까지 스스로를 혹사시켰습니다. 대학 보건센터에 있는 의사와 상담을 했더니 의사가 나와 15분간 대화하고 나서 팩실(Paxil: 항우울제의 일종 – 옮긴이) 한 봉지를 건네주더군요. 나흘 후, 나는 칼로 스스로를 긋고 싶은 억제할 수 없는 충동을 느꼈습니다. 그 후 나는 항정신병 약물, SSRIs(selective serotonin reuptake inhibitors : 선택적 세로토닌 재흡수 차단제), 항경련제 (anti-convulsants), 기분 안정제(mood stabilizers)를 복용하게 되었습니다. 그건 완전히 악몽이었죠. 항정신병 약물 치료를 시작했을 때 나는 환각을 느끼기 시작했습니다. 자신을 칼로 그으라는 명령을 들었죠. 정말 무서웠습니다. 그 목소리가 약물 치료로 인한 것이라는 생각은 결코 들지 않았습니다. 내가 미쳐 가고 있다고 생각했죠. 분열 정동장애(schizo-affective disorder) 진단을 받고 자살을 시도한 뒤에 병원에 실려 가기도 했습니다.

2년 후 모든 약을 중단하고 나자 자해에 대한 욕구는 사라졌습니다. 명령하던 환청도 사라졌고 다시는 재발하지 않았습니다. 약물 치료 중단은 그 많던 문제들 전부를 단번에 다 해결했습니다. 결국 내가 참석하고 있던 불안증 그룹의 관찰 치료사들이 마침내 단서들을 조합해서 아스퍼거 증후군이라는 결론에 도달했습니다. 지금은 몸과 마음이 가능한 안정되도록 돕기 위해 잘 균형 잡힌 비타민과 미네랄 혼합 영양제를 복용하고 있습니다. _헤더

많은 여성들은 자신이 아스퍼거 증후군이라는 것을 모르고 심지어 그런 진단명을 들어 본 적도 없다. 자신의 아이(일반적으로 아들)가 그 진단을 받고 의사가 유전적 원인을 찾기 위해 부모를 살펴보게 되고서야 그것을 알게 된다.

나는 여러 차례 오진을 받았습니다. 그 내용은 정신 장애, ADHD, 조울증(멜트다운을 일으키는 것과 정신이 나간 듯한 멍한 상태에 근거한 것이죠)이었습니다. 그 다음에는 열세 살 때 뚜렛 증후군

(Tourette's syndrome : 틱이 1년 이상 지속되는 증상이며 운동 틱과 음성 틱이 함께 나타난다. 원인이 규명되지 않았지만 정신의학적 원인보다 신경학적 원인으로 인한 것이라고 추측되고 있다 – 옮긴이)으로 진단받았는데, 손 퍼덕거리기, 웅얼거리며 두 번씩 되풀이해서 말하기, 사람 얼굴을 계속 쳐다보지 못하고 가끔 소리를 내지르는 것 때문이었죠. 두 아들이 자폐증으로 진단받고 나서야 나도 AS로 진단을 받았습니다. _데임 케브

우리 셋째 아이가 진단을 받고 나서야 남편과 나는 우리 아이들과 자신들의 유사점을 깨닫기 시작했습니다. 나는 내가 늘 남들과 달랐다는 것을 알고 있었고 진단을 받고 안심했습니다. _젠

다 열거할 수 없을 정도로 많은 오진을 받았습니다. 의사들은 다양한 약물을 시도했지만 나는 모든 약물에 대해 나쁜 반응을 보였죠. 학교 선생님 한 분이 내 아이들 중 아래로 둘이 자폐증이라고 생각했을 때 나는 '말도 안 돼. 아이들은 그냥 나와 똑같은데' 하고 생각했어요. 그래서 나는 모든 관련 도서를 읽었습니다. 그 선생님이 틀렸다는 것을 증명하려고 그랬는데, 증명 대신 우리 가족 대부분이 스펙트럼에 속해 있다는 것을 깨닫게 되었죠. 진단으로 자폐증인 사실이 증명되었습니다. _포케그란

나 자신을 포함한 사람들은 처음으로 아스퍼거라는 말을 우연히 접했을 때, 자기 파트너가 가진 이상한 습관의 근본적인 원인을 알아내려고 하고 있었다. 그 다음엔 우리도 비슷한 특성을 가지고 있

다는 것을 깨달았다. 그러나 내가 스펙트럼에 속해 있을지도 모른다는 증거를 처음으로 발견한 책은 주로 남성에 관한 책이었고 여성에 관해서는 조금밖에 다루지 않았다. 메리 뉴포트(Mary Newport)의 실화를 픽션화한 2005년 영화 〈모짜르트와 고래〉(Mozart and the Whale, 페테르 내스Petter Naess 감독의 미국 영화로 아스퍼거 증후군 커플의 사랑 이야기이다. 조쉬 하트넷Josh Hartnett과 라다 미첼Radha Mitchell이 주인공 커플을 연기했다 – 옮긴이)에 나오는 여주인공 이사벨에 대한 묘사가 스펙트럼에 대한 확신을 주었다. 그 영화를 여러 번 보고 나서야 깨달을 수 있었다 – 이사벨은 나와 너무 닮았어. 그때부터 나는 내가 찾아낼 수 있는 모든 것을 철저하게 파고들었다.

우리들 가운데 아스퍼거 자녀가 없는 사람에게는 의사가 올바른 진단명을 찾을 때까지 계속 검사하면서 의심 질환을 지워 가는 소거법을 실행한다. 무료 의료보험이나 정말 좋은 보험 없이 누가 그 비용을 감당할 수 있을까? 자가 진단은 때때로 유일하게 경제적이고 현실적인 대안이며 보통 정확하다. 몇몇 여성들은 먼저 자가 진단을 하고, 그리고 나서 보험 회사를 찾아보고, 보험을 결정하고, 계약을 위해 공방을 벌인 뒤에 공식 판정을 받았다.

나는 의료보험이 없어서 진단을 못 받았어요(놀랐죠!). 하지만 내가 어렸을 때는 사회적 불안 장애, 범 불안 장애, 강박 장애, 우울증 진단을 받았습니다. 그것들은 모두 나의 고민과 일치하지만 모든 문제를 다루고 있다고는 생각하지 않습니다. 아스퍼거 증후군은 모든 것을 포함하는 완전한 진단처럼 느껴집니다. _엘

2008년에 자가 진단을 하고, 2009년 2월에 공식적으로 AS 진단을 받았습니다. _레이첼

내가 지역 신경정신과 전문의에게 전화를 해서 성인 아스퍼거 증후군 진단을 받을 수 있는지 상의하려고 하자, 그녀는 아이들만 진단해 왔다고 했다. 또한 AS에 대해 매우 제한되고 막연한 인식을 가지고 있는 것 같았고, 성인 여성 AS에 대해서는 아는 것이 별로 없었다. 그녀는 진단 과정의 일부로 가족을 면담하기도 한다고 했다. 나는 몇 군데 더 전화를 걸었다. 대부분 어린아이들만 진단한다고 했고, 어른을 진단하는 경우에도 가족 면담을 요구한다고 했다. 어떤 아스퍼걸은 도움을 주고 관찰력이 좋은 엄마를 가지는 행운을 누리는 반면, 다른 이들은 가족들에게 신체적으로나 감정적으로, 심지어 성적으로 학대당한다. 학대한 가족들을 진단 과정에 포함시키는 것은 우리로서는 겪고 싶지 않은 일이다. 아이를 때리거나 학대하거나, 혹은 그 사실을 알면서도 모른 척할 만큼 자기를 속였던 사람은 그 자기 기만의 정도만큼 과거에 대한 자세하고 정확한 기억 능력이 떨어진다.

거의 스물한 살이 될 때까지 진단을 받지 못했기 때문에 그때까지 내가 어떤 형태의 자폐증을 가졌다는 것도 몰랐어요. 돌이켜 보면 나는 확실히 다른 아이들과 달랐습니다. 분노 발작을 잘 일으키고, 남들과 자주 싸웠고 오빠한테 성적 학대를 받았습니다. 부모님은 최근까지 내 진단을 받아들이지 않으셨죠. _섀넌

아버지한테 성적 학대를 받았지만 항상 내가 *서짓말을 한다*고 하더군요. 가족들은 언제나 나에게 "평범하게 굴어라" 하고 말했습니다. 최근에서야 진단을 받았습니다. _브램블

나이 든 아스퍼걸의 부모들은 생존해 있다면 이제 70, 80대이고 설령 좋은 부모였다고 해도 옛일을 잘 기억하지 못할 것이다. 우리가 어렸을 때 부모님들은 새벽에서 황혼까지 아이들을 바깥으로 내모는 경향이 있었고 대부분의 시간 동안 아이들이 어디에서 지내는지 거의 알지 못했다. 사람들은 자녀가 겉보기에 뚜렷한 이상이 없으면 내면에서 어떤 일을 겪고 있는지 신경쓰지 않았다. 어디 부러진 데가 없고, 저녁 식사가 차려져 있으면 만사형통이었다.

때로는 제대로 진단을 받은 후에도 다른 전문가들이 진단의 타당성이나 범위에 대해 이의를 제기할 것이다.

아스퍼거 증후군 진단에 관해 나와 이야기를 나눈 전문가들 대부분은 그것을 믿지 않습니다. 그들은 나를 일상 활동이 수행 가능한, 제 역할을 하는 성인으로 보기 때문이지요. _브랜디

많은 의사들과 의료 전문가들은 아스퍼거 증후군에 대해 부정적 인식을 가지고 있고 우리가 받은 판정이 마치 사형 선고라도 되는 듯 탄식한다.

그녀는 많은 종류의 약을 다량으로 복용해서 의사들이 나를 혼수상태에 빠뜨리도록 하려는 게 아니라면 어떤 약도 도움이 되

지 않을 것이라고 말했습니다. 또한 나의 지난 직업 경력에 근거해서 내가 선택하는 직업에 따라 아마도 "결국 손목을 긋게" 될 것이라고 하더군요. 그녀의 반응에서 받은 인상은 내가 여생을 옷장에 갇혀 지내는 것이 낫겠다는 것이었습니다. _브랜디

다행히도 AS에 대한 이런 태도와 지식 부족은 변화하고 있고 많은 전문가들은 우리 증후군의 징후, 증상, 긍정적인 부분, 복잡성을 이해하려고 매우 열심히 노력하고 있다.

아스퍼걸에게 드리는 조언

나의 책 《22가지 사실(Simone 2009)》에서 언급한 적이 있지만, 아스퍼거 증후군을 가졌다는 부담 외에도 여러분은 다음과 같은 부담 또한 지게 됩니다. 진단을 받고, 후속 조언과 지원을 받아야 합니다. 그리고 언제나 사람들과 전문가들로 하여금 여러분과 진단을 담당한 의사를 믿도록 설득하려고 애써야 할 것입니다.

만일 진단이 여러분에게 맞지 않는다면 진단서를 버리면 됩니다(그 진단이 의료 기록에 남는다는 것과 미국의 보험 회사들과 일부 고용주들이 그것에 대해 무슨 생각을 하는지 신이 아신다는 사실은 별개로 하고 말이죠). 그러나 나는 진단이 맞지 않았다는 아스퍼거인을 한 번도 만난 적이 없습니다. 진단이 맞는다면 여러분이 책, 인터넷, 치료사와 지원 그룹들로부터 얻은 정보를 이용해서 스스로 대응해보세요. 진단을 받지 않았다면, 미국 보험 회사로부터 적어도 기존

병력을 이유로 거절당하지는 않을 것입니다.

　여러 가지 약을 서둘러 처방하는 의사들을 조심하십시오. 이런 충고에 납득할 수 없다면, 다음 장에 더 자세한 내용이 있습니다. 약물은 한 번에 한 가지씩 책임감 있게 처방하고 복용해야 하며, 나쁜 부작용이 있을 경우 즉시 중단해야 합니다. 약물 복용에 대한 과학적이고 현명한 접근 방식에 대해서는 템플 그랜딘의 《나는 그림으로 생각한다》를 읽어 보시기 바랍니다.

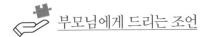 부모님에게 드리는 조언

　좋은 의사도 있고 나쁜 의사도 있습니다. AS에 대한 지식이 있는 의사와 그렇지 않은 의사가 있습니다. 개방적인 의사도 있고 편협한 의사도 있습니다. 그들은 신이 아니라 그저 인간일 뿐입니다. 또한 그들은 들판의 민들레만큼이나 많습니다. 여러분이 좋아하고, 믿고, 존경하는 사람을 찾으세요. 그들은 지지받고 있는 이론과 여러분의 걱정을 기꺼이 받아들여야 합니다. 그들이 여러분의 생각이나 여러분 딸의 자가 진단을 무시해서는 안 됩니다. 아무도 그녀의 인생 경험을 본인보다 잘 알지 못하고, 그 다음으로 잘 아는 사람은, 만일 여러분이 관찰력이 좋고 실천적인 부모라면 아마 여러분 자신일 것이기 때문입니다. 일단 진단서를 받으면 AS를 여러분의 열정적인 연구 대상으로 삼으세요. 그냥 거기에서 멈춰서는 안 됩니다. 그러면 딸의 인생이 대단히 힘들어질 것입니다. 여러분은 배움과 그녀의 발전에 참여하는 데에 적극적이 되어야

합니다. 해결책의 일부가 되지 않으면 여러분이 문제의 일부가 될
것입니다.

우울성 멜트다운,
심리적 외상 후 스트레스 장애 PTSD,
약물에 대한 추가 정보

CHAPTER 16

우울성 멜트다운,
심리적 외상 후 스트레스 장애 PTSD,
약물에 대한 추가 정보

정신과 전문의 토마스 자스(Thomas Szasz)는 정신 질환이란 존재하지 않으며, 단지 "생활상의 문제"(2008)만이 있을 뿐이라고 했다. 아스퍼걸은 이러한 문제들을 남들이 일반적으로 경험하는 것 이상으로 겪어 왔다. AS를 갖고 있으면 종종 우울증, PTSD, 그 외 증상들을 겪게 되지만 이런 것들이 불가피한 것은 아니다. 친구들, 가족, 선생님들, 동료들이 우리의 다른 점을 진정으로 이해해 주고 수용해 준다면 이런 문제들은 극적으로 줄어들 것이다.

우울증은 무력감으로 인해 유발된다. 당신의 인생에 사랑, 돈, 친구, 건강, 이해, 혹은 그 외의 것들을 이끌어올 수가 없는 상태이다. 사랑하는 사람의 죽음과 같은 인생의 일부 극단적인 사건을 제외하고 대체로는 오래된 문제에 대해 새로운 해결책을 발견함으로

써 무력한 상태에서 벗어나 스스로가 상황을 제어하는 상태로 돌아갈 수 있다.

'화학적 불균형'이라는 용어는 지난 수십 년 동안 항우울제를 판매하려는 사람들이 유행시켰다. 신체에 불균형이 있을 때 우리는 우울증에 더 취약하다. 그러나 각 개인의 불균형에 관해서는 전문가들이 다양한 테스트를 통해 분석해야 한다. 불균형은 획일적인 향정신성 약물을 통해서보다 각 개인의 필요에 맞춘 비타민과 보충제 요법으로 바로잡을 가능성이 더 높다.

항우울제와 기타 향정신성 약물은 해결책이 아니다. 그것들은 근본 원인이 아니라 증상을 다스리는 것이다. 하지만 의사들은 서둘러 약물 처방을 내렸다.

언젠가 일반적인 우울증을 가지고 있는 사람이 더 심하게 우울해지는 '더블 디프레션(double depression)'으로 진단받은 적이 있습니다. 그날 의사 선생님을 위해 경비원이 와서 대기하고 있었던 게 틀림없어요. 나는 애더럴(Adderall: 주로 ADHD의 증상에 사용되는 각성제 – 옮긴이)에 취해 있었고 그것 때문에 돌아버렸거든요. _올리브

내가 여덟 살이었을 때 검사를 받았는데 담당자가 엄마에게 내 감정이 "너무 강하고 과잉 반응"을 한다고 말했습니다. 그러고 그들은 나에게 분노를 완화시키는 약물을 처방했습니다. 내 생각엔 약을 너무 많이 받은 것 같아요. 아무것도 느낄 수 없게 되었죠. 머릿속이 통제가 되지 않는 느낌이었습니다. _메건

어떤 아스퍼걸에게는 약물이 도움이 되기도 하며, 나는 약물 복용을 중단하라고 말하고 있는 것이 아니다. 약물이 자신에게 잘 듣고 실보다 득이 크다는 가정 하에 말이다.

나는 SSRI(선택적 세로토닌 재흡수 차단제) 항우울제에 대한 템플 그랜딘의 접근 방법과 함께 인지 행동 요법(CBT) 방식을 많이 사용했습니다. 즉 일반적인 초기 투여량의 3분의 1에서 절반 정도를 AS인 사람의 최대치로 잡는 것이죠. 효과는 좋습니다. 동반 질환이 완화되었고 불안이 줄어들었습니다. 약물 과다 복용은 끔찍했는데 다른 사람들에게는 보통인 용량이 나에게는 과했습니다. _카밀라

자폐성 멜트다운은 기본적으로 두 가지 종류가 있다. 분노성 멜트다운과 우울성 멜트다운인데, 전자에 관해서는 다음 장에서 이야기할 것이다. 분노성 멜트다운은 보통 상당히 빨리 끝나고 신체적인 여파는 몇 시간이나 하루 안에 끝난다. 우울성 멜트다운은 며칠 혹은 수 주 동안 지속될 수도 있고 엄청나게 당신을 상처 입히고 쇠약해지게 하며 지독하다. 두 가지 멜트다운 모두 위통, 메스꺼움, 구토, 탈진, 현기증, 두통, 설사를 일으킬 수 있고, 교우 관계나 인간 관계를 파괴하고 지속적인 혼란을 초래할 수 있다.

만약 당신이 심한 우울성 멜트다운을 겪어 본 적이 없다면 그것이 어떤 것인지 알 수 없을 것이다. 나는 오로지 자신이 겪은 과정을 전부 묘사할 수 있지만, 다른 아스퍼걸의 이야기를 들어 보면 우리의 경험은 비슷하다. 우울성 멜트다운은 뇌의 경계 부분이 흐릿

해지는 느낌으로 시작될 수 있다. 동시에 이마 쪽이 조이는 느낌이 든다. 좀 울적하고 부정적인 기분이 든다. 호흡이 얕아진다(그러나 가끔은 완전히 괜찮고 행복하기까지 하다). 그러면 어떤 촉발 계기, 어떤 사건이 있게 마련이다. 누군가의 말일 수도 있고 계획의 변경일 수도 있다. 사회적 과부하 혹은 감각의 과부하를 겪고 하루가 지난 후일 수도 있다. 이별이나 경멸, 오해, 상처 주는 험담과 같이 좀더 명확한 것일 수도 있다. 이유가 무엇이든 간에 나는 야구 방망이로 얻어 맞은 것 같은 느낌이 들곤 한다. 배와 머리에서 그것을 느낀다. 즉각적으로 세상이 중심축에서 벗어난 듯이 현기증이 난다. 바로 기절할 것 같은 그 느낌이다. 그것은 여러분이 끔찍한 소식을 들었을 때와 같은 느낌이다. 그러고는 꼼짝할 수 없게 되어 몇 시간, 심지어는 며칠을 그대로 있는다. 일단 이렇게 되면 자신이 혼란 상태로 빠져드는 것을 멈추기가 매우 어렵다. 우리는 급속도로 강렬하게 빠져든다. 심하게 울어서 때때로 과호흡과 질식을 일으킬 정도이다. 아무것도 다시 회복될 수 없을 것 같아 절망하곤 한다. 우리는 비탄에 빠져 무력해진다.

내 배 속에 몸 전체를 빨아들이는 블랙홀이 있는 것 같은 느낌입니다. 어떨 때는 구토를 할 정도로 몸 속이 아픕니다. 몸을 웅크리고 우는 것 외에 아무것도 할 수가 없습니다. 이 상태는 몇 시간, 때로는 며칠 지속될 수 있습니다. 끔찍하고, 극복하기가 정말 힘들 수 있습니다. _앤디

우울성 멜트다운은 오물과 거미로 가득한 어둡고 축축한 지하

독방에 감금되어 있는 것과 같다. 마치 죽음과도 같고, 세상에서 가장 외로운 곳, 당신이 경험해 본 최악의 살아 있는 악몽과도 같다. 내가 무엇인가에 홀렸는가, 미쳤는가, 저주를 받았는가 하는 생각이 들고 다시 행복해질 수 있을까 하는 생각도 든다. 의사한테 가 봐야 할까? 뱀같이 생긴 딸랑이를 내게 흔들어서 악의 존재를 쫓아내 줄 주술사한테 가 봐야 할까? 많은 사람 중에 왜 하필 내가 이렇게 느끼도록 타고났을까? 잠을 잘 때도 누군가가 나를 면도날로 죽이는 꿈을 꿀까 봐 휴식을 취할 수가 없다.

나는 악몽과 생생한 꿈을 꿉니다. 종종 꿈에서 비행기를 타고 날아가는데 비행기가 추락하기 시작합니다. 폭풍우가 치고, 누군가가 나를 뒤쫓고, 누군가가 물에 빠집니다. 911에 전화를 하려고 하지만 제대로 번호를 누를 수가 없습니다. 도움을 요청해도 목소리가 나오지 않습니다. 하룻밤에 서너 번씩 깨는 일이 자주 있습니다. _젠

정말 지독한 우울증을 겪는 동안에는 매일 침대에 누워 지냅니다. 몸은 고통에 잠식당하고 사고는 내 뜻대로 되지 않습니다. _브랜디

멜트다운이 시작되는 것은 빠르지만 몸이 회복되는 데는 매우 시간이 많이 걸린다. 그 회복 과정은 함묵증이 지나간 후의 느낌과 비슷하다. 메스껍고, 뻣뻣하고, 아프고, 얼어붙은 듯하고, 마비된 느낌이 서서히 사라지고 팔다리, 뇌, 호흡이 정상으로 돌아오기 시

작한다. 회복이 될 때마다 나는 신에게 두 번 다시 우울성 멜트다운을 겪지 않게 해 달라고 빌지만 여전히 겪고 있다. 전보다는 뜸해졌지만 가끔 겪는다고 할지라도 지나치게 느껴진다. 그것은 언제나 근본적으로 나의 힘을 잃는 것과 관련이 있으며, 나는 힘을 빼앗기고 절망감을 느끼게 된다. 재정적 문제, 사회적 어려움과 같은 것들은 우리를 폭발시키는 것들 중 일부이다. 연애 문제도 포함된다.

어떤 아스퍼걸은 그리 로맨틱하지 않지만 어떤 이들은 지나치게 로맨틱하고, 짝사랑, 희망과 기대의 무산, 불쾌한 데이트, 이 모든 것들이 거대한 멜트다운을 초래할 수 있다. 그것은 말하지도 웃지도 못하는 버림받은 빅토리아 시대의 신부(청교도적인 도덕주의가 강조되던 시대의 보수적인 여성상 – 옮긴이)처럼 우리를 침대로 데려가는 그런 종류의 것이다. 제대로 생각하거나 심지어 제대로 숨쉬지도 못하고 눈물의 웅덩이에서 허우적대는 상태 말이다. 가벼운 멜트다운이나 우울증일 때에는 늘 우리에게 안식처가 되어 주는 독서나 영화 감상도 그런 상태에서는 할 수 없다. 그런 멜트다운이 일어나면 세상은 어둡고 유해한 곳이 된다.

나는 여름 내내 침대에서 보냈어요. 거의 움직일 수가 없었습니다. 정신과 의사들을 대여섯 명 정도 만났는데 아무도 도움이 되지 않았습니다. 최근에 새로 살게 된 지역에서 정신과 의사들을 찾아보고 그들이 혹시 아스퍼거인을 연구하는 데 관심이 있는지 문의하는 편지를 모두에게 썼습니다. 응답자는 소수였고 답변은 "아니오"였죠. _위더스 어떻게 하면 우리가 도움을 받을 수 있을까? 어떻게 멜트다운에서 벗어날 수 있을까?

나는 상담사에게 가거나 위기 상담 센터에 갑니다. 빨리 해결하지 않으면 우울증에 빠질 것이라는 것을 알고 있습니다. 누군가에게 나의 문제에 관해 이야기할 수 있어야 하고 그들에게 내 문제를 분석하도록 해야 합니다. 나는 스스로의 감정에 너무 압도당해서 내 머릿속에서 일어나고 있는 일을 이해할 수 없습니다. _앤디

나는 건강한 식단을 유지하고 잘 먹고 운동을 합니다. 인터넷 게시판이나 약물 중독자 자조 집단(NA) 모임에 참여합니다. 자폐증 전문가와 2주에 한 번 만나고 있고요. 이런 것들은 멜트다운을 일으킬 확률을 낮게 유지하는 데 도움이 됩니다. 또한 멜트다운은 결국 지나가리라는 것을 알고 있습니다. _카밀라

우리가 우울증에 취약하긴 하지만 우울증이 불가피한 것은 아니라고 나는 굳게 믿는다.

보통은 우울해지지 않지만 가끔 자신이 절벽 끝에 서 있고 언제든 어둠 속으로 추락할 수 있다는 느낌이 듭니다. 한참 뒤에 그런 느낌은 사라집니다. 몇 년 동안 절벽에서 떨어지지 않고 있습니다. _라일리

신난만 두고 보더라도 AS가 차지하는 비중이 어디까지이고 심리적인 문제가 어디서부터인지 종종 말하기 어렵다.

나는 어린 시절에 학대를 받았기 때문에 내 행동이 외상 후 스트레스 장애(PTSD)와 얼마나 관련이 있는지, 그리고 아스퍼거 특성과 얼마나 관련이 있는지 종종 전문가들에게도 알기 어렵습니다. 이것이 아스퍼거 증후군을 가진 내 아이들이 나 자신에 대해 깨닫도록 도와준 부분입니다. 아이들은 학대받지 않았지만 나와 비슷한 패턴과 행동들을 많이 보여 주었는데 그로 인해 어디까지가 PTSD이고 어디서부터가 자폐증인지 아는 데 도움이 되었습니다. _젠

걷잡을 수 없는 수준의 심각한 우울증에도 불구하고 인터뷰를 했던 다수의 아스퍼걸은 자살에 대해 심각하게 생각하지 않았다. 우리들 대부분이 그것에 대해 생각해 본 적은 있어도, 정말로 시도했던 사람들은 드물고 대부분은 그것이 결코 할 수 없는 일이라고 말했다. 사랑하는 사람들에 대한 배려와 미지의 것에 대한 두려움 때문에 멈추게 된다. 스스로를 통제하고 싶은 욕망으로 인해 자살을 생각하게 될 수도 있지만, 사후에 일어날 일을 통제할 수 없다는 것이 더 강력한 억제 요소가 된다.

그것은 내가 모든 것을 끝내고 싶어했던 것이 아니라 나라는 그들의 '장난감'을 없애고 싶었던 것입니다. _데임 케브

내가 기억하는 한 오랫동안 거의 매일 밤 죽기를 바랐습니다. 한 번은 누군가에게 내가 얼마나 우울한지 말하려고 하다가 내 팔을 칼로 그었습니다. 어두운 그림자가 내 마음을 뒤덮고 기쁨을 가져다주는 어떤 것도 막고 있지만, 내일은 더 나아질 것이라는 희망의 희미한 빛이 아직 남아 있습니다. _브램블

개를 열렬히 사랑하는 엘피니아는 그녀가 가장 좋아하는 미용 의뢰견 중 하나인 코디라는 이름의 대형 골든 리트리버가 바닥에 죽어 있는 것을 근무 중에 보았다. 견주의 부탁으로 방문 수의사가 코디를 거기서 안락사 시킨 것이었다. 그 후 시신은 그녀의 미용 테이블 맞은 편에 있는 우리로 옮겨졌는데, 그 자리에서는 근무하면서 하루 종일 그 시신이 보였다. 그녀는 눈물을 흘리며 코디의 시신을 천으로 덮었지만 그렇게 한다는 이유로 고함을 들었다. 그 경험은 복합적인 업무가 주어진 새로운 일에 대한 스트레스까지 더한 상태에서 일어났기 때문에 심각한 우울증을 유발했다.

담당자가 화장장에 코디를 데려가는 것을 보았습니다. 나는 망연자실해서 집에 돌아가 서랍에서 식칼을 꺼내 쥐고는 욕조에 물을 채웠죠. 욕조에 들어가기 전에 남자친구가 나를 붙잡았습니다. 그 일이 있은 후 치료를 받아 보았습니다. 치료사는 나를 곧바로 병원으로 보냈습니다. 그 병원에 갔던 날 밤 겁에 질렸고 직원들은 매우 불쾌하게 나를 다루었습니다. 감시자 없이는 화장실도 못 가게 했습니다. 잠도 딱딱한 의자에서 잤지요. 나는 보험에 가입되어 있지 않았기 때문에 침대를 내 주려고 하지

않더군요. 그들은 내가 겪고 있었던 극심한 공황 발작에 대해 계속 아티반(Ativan: 신경 안정제인 로라제팜Lorazepam의 상표명)을 주었습니다. 약에 취해서 거의 제대로 생각을 할 수 없는 동안에 매우 분노에 차 있고 모욕적인 수련의와 면담을 했습니다. 그는 내가 다른 도시에 있는 정신병원으로 보내질 것이라고 했죠. 나는 경찰차로 거의 한 시간 거리의 정신 이상 범죄자를 위한 시설로 호송되었습니다. 자기 몸을 문지르면서 나를 바라보는 남자들과 같은 방에 갇혀 있다가 두 시간 후 집으로 돌려보내졌습니다. 그 모든 것으로 인해 적어도 자살에 대해 무서워하게 되었지만 그렇다고 해서 내가 정말 어떤 도움을 받았다고는 말하지 못하겠군요. 다시는 그런 일을 겪고 싶지 않습니다. _엘피니아

그녀의 경험은 드문 일이 아니다. 이런 식으로 자폐인을 완전한 정신적 붕괴 직전으로 몰아넣는 것은 좋은 의료 행위 혹은 인간적 행위가 될 수 없다.

🖐 아스퍼걸에게 드리는 조언

이 책을 위해 인터뷰에 응했던 여성들 가운데 약 3분의 1 가량이 당시 항우울제를 복용하고 있었고 약이 도움이 된다고 대답했지만, 인터뷰한 대부분의 여성들은 과거에 약물 치료를 받았고 약이 일시적으로만 도움이 되거나, 전혀 도움이 되지 않거나, 심신을 쇠약하게 만든다는 것을 깨달았습니다. 항우울제를 처음 복용하면

행복감이 들 수도 있지만, 칵테일을 마신 초반에 느끼는 행복한 활력이나 사랑이 시작될 때의 격정과 같이 그 행복감은 지속되지 못합니다. 약물은 불안 조절에 좀더 도움이 될지도 모릅니다. 불안은 AS에서 핵심적인 부분이지만 우울증은 여러분의 삶에 문제가 있어서 생기는 것입니다. 약물 충전기로 자전거의 시동을 걸 수는 있지만 여러분이 여전히 예전과 같은 길을 지나가게 된다면 얼마 지나지 않아 다시 우울해질 것입니다. 그렇지만 노래에도 있듯이, "아직 다른 길을 선택할 수 있는 시간이 있어요"(레드 제플린Led Zeppelin의 〈천국으로 가는 계단Stairway to Heaven〉에 나오는 가사 - 옮긴이).

누구에게도, 의사에게조차도 여러분의 주도권을 넘겨주지 마세요. 좋은 의사는 여러분과 이야기를 나누고, 우울증의 원인과 여러분이 어떤 지원을 받고 있는지 알아낼 것입니다. 그래도 약물이 필요하거나 여러분이 원한다면 부작용과 위험성이 적으면서 중독성이 없는 것을 처방합니다(항상 스스로 위험성에 대해 알아보세요). 약이 잘 듣지 않을 경우 현명하지 못한 의사는 다른 약을 처방하고, 그리고 나서 또 다른 것을 처방하는 경향이 있습니다. 어떤 경우에는 처방을 단기간에 바꾸는데 그것은 우리의 정신을 엉망으로 만들 수 있습니다. 잘못된 향정신약은 정신질환적 행동을 유발할 수 있습니다.

인간에게는 사랑과 우정이 필요하며(아스퍼거인조차도 그렇습니다), 지원도 필요하고 이해도 필요합니다. 이런 것들이 없다는 것은 계획과 전략의 변경, 그리고 아마도 환경과 주변 사람들의 변화가 필요하다는 것을 나타내는 것이지, 약물이 필요한 것이 아닐 것입니다. 우리가 우울증에 취약하다고 해도 특히 자신의 삶에 누구를 받아들일지에 관한 것을 포함해 현명한 선택을 한다면 자신을 궁지로 모는 상황은 막을 수 있습니다.

우리의 문제와 그에 따른 우울증에 대하여 비자폐인 중심 사회와 차별을 비난하기는 쉽지만 나는 사회나 차별이 그저 문제의 일부일 뿐이라고 생각합니다. 문제를 유발하는 외적 계기에 대한 우리의 반응을 스스로 조절할 수 있도록 여건을 만들어야 합니다. 자신의 모든 개별 문제들에 대해 구체적이고 과학적인 해결책을 찾아야 합니다. 여러분의 우울증의 근원이 무엇이든 그 정체를 밝히십시오. 자스가 말했듯이 "생활상의 문제"일 수도 있고 신체의 불균형 같은 것일 수도 있습니다. 우리는 스스로의 몸을 잘 살펴야 하고 효과적인 전략을 찾아내기 위해 의식 있고 협조적인 전문가에게 도움을 요청해야 합니다. 우리는 자신의 행복을 따라가야 합니다. 아스퍼걸에게 있어서 그것은 자신의 재능과 열정을 가지고 놀고 일할 수 있도록 하는 것을 의미합니다. 또한 도처에 있는 수많은 감각 촉발 기제에 대해 한 발 앞서 조치를 취하는 것이기도 합니다. 우리를 있는 그대로 받아들여 주는 사람들을 찾고, 그렇지 않은 사람들은 적극적으로 회피하는 것이기도 합니다.

여러분들이 안고 있는 문제는 신경학적이고 신체적인 문제이지, 정신적이거나 심리적이거나 정서적인 것이 아닙니다. 비록 여러분이 필요로 하는 도움과 지원을 받지 못한다면 분명히 이런 부분들이 생길 것이지만 말입니다(이처럼 자폐 스펙트럼 장애와 같이 신경학적인 본래의 장애를 1차 장애, 그리고 이 1차 장애에 대해 적절한 도움과 지원을 받지 못해서 생기는 심리적, 정서적 문제 등을 2차 장애라고도 한다 – 옮긴이). 여러분을 괴롭히는 모든 개별 문제들을 재구성해 보세요. 삶의 대부분은 그것을 어떻게 보느냐에 달려 있습니다. 부정적인 생각은 습관성이 되며 아무리 우리의 상황을 고려할 때 이해할 만한 것이라고 할지라도 우리는 그래도 이 세상을 좀더 나은 방향으로 이끄는 사람이 되고 싶지, 세상이 우리를 바닥으로 끌어내리기를 원치는 않을 것입니다.

종합 항우울제

** 여기에 소개된 것들은 서양에서 주로 사용되는 대체요법들인데, 현지의 일반적인 드러그스토어에서 구할 수 있는 것들이다. 에센셜 오일 요법은 영국의 경우, 일부 병원에서도 채택하고 있다. 참고로 일본의 경우에는 발달장애인을 위한 의료시설에서 한방약을 처방하는 경우도 있다. 물론 이것들은 근본적인 치료가 아닌, 일시적인 증상 완화를 위한 것이며 자폐인에게서 어떠한 부작용이 나타날지는 알 수 없다. – 옮긴이

다음은 AS를 가진 사람들을 돕는 것으로 알려진 것들입니다. 5HT-P(이름이 엔진오일 같지만 실은 비타민제를 파는 곳에서 살 수 있는 천연 보조제입니다), 세인트 존스 워트(St. John's wort: 서양에서 옛날부터 우울증 완화를 위해 사용해 온 약초 – 옮긴이), 은행나무 추출물, 발러(Valor: 혼합 에센셜 오일의 일종 – 옮긴이), 기타 등등입니다. 이 보조제들이 효과가 있다고 FDA(미국 식품의약국)에서 입증되지는 않았지만 시도해 볼 수는 있을 것입니다. 나한테는 암리트(Amrit)라는 강력한 항산화제가 불안증을 완화시키고 기분을 안정시키며 스트레스를 관리하는 데 매우 도움이 되었습니다. 어떠한 보조제나 약물에 대해서도 자폐인은 통상 저용량을 복용해야 하므로 복용량의 3분의 1에서 시작하십시오.

글쓰기

글쓰기는 강력한 수단이며 이 책에서 여러 번 언급했습니다. 글쓰기를 잘하지 못한다면 그림 그리기나 악기 연주도 또한 마음을 풀어 주는 데 좋습니다. 여러분의 행복하고 긍정적인 순간들을 기록하거나 포착하는 것을 잊지 마세요. 인생에서 좋은 것들을 모아서 그것이 가장 필요한 순간에 여러분도 행복할 수 있다는 것을 스스로에게 상기시킬 필요가 있으니까요.

비디오 일기

이것은 또 하나의 훌륭한 수단입니다. 여러분이 우울증으로 절망과 고통 속에 빠져 있을 때 큰 소리로 자신의 생각을 기록하십시오. 모두 털어놓으세요. 그러나 냉정을 되찾고 녹화된 것을 보기 전까지는 그것을 인터넷에 올리거나 아무데도 공개하지 마세요. 우울증은 여러분의 본성이 아닙니다. 그것이 여러분의 전부를 나타내는 것이 아닙니다. 그것은 일시적인 정신 상태이고, 여러분의 세계와 여러분의 판단에 색깔을 덧씌우는 일시적인 렌즈이며, 여러분의 현재 현실에 대한 인식입니다. 촬영한 비디오를 그 다음 날이나 기분이 더 나아졌을 때 보면, 자신의 생각 중 일부분이 평소의 생각을 진정으로 나타내는 것이 아니라는 것을 알게 될 것입니다. 나머지 생각들은 타당하고 실제 상황과 불만을 보여 줄 것입니다. 하지만 그런 것들에 대해 우울해하는 것으로 문제를 해결하지는 못합니다.

우울증은 돈 문제, 연애 문제, 사회성 문제, 학교생활의 어려움들을 해결하지 못합니다. 오히려 해결에 반하는 것이지요. 우울증에 빠져들면 점점 더 자신의 힘으로부터 멀어지고 따라서 해결책에서도 멀어지게 됩니다. 그리고 사람들이 여러분에게 안타까움을 느끼게 된다고 해서 여러분을 도울 방법을 알게 되는 것이 아닙니다. 오히려 돕고 싶지 않게 될 수도 있는데, 심한 우울증을 가진 사람조차 그저 관심을 끌려고 그런다는 식으로 비난을 받을 수도 있습니다. 아무도 여러분이 우울증에 얼마나 깊이 빠져들지 모릅니다. 아무도 여러분과 최악의 상황까지 함께 가 주지 않습니다. 일어나서 스스로의 액션 영웅이 되고 스스로 강해져야 합니다.

멜트다운을 일으킬 것 같으면 즉시 미리 대처하십시오. 스스로 촉발 기제가 숨어 있는 상황을 피하십시오. 식욕을 잃기 전 먹을 수 있을 때 건강 식품을 먹어 두고, 수분을 충분히 섭취하십시오. 몸과 마음이 약해지거나 영양 결핍이 되지 않도록 규칙적으로 비타민이나 보충제를 복용하세요. 운동도 좀 하고요, 어서요! 자꾸 침대로 가지 말고 무슨 운동을 선택하든 스케이트나 운동화 끈을 묶고 도로나 경기장으로 나서 봅시다. 땀을 흘려요.

스스로에게 위안을 주세요. 개를 키우거나 뜨거운 목욕을 하거나 부드러운 가운을 입으세요. 여러분 자신을 나쁘게 생각하도록 만드는 사람들을 멀리하세요.

자신의 시각화 기술을 이용하십시오. 여러분 가운데 다수가 대상을 생생하게 떠올린 후 만들어 낼 수 있습니다. 인생에 그것을 적용해 보세요. 여러분의 인생을 떠올린 다음 그것을 구현합니다. 여러분의 태도를 마음속에 그린 다음 구현해 보세요. 여러분의 행복과 강인함을 그린 다음 구현하세요. 사랑하는 사람이 있는 분들은 (상대가 그 자리에 없을 경우) 그 사람의 손을 잡고 있는 자신의 모습을 떠올리세요. 그 손을 꼭 잡고 일어나세요. 종교가 있는 분들은 마음속에 예수님이나 부처님 혹은 무엇이든 여러분의 힘과 안전의 궁극적인 지주를 떠올리십시오. 시각화는 매우 강력한 수단이지만 효과를 보려면 꾸준하고 일관성이 있어야 하므로 그런 이미지를 집 안에 배치해 두십시오. 특히 침실이나 어디든 여러분이 우울증에 취약한 시간을 보내는 곳이 좋고, 여러분이 되고 싶은 사람이나 있고 싶은 장소를 반영하는 긍정적인 이미지가 좋습니다.

많은 여성들이 기분이 좋지 않을 때 슬프고 눈물 쏟는 드라마를 봅니다. 그런 것 대신 멜트다운 방지 처방으로 코미디를 택해 보십시오.

어떤 여성들은 우울증을 이겨 내려고 술을 마시지만, 나는 얼마나 많은 아스퍼걸이 술을 거의 마시지 않거나 전혀 마시지 않고, 마약도 하지 않는지를 알고 놀랐습니다. 이건 잘 하는 겁니다. 이런 것들은 우울증 유발제입니다. 우리가 심각한 우울증과 멜트다운 상태였을 때 이미 문제가 되었던, 해서는 안 되는 말을 하게 만듭니다.

누군가 이야기를 나눌 상대가 있는 분들은 그들에게 감사해야 합니다. 아무도 없다면 너무나 힘듭니다. 만일 여러분이 혼자라면 이것이 세상의 끝이 아니고 어느 날 누군가를 발견할 것이라는 것을 알아 두세요. 지금부터 그들을 찾기 시작하십시오. 그 대상이 연인이어야 하는 것은 아닙니다. 여러모로 연인이 아닌 편이 나은데, 그래야 관계에 부담을 주지 않기 때문입니다. 조언자, 상담사, 메일 친구, 아스퍼거인 동료, 누구든 여러분이 멜트다운을 겪고 있을 때 전화할 수 있거나 의지할 수 있는 사람을 찾아보십시오. 전화나 웹캠으로만 대하는 상대라도 아무도 없는 것보다는 낫습니다. 나는 우리가 혼자 있고 싶어한다는 것을 알지만, 그것은 어떤 면에서는 스스로 강요한 것일 뿐입니다. 또 다른 마음의 거울은 우리가 혼자만의 생각에 빠져드는 것이 너무 습관화되기 전에 깊이 빠져들고 있다는 것을 깨닫게 할 수 있습니다. 혼자만의 생각에 빠져들어 최악을 생각하고 자신이 항상 옳다고 생각하는 습관을 들이고 싶지는 않을 것입니다.

헤쳐 가야 할 시련과 장애물이 너무 많다는 것은 여러분의 삶이 늘 어떤 어려움으로 가득하다는 것을 뜻합니다. 그 결과 여러분은 위기 속에서 사는 데 익숙해질 수 있습니다. 사회적 위기이든, 연애상 위기이든, 직업이나 재정상 위기이든, 우울증 위기이든, 위기 속에서 사는 것은 습관성이 될 수 있다는 것을 알아 두십시오. 여러분은 괴롭힘을 당하고 있고, 불행하고, 억울하다고 느낄 수 있으며, 그 외 수많은 부정적인 감정과 사고방식을 느낄 것입니다. 여러분의 힘을 되찾아야 합니다. 위기 속에서 산다는 것은 달리 말하면 모든 사람과 모든 것에 지배당하고 있다는 것입니다.

자살 기도를 하면 관료 기관에 지배당하게 됩니다. 그런 것은 생각도 하지 마세요. 그들이 이기게 되어 있습니다. 속담에도 있듯이, 그런 놈들 때문에 낙담하지 마세요(don't let the bastards get you down).

어린 아스퍼걸에게

여러분의 부모님과 가족이 힘을 주는 분들이길 바랍니다. 그렇지 않다면 여러분에게 인생은 매우 외로울 수 있습니다. 자폐증에 관해 모르는 부모들은 여러분에게 최악의 고문과 같습니다. 하지만 이 점을 이해하세요. 그들은 여러분이 얼마나 예민한지, 그리고 여러분의 고통이 어느 정도인지 이해하지 못합니다. 그들이 그런 것에 대해 더 잘 안다면 더 잘 할 것입니다. 그들은 자신들이 여러분에게 얼마나 상처 주고 있는지 모릅니다. 여러분이 나이가 들면 친절하고 남을 잘 돌보는 사람이 되어야겠지요. 그리고 여러분의 아이가 생긴다면 결코 이렇게 고립되게 하지 않을 것입니다. 여러분의 미래에 대한 전망을 꽉 붙들고 있으세요. 다른 사람의 도움 없이 스스로 살 수 있도록 경제적 자립을 얻기 위해 최대한의 교육을 받으십시오.

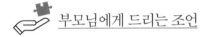 부모님에게 드리는 조언

아이가 멜트다운을 일으키는 대신 건강한 대처 기술을 익혀야 하고, 우울증 대신 행동을 취해야 합니다. 너무나 많은 아스퍼걸이 삶에서, 침실에서, 아파트에서, 기타 등등에서 홀로 방치되어 이런 고난을 혼자서 헤쳐 나갑니다. 우리는 어릴 때 빨리 성숙해지지만 나중에는 그렇지 않아서 종종 부모님으로부터 독립하는 데 남들보다 시간이 더 오래 걸립니다. 만일 우리가 부모님으로부터 필요한 지원과 이해를 얻지 못한다면 성급하게 세상에 나가게 되고, 의심할 여지 없이 처리할 방법도 모르고 대처할 준비도 되어 있지 않은 상태에 놓이게 될 것입니다.

우울해한다고 비난받는 것보다 사람을 더 우울하게 만드는 것은 없습니다. 우울한 사람한테 "이겨 내렴"이라는 말이나, 내 개인적으로는 좋아하는 말이지만 "기운 내"라는 말보다 짜증나는 것은 없습니다. 우리에게는 공감할 수 있는 귀와, 우리를 반발하게 하기보다는 생각하게 하는 몇 가지 지혜로운 질문이 필요합니다. 다음과 같은 질문입니다.

- 우울감이 무엇에서 시작되었니?
- 지금 기분은 어떻니?
- 기분이 나아지게 하려면 무엇이 필요할까?
- 뭔가 먹거나 마실래?
- 뜨거운 물에 목욕을 하겠니, 기타 등등…

이런 것들은 여러분이 아이들을 위해 관심을 가지고 노력하고 있다는 것을 보여 줍니다. 아이가 누군가에 대해, 혹은 어떤 외부적 사건에 대해 욕하고 투덜댄다면, 맞춰 주면서 "그것 참, 속상했겠다, 억울했겠다"라고 공감하는 말을 해 주면 속상하지 않을 것입니다. 이해하시죠? 그리고 일단 우리가 이해를 받고 있다고 느끼게 되면 원인을 모호하게 하는 안개가 걷히기 시작하고 우리는 주도적으로 그 상황에서 벗어날 수 있습니다.

아이에게 그저 약을 던져 주고 할 일을 다했다고 생각하지 마십시오. 의사들이 약을 처방해 주면 항상 꼼꼼하게 질문을 하십시오. 어떤 항우울제는 특별히 중독성이 있지 않습니다. 어떤 것들은 중독성이 있습니다. 나는 중독성이 있는 항우울제를 복용했고, 약을 중단하려고 했을 때 전혀 제 기능을 할 수 없게 되어서야 그 사실을 알게 되었습니다.

우울증은 보통 무력감에서 온다는 것을 기억하십시오. 여러분의 딸이 자신의 내면에서 더 큰 힘을 느낄수록 더 기분이 나아질 것입니다.

CHAPTER

17

분노성 멜트다운

스펙트럼에 속한 남성과 여성 모두 분노성 멜트다운을 겪는다. 현대 사회에서 폭력은 과거만큼 용납되지 않지만, 아직도 우리의 집단의식의 일부분은 욱하는 성질을 남성성의 일반적인 부분이라고 본다. 격노하는 여성은 그저 정서 불안, 미친 사람…사이코로 간주된다. 만일 사람들 앞에서 그런 일이 일어난다면, 사람들은 분명히 그녀가 정신적 문제를 가지고 있다고 생각할 것이다. 무발화이거나 명백히 장애가 드러나지 않는 한 자폐증이 근본적 원인일 수 있다고는 생각조차 하지 않을 것이다.

사람들은 자기 충동을 조절하지 못하는 여성을 장애를 가진 것이 아니라 반항적이거나 호들갑을 떠는 사람으로 봅니다. 즉, 행동 문제가 있거나 훈육을 제대로 못 받아 그렇다고 보는 것이죠.
_스텔라

나는 다른 사람들의 분노성 멜트다운을 보아 왔고 그들의 반응이 상황에 대해 과장된 것이라고 생각했다. 그렇지만 나 자신의 분노발작은 언제나 타당해 보였다. 나는 다른 사람들도 스스로에 관해 그렇게 생각했을 것이라고 확신한다. 왜 우리는 그런 행동을 할까? 왜 스스로 멈추지 못할까? 그건 우리가 아침에 일어나서 "내가 오늘 멜트다운을 일으킬 것 같아요"라고 말할 수 있는 종류의 것이 아니라 그냥 일어나는 것이다. 우리의 분노를 폭발시키는 것은 감각적, 사회적, 정서적 경험이 결합된 복합적 요소일 수 있다. 예를 들면 사람 많고 시끄러운 음악이 있는 파티에 가는 것이나 불친절한 판매원이 상대하는 소란스러운 가게에서 불량품을 교환하려고 하는 복잡한 경험이다.

생활 방식이나 일과의 갑작스러운 변화도 힘들 수 있다. 가령 이사를 하거나, 휴가가 시작되거나, 새로운 직장이나 인간관계를 시작할 때이다. 이러한 멜트다운은 분노의 분출이며, 그 분노를 한 꺼풀만 살짝 벗겨 내면 그 아래에는 고통이 있다. 종종 전투적이고 좌절 속에 쌓여 형성되는 고통 말이다.

불안감에 휩싸이고 몸에 이상한 감각을 느끼는데 그게 하루 종일 쌓이다가 갑자기 폭발합니다. 인정하기는 싫지만 이런 멜트다운은 어린아이가 장난감 가게에서 갖고 싶은 장난감을 안 사 준다고 일으키는 분노발작과 상당히 비슷합니다. _브랜디 분노성 멜트다운이 일어나려고 할 때, 그 느낌은 보통 우울성 멜트다운이 일어나기 전만큼 무겁지 않다. 그것은 극도의 긴장, 짜릿한 전류에 가깝다. 나의 경우 분노, 불안, 때때로 어지러움을 느낀다. 또한 숨을 제대로 쉴 수가 없다. 멜트다운 때 말을 할 수 있다면 빈정거리고 경멸하는 말을 할지도 모른다. 멜트다운 직전까지 그것이 일어날 것을 알 수조차 없을 것이다. 그러면 내 머릿속에 구름이 모이고, 상대방은 내 눈을 보면 알 수 있을 것이다 – 허리케인 루디가 임박했다. 그것은 매우 갑자기 일어나며 나는 거의 또는 완전히 통제 불능이 될 것이다. 분노성 멜트다운이 일어나면 사람들 앞에서 울고, 격분하고, 소리지르고, 욕을 하고, 포악해질 수 있다. 우리는 나중에 그것이 본의가 아니었다느니 이러쿵저러쿵 말할지도 모르지만 그 당시에는 사실인 것처럼 보인다. 우리가 들고일어날 때, 억눌린 분노와 불만이 마침내 배출구를 찾았을 때 우리는 무서운 존재가 될 수 있다. 파괴적이고 혼란스럽다. 나는 언젠가 '벨벳'이라는 노래 가사를 썼다.

나 엄청 무서운 여자야, 캐리 화이트라 불러 줘, 여자가 한을 품으면 오뉴월에도 서리가 내린다고 들어 봤겠지.

이 부분은 스티븐 킹의 소설에서 분노의 힘만으로 파괴할 수 있는 여성 등장인물로부터 어떻게 나 자신을 떠올렸는지, 그리고 나의 멜트다운에 바탕을 두고 있다.

우리는 정서적으로 아이처럼 원초적이다. 그리고 "부당해"라며 우는 아이처럼 분노성 멜트다운을 유발할 수 있는 많은 요소들 가운데 하나는 자신이 부당하게 이용되고 있나는 느낌이다.

대학에서 수업 사이의 쉬는 시간에 나는 진 러미(카드 게임)에서 속임수를 쓰는 친구를 잡아냈습니다. 게임은 심각하지도 않았고 그저 시간을 보내기 위한 것이었죠. 나는 폭력적인 멜트다운이 일어나 그에게 주먹을 날리고는 기절했습니다. 거기 있던 다른 친구들이 말하기로는 그는 결코 똑같이 주먹질을 하거나 자신을 방어하려고 하지 않았고 그저 망연자실해 있었다고 합니다. 나는 멜트다운은 기억하지만 싸움은 기억에 없습니다. 깨어나자 응급구조사가 나를 지켜보고 서 있었습니다. _데임 케브

불의 또한 우리의 분노에 불을 지필 수 있다. 다른 사람들이 이용당하고 있다고 느낄 때이다. 나는 어렸을 때 클린트 이스트우드와 찰스 브론슨의 영화처럼 악을 응징하는 영화를 좋아했는데, 범죄자들이 물건을 훔쳐 달아나는 것을 보기 싫었기 때문이다(그 후 업보에 대해 배웠는데, 그렇지 않았으면 아마 지금쯤 판초와 쌍절곤을 뿜내고 있을 것이다). 14살 때 나는 내 친구의 아버지가 그 아이와 강압적으로 섹스를 한다는 것을 알았다. 나는 그 아이를 우리집에 숨기려고 했지만 그가 뒤쫓아왔고 나는 확 돌아 버렸다. 그를 죽이고 싶었지만 그 대신 그의 차를 맨주먹으로 때리며 화풀이했다. 나는 아픔을 느끼지 못했지만 나중에 보니 차가 곳곳이 우그러져 있었다.

우리는 배가 고플 때 더 멜트다운을 일으키기 쉽다. 유명한 예로 슈퍼마켓의 어린아이들을 떠올리면 된다. 너무 많은 물건들, 조명, 지나가는 사람들, 음악, 수다…그리고 그 모든 음식. 레스토랑은

멜트다운이 예상되는 또 다른 환경이다.

나는 끼니때를 한참 지나면 멜트다운이 올 수 있습니다. 언젠가 배가 고팠을 때 내 앞에 줄 서 있는 사람들에게 "×× 빨리 움직이지 않으면 머리에 돌을 던지겠다"고 위협했어요. _엘피니아

나는 타코 전문 식당에 갔는데 아보카도 토스타다(토르티야를 튀긴 것 – 옮긴이)를 원했으나 식당 측은 그 메뉴를 만들지 않는다는 것이었습니다. 채식주의자라서 거기에서 먹을 수 있는 것이 없으니 짜증이 났지요. 나는 모든 사람들 앞에서 울기 시작했고 결국 하루 종일 정말 토할 것 같고 처참한 기분이었습니다. 실제로 토하기도 했습니다. 멜트다운을 겪고 나면 자주 토하곤 합니다. _올리브

우리가 억울하게 누명을 썼을 때 멜트다운을 겪으면 위험하고 미친 사람처럼 보이게 되고 그저 우리에 대한 남들의 부정적인 의견만 강화시킬 뿐이다.

약 1년 전에 아들이 YMCA 어린이 워크숍에 참가하고 있었는데, 거기서 어떤 상담사가 내가 아들에게 신체적 학대를 하는 것이 아닌지 의심했습니다. 정서적 도움을 받으려고 아들을 데려간 곳에서 이런 의심을 받다니 너무 불쾌했습니다. 나는 억울한 혐의에 너무 화가 나서 이성을 잃었고, 말이 아주 거칠어지면서 직원들에게 폭언을 퍼부었습니다. 나는 기분 나쁘고 빈정대는

어조로 말을 했고 그것은 나에 대한 그들의 의심만 강화했을 뿐이었죠. 아동 보호 서비스에서 아들을 위탁 가정으로 데려갔고 나는 아들을 한 달 동안 보지 못했습니다. 내가 했던 행동이 경찰과 법원의 개입을 가져올 줄은 알지도 못했습니다. _앤 마리

혐의가 터무니없을수록 분노성 멜트다운은 더 과격하게 나타난다. 불행하게도 분노는 그저 우리에게 원인이 있는 것처럼 보이게 할 뿐이고, 아스퍼거 증후군을 이해하지 못하는 사람에게 우리가 유죄인 것처럼 보이게 한다.

남들이 사기치는 것도 원인이 될 수 있다. 사라고 권할 때 약속했던 물건과 운송된 물건이 다른 것, 손님이 돈을 안 내려고 하는 것, 물건을 빌려간 사람들이 돌려주지 않는 것 등이다.

최근에 겪은 최악의 분노성 멜트다운은 정원 일을 위해 나를 고용했던 어떤 여성에 대해서였어요. 그녀는 우리가 합의했던 금액의 절반만 지불하기로 결정했지만, 잠자코 있다가 내가 뜨거운 태양 아래서 몇 시간이나 땀을 흘리며 일한 뒤에야 그것을 말했습니다. 나는 그 부당함에 대해 아기처럼 소리 지르고 울부짖었습니다. 이웃 사람들 절반이 들었을 테죠. _탠디

사회적, 감각적 과부하도 원인이다.

사람들이 어리석거나 짜증나게 할 때 또는 너무 많은 사람들이 날 둘러싸고 있어서 그 자리를 떠날 수 없는 상황일 때 분노발작

이 일어납니다. 최근에 겪은 가장 심했던 분노발작은 직장에서 회의 중에 일어났습니다. 이 사건에 관해 도서관장이 나와 특별 면담을 가졌지요. 이럴 때 나는 상당히 무서운 사람이 되고 나를 막을 수 있는 방법이 없습니다. _시브

분노성 멜트다운은 어린아이 같은 행동일 수 있지만 만일 당신이 18세라면 법적으로 성인이며 성인답게 행동해야 한다.

일꾼들이 오가고, 쿵쾅거리며 돌아다니고, 강렬한 페인트 냄새가 코를 찌릅니다 – 이 모든 변화, 이 모든 자극, 그리고 내 통제하에 있는 것은 아무것도 없습니다. 나는 무력함을 느끼고 예민해져 있었습니다. 생각을 하지 않고 그냥 아빠 얼굴을 쳤습니다. 그러자 내 남자친구가 경찰을 불렀죠. 경찰들이 문을 걷어차 열더니 현관 입구에서 나를 바닥에 넘어뜨렸습니다. 나는 공황 상태에 빠졌고 머릿속의 소리와 감각들이 정체되어 채널 사이의 라디오 다이얼처럼 제자리를 찾으려고 애를 썼습니다. 때리지 말고 말로 해야지. 안 그러면 경찰들이 나를 이해 못 할 거야. 왜? 왜 멈추질 못하는 거야? 계속 이렇게 자문했습니다. 그것은 수치, 두려움, 불안, 고통이었죠. 나는 정신과 시설로 연행되었고 해가 없다고 판단되어 풀려났습니다. 아무도 나에게 신체적이든 다른 방법으로든 폭력은 안 된다고 말할 필요는 없습니다. 나도 아스퍼거 증후군이 내가 한 행동을 면책해 주는 해결책이 아니라는 것을 알아요. _스텔라

멜트다운은 접촉으로 촉발될 수 있다. 가령 치과 의사의 접촉 같은 고통스러운 접촉도 그렇지만 미용사, 마사지 치료사, 네일 관리사처럼 우리를 보살펴 준다고 여겨지는 사람들의 접촉조차도 그렇다.

혼란도 원인이 될 수 있다. 패닉 또는 극도의 두려움도 마찬가지다. 나는 최근 공항에서 보안 게이트에 지갑을 두고 왔다. 정서 지원견 두 마리를 데리고 노트북을 가지고 나섰으니 여행이 수월하지 않았다. 정신이 없어서 휴대용 가방을 통과시키는 보안 검색대 위에 지갑을 놓고 나왔다. 비행기에 타자 지갑을 확인하고는 공황 상태에 빠져서 가방에서 물건들을 꺼내 좌석에 던졌다. 나는 다른 사람들과의 신체적 경계를 거의 고려하지 않고 사람들을 밀치고 나아갔다. 공항 보안과 비행기 밖으로 쫓겨나는 것에 대한 두려움 때문에 완전히 멜트다운을 일으키지는 않았다. 지갑이 발견되어 나에게 돌아오고 비행을 위해 착석하고 나자 나는 내 옆자리 승객에게 그 상황을 지켜보는 것이 어땠냐고 물었다.

당신에게 무슨 문제가 있는 것 같긴 했지만 그게 무엇인지는 모르겠더군요. 당신은 온 사방을 돌아다녔고 눈은 뭐에 홀린 것 같았어요. 당신과 이야기를 하려고 말을 걸어 보려 했지만 당신은 그저 계속 "내 지갑이 있어야 되는데"라고 되풀이했습니다. 무력감을 느꼈어요. _옆자리 승객, 낸시

'무력감'은 확실히 다른 사람들이 멜트다운을 목격할 때 가지게 되는 느낌이다. 그 상황에 연관되거나 비행기를 타고 있는 것이 아니라면 그냥 지나가면 된다. 그러나 당신이 누군가와 함께 살고 있

고 지속적으로 상대해야 한다면 멜트다운은 반드시 당신과 그 사람과의 관계, 그리고 그 사람 자신의 정신 건강에 영향을 미치게 되어 있다.

일단 그녀가 멜트다운을 일으키기 시작하면 나는 무력감을 느낍니다. 내가 별로 위로가 되지 못합니다. 그것이 무섭습니다. 그녀는 어떤 종류의 조언도 더 이상 받아들이지 않습니다. 내 말이 마치 백색 소음과 같은 것이죠. 그건 당신을 덮쳐오는 파도에 영향을 주려고 애쓰는 것과 같습니다. 어떻게 하겠습니까? 파도에 계속 얻어맞는 것을 피하려고 잠수를 하고 나서는 그저 다가올 것에 대비해야지요. 그래도 도와주고는 싶지만 폭풍이 지나가기를 기다려야 합니다. 그 뒤에는 진이 빠집니다. _저자의 파트너, 마이크

🧩 아스퍼걸에게 드리는 조언

아스퍼거 증후군을 가진 사람이 멜트다운을 피할 수 있는 방법을 알아내는 날은 노벨상을 받는 날입니다. 하지만 멜트다운이 피할 수 없는 것이라고 여기지는 맙시다. 여러분이 다른 일들에 대해 그러하듯이 자신의 멜트다운에 대해서도 과학적인 태도를 가지세요. 원인과 해결책을 생각합시다. 자신의 촉발 기제가 무엇인지 알고 목록을 만드십시오. 그것을 자주 참고하고 새로운 촉발 기제를 발견하면 목록에 추가하십시오. 이 정보를 파트너나 부모님과 공

유하세요.

쇼핑을 하면 우리는 불안정한 상태에 처하게 됩니다. 언제나 간식거리와 물을 챙기고, 충분히 휴식을 취하고, 하루에 너무 많은 가게를 살펴보려고 하지 마십시오. 새로 생긴 슈퍼마켓이 어떤지 보러 간다면 한 번에 몇 군데만 살펴보고 첫 쇼핑에 일주일치 품목을 사려고 하지 마세요. 그리고 배고픈 상태가 되지 마세요!

나와 이야기를 나눈 몇몇 아스퍼걸은 생리 전 증후군을 겪은 적이 없다고 했지만 다른 사람들은 한 달에 한 번 분노의 메두사로 변한다고 합니다. 생리 전 증후군은 우울성 혹은 분노성 멜트다운을 일으키기 쉽게 합니다. 건강 식단이 도움이 됩니다. 당분과 염분이 많이 든 음식을 피하고 술을 너무 많이 마시지 마십시오. 생리 전 증후군의 증상 완화를 돕는 달맞이꽃과 같은 종합 보충제도 있습니다. 생리를 조절하는 동안 피임약은 가뜩이나 예민한 아스퍼걸을 더욱 괴롭게 할 수 있기 때문에 피임약을 복용하기로 결정했다면 자신의 마음 상태를 잘 살펴보십시오. 만일 심각하게 우울하고 기분이 저조하게 느껴지기 시작했다면 피임약 때문일 수 있습니다. 대안으로 저용량 피임약을 찾아서 효과가 있는지 살펴보거나 좋은 산부인과 의사와 상담하세요. 우리는 호르몬의 영향을 매우 많이 받으며, 우리 마음 상태는 화학 물질들이 초래합니다. 여러분의 감정이 디즈니월드 규모로 널을 뛰지 않도록 자신의 기분을 조절하는 데 최선을 다하세요.

멜트다운에 영향받는 것은 당신 혼자만이 아니라는 것을 명심하십시오. 멜트다운은 우리들에게도 지옥과 같지만 또한 우리 주변 사람들에게도 정말 힘든 일입니다. 가족들과 심지어 낯선 사람들까지도 멜트다운을 보면 속상하고 충격받을 수 있습니다. 우리는 그것을 겪을 때 자신이 완전히 혼자인 것처럼 느끼지만, 그렇지 않습니다. 특히 아이들이 그것에 영향을 받습니다. 사실은 익숙해지지 않는데 "그 일에 익숙한" 듯이 보인다는 바로 그 점이야말로 멜트다운이 분명히 아이들에게 영향을 미친다는 것입니다. 가능한 한 아이들과 대화를 하고 멜트다운이 무엇인지, 왜 일어나는지 설명을 해 주십시오. 주위 사람들은 멜트다운이 자폐증으로 인한 것이며 자신들의 행동과는 상관이 없다는 것을 알게 되면 죄책감이나 자신이 연관되어 있다는 느낌이 덜어질 것입니다.

그들을 위해서 또한 여러분 자신을 위해 여러분이 해야 할 일을 하십시오. 만일 항우울제가 도움이 된다면 복용하십시오. 어떤 여성들은 인터넷 게시판, 알코올 중독자 가족과 친구 모임에 참여하고, 어떤 여성들은 상담사에게 갑니다. 여러분 자신의 정신 건강과 여러분이 사랑하는 사람들의 정신 건강을 지키기 위해 필요한 일을 하십시오.

부모님에게 드리는 조언

여러분의 딸이 나이가 많든 적든, 슈퍼마켓이나 대형 상점에서 분노발작을 일으킨다면 감각 과부하 상태입니다. 음악 소리, 행인들, 떠드는 소리로 그녀의 머릿속에 처리해야 할 정보가 너무 많은 상태입니다. 딸을 새로운 가게에 처음 데려갈 때는 두 군데 코너만 돌 예정이라고 알려 주십시오. 그 코너에서 딸이 가장 좋아하는 음식이 있는 곳을 찾게 하십시오. 그곳이 표지가 되어 다음에 갈 때는 그 코너에서 그녀가 좀더 편안함을 느낄 것입니다. 그녀는 이미 그곳을 접수하고 승리감으로 땅콩 버터통을 움켜쥘 수도 있습니다. 다음에 갈 때는 코너 두 군데를 더 추가하십시오. 이 방법은 큰 상점에서 할 경우 소용이 없으니 그럴 때는 하지 마세요. 딸에게 요령을 가르쳐 줄 시간적 여유가 있을 때 하십시오. 아이가 아주 어리다면, 가게의 강한 조명으로 인한 눈부심을 막아 줄 멋진 선글라스를 주고 아이가 좋아하는 부드러운 장난감을 가져가십시오.

만일 여러분의 딸이 여러분을 향해 분노발작을 일으킨다면 물론 감각 문제라든가 배고픔, 기타 등등의 원인을 찾아보겠지요. 그런 다음에 여러분 스스로가 아이를 속상하게 하고 있는 것이 무엇인지 자문해 보십시오. 아이를 비난하거나 화를 부추기고 있지는 않나요? 아이가 하지 않았다고 하는 일로 꾸중을 하면서 있는 그대로의 자신에 대해 죄책감을 느끼게 만들고 있지 않습니까? 뒤로 물러나서 언제나 여러분의 딸에게 긍정적인 강화를 사용해야 한다는 것을 기억하십시오. 물론 나는 여러분이 아이의 변덕에 맞추고 아이가 분노발작으로 여러분을 조종하도록 내버려두라고 하는 것이 아닙니다. 그녀는 성질을 부리는 데 따른 결과가 있다는 것을 배워야 하며, 분노발작을 일으킬 때 여러분이 그녀의 특권을 빼앗는다면 그것을 깨닫게 될 것입니다. 그러나 이것은 아이가 어릴 때 시작해야 합니다. 스폰지밥 시리즈를 안 보여 준다고 해도 그녀가 20대라면 별로 위협이 되지 않거든요. 그리고 아이가 어리면 좀더 수용적이고 성격이 아직 형성되어 가는 중이기 때문입니다.

언젠가 어떤 영국 할머니가 "예의는 사회를 부드럽게 돌아가게 하는 기름칠이지요"라고 말하는 것을 들었습니다. 자폐적이든 아니든 누구에게나 그것은 금과옥조이지만 특히 그 표현의 시각적인 면이 우리에게는 이해하기에 좋습니다.

우울성 멜트다운과 상동 행동이 그러하듯, 그녀가 필요로 할 때 에너지를 발산하는 것과 진정시켜 주는 조용한 환경이 필수적입니다. 약물은 마지막 수단입니다.

인연 끊기

나는 쉽게 인연을 끊는다. 이것은 진단을 받지 못하고 아스퍼거 증후군인 줄 모르고 지냈던 데에 따른 부작용이다. 직업에서, 혹은 친구와의 관계에서, 도시나 심지어 나라와 관련해서도 일이 잘 풀리지 않을 때 나는 떠나곤 했다. 앞서 말했듯이 한동안 나는 내가 아니라 이 세상이 잘못된 거라는 사고방식이 형성되었고, 그로 인해 문제 상황에서 떠나기 쉬웠을 뿐만 아니라 반드시 떠나야만 하게 되었다. 이것이 항상 나쁜 것은 아니다. 어떤 장소와 사람들은 당신에게 좋지 않다. 다른 환경은 마음과 정신을 좀더 발전적이고 건강하게 한다. 그러나 당신이 지구를 두 번 일주하고 중년이 되었는데 아직도 인연 끊기를 계속하고 있다면 아마도 이제는 상황을 점검하고 사리 분별을 해야 할 때이다. 자신이 아스퍼거 증후군이라는 것을 알게 되고 나서는 무작정 다 끊고 떠나기보다 내 주장을 고수하며 상황에 대처하게 되었지만 물론 그것도 좋지는 않다. 지켜야 할 것과 정리해야 할 것을 계속 배워야 한다.

인연을 끊고 새 출발을 하는 것은 내 인생에서 너무나 뚜렷한 특징이어서 나는 다른 아스퍼걸도 마찬가지인지 물어봐야겠다고 생각했다. 그러자 한 명을 제외하고 모두가 나와 같은 특징이 있다고 했다.

상황이 너무 안 좋아지면 나는 더 이상 견딜 수 없게 되어 그때까지의 모든 인연을 다 끊어 버리고 떠납니다. 그런 이유로 불사조가 나의 상징입니다. 모든 것을 태워 버리고 잿더미 속에서 일어섭니다. _브램블

이것은 정신 장애 진단 및 통계 편람(DSM) 기준에서 '동료 관계 형성 장애'라는 단어 속에 교묘하게 숨겨진 의미로 나타난다. 즉 우리는 동료 관계를 짧은 기간 동안 형성하지만, 그런 다음에 팽개쳐 버린다.

인연을 다 끊어 버릴 때 복수를 하는 것 같은 느낌이 들어요. "나 없이 아주 혼쭐나 보라지. 내가 하는 것들이 당연한 줄 알았지. 얼마나 도움이 된 줄도 모르고." _앤 마리

인연을 끊는 것은 일종의 정신적 방화 습관과 같다. 우리는 누군가에게, 또는 무엇인가에 분노하고, 우리에게 그들이 더 이상 필요

없다는 것을 그들에게 알리고 싶어한다. 모든 것을 불태워 버릴 때, 우리는 우리의 삶을 지배하는 것은 바로 자신이라고 말하고 있는 것이다. 이것의 문제점은 보통 충동적으로 일어난다는 것이다. 우리가 좀더 마음을 가라앉히고 생각할 때, 어쨌든 지금도 그 가게에서 쇼핑을 하고 싶거나 여전히 그 친구를 만나고 싶거나 그 일자리가 필요하다는 것을 깨닫는다. 방화 습관처럼 그 순간에는 기분이 좋고 힘이 솟구치지만 보통 되돌릴 수 없게 파괴적이다.

인연 끊기는 종종 우울성 멜트다운이 원인이다. 도무지 구름이 걷히질 않으니 우리는 새로운 지평, 연극을 펼칠 새로운 무대를 찾는다.

나는 우울해지고, 기분이 매우 가라앉아 모든 것과 모든 사람들을 내몰아 버립니다. 내 인생, 나 자신, 내 주위 사람들이 다 싫어요. 가능한 한 내 주위의 많은 것들을 바꿈으로써 거기서 도망칩니다. 직장을 그만두고, 인간관계를 끊고, 집을 팔고, 기타 등등으로요. _샘

그것은 종종 멜트다운의 최종 결과이다. 우리는 특정 장소, 사람, 또는 일에 매우 분노해서 그들을 다시는 상대하지 않기로 결심한다. 때로는 분노성 멜트다운 이후에 상대를 안 하는 것이 아니라 못 한다. 우리가 명백히 그들로부터 쫓겨났거나 너무 창피해서 그 환경에 다시 직면할 수가 없기 때문이다. 인연을 끊는 것은 많은 동일한 일들로 인해 촉발되며, 제대로 이해받지 못하는 경험이 누적되다가 마지막 결정타가 촉발 기제가 된다. 우리를 이해해 주지 않

고 당연한 듯 부리는 사람들, 우리가 마땅히 받아야 한다고 생각하는 사랑과 감사를 표시하지 않는 사람들에게 넌더리가 나고 지치는 것이다. 우리는 다른 사람들처럼 쉽게 실수에서 교훈을 얻지 못하는데, 부분적으로는 기억에 문제가 있기 때문이다. 우리는 종종 누군가에게 화가 났던 이유를 기억하지 못할 수도 있다. 그 일이 반복해서 일어날 때까지 용서하고 잊어버릴 수도 있다. 계속 스스로를 보호하는 대신, 우리는 상처받기 쉬운 상태로 남아 있다가 마지막으로 한 번 폭발을 하고 관계를 싹 잘라 낸다.

만일 어떤 환경이 싫으면 그냥 자리를 떠나서 피하고 다시는 돌아보지 않는 것이 훨씬 쉽지요. 보통은 그렇게 하면 안심이 되지만, 그리고 나서 만일 내가 누군가를 피하는 중이라면 그들과 마주칠까 봐 걱정해야 하고 그래서 스트레스도 더 늘어날 수 있습니다. 나는 정말 기억력이 나빠서 시간이 어느 정도 지나면, 피했던 누군가와 마주쳐도 그냥 아무 일도 없었던 것과 같아요. _니키

인연을 끊는 것은 가족 생활에 영향을 미친다. 즉 우리는 남편이나 부모, 형제자매, 우리를 실망시킨 친구들, 우리를 이용해 왔다는 느낌이 드는 사람들을 떠날지도 모른다. 이런 느낌으로 인해 우리는 폭발한다.

그런 일이 꽤 많이 일어나는 것 같아요. 대부분 서로 공감을 나눌 수 없을 때입니다. _데임 케브

인연을 끊는 것은 불의로 인해 유발되기도 한다. 즉 우리는 자신이 강하게 견지하는 윤리와 관점에 어긋나는 그 어떤 이념이나 단체, 또는 인물도 후원하거나 지지하고 싶어하지 않는다. 인연을 끊는 것은 고용에도 영향을 미친다. 우리는 직장에서 나쁜 일을 겪고는 자주, 특히 젊을 때는 예고도 없이 갑자기 직장을 그만두곤 한다.

나는 정말 인연 끊기 상습범이에요! 최근의 몇 군데 직장에서 그만두기 2주 전에 통보는 할 수도 있었을 것입니다. 하지만 나는 알리지도 않고 그만두었고 그래서 다음 직장을 구하기가 너무 힘들었어요. _엘피니아

내 인생에서 일어났던 일들이 반복해서 되풀이되는 것을 보아온 어느 정도의 연령대에 도달한 사람으로서, 달리 더 나은 문장이 떠오르지 않지만 인연을 끊는 것은 악업이다. 내가 과거의 장소나 요소에 연결된 다리를 폭파해도 그저 거기서 조금 아래 쪽에 있는 비슷한 마을을 또 마주치게 될 뿐이다. 날씨나 언어는 다를지 몰라도 이야기는 매우 비슷하게 흘러가곤 한다.

아스퍼거 증후군 상담가로서 나는 자신의 인생 경험에 지친 아스퍼거인들이 그것을 순전히 남 탓으로 돌리는 것을 자주 듣는다. 그들은 직장, 사는 동네, 기타 등등을 바꿈으로써 자신의 운을 바꿀 수 있다고 생각한다. 때로는 그럴 수도 있을 것이다. 여러분은 언제나 이상적인 환경을 찾아내야 하지만, 동시에 성급하게 억울해하며 떠난다면 역사는 되풀이된다는 것이 여러분에게도 해당된다고 경고하겠다. 어떤 환경을 떠날 때는 잘 생각해서 최대한 정중하

게 떠나야 한다. 업보를 믿지 않는 사람일지라도 적어도 보증 서류와 추천서는 믿을 것이 틀림없다. 앞서 말한 식으로 부정적으로 행동한다면 어떤 서류도 얻을 수 없다. 또한 당신의 평판에도 영향을 줄 것이며, 사람들이 당신을 믿고 우정을 나누기 힘들게 될 수 있다.

인연을 끊는 것은 우리들 대부분이 가진 또 하나의 장기인 선제 공격과 밀접하게 관련되어 있다. 해고되기 전에 그만두기, 차이기 전에 차기, 일을 망치기 전에 떠나기 같은 것들이다. 우리는 사전에 곤란을 감지하는 경향을 키워 간다. 지진이 일어나려고 할 때 고양이들이 느끼듯이, 겨울이 다가오는 것을 새들이 알듯이, 우리는 어떤 조짐을 읽는 법을 익힌다. 냉소적인 사람들은 그것을 스스로 그렇게 될 거라고 예상하면 그렇게 이루어지는 자기 충족 예언이라고 할지도 모르겠다.

때로는 멜트다운이 특히 지독할 때 우리는 자기자신을 향해 다 끊고 불살라 버린다. 나는 아스퍼거인 여성이 남성에 비해 좀더 신체적 분노발작을 일으키기 쉬운 경향이 있다는 것을 읽은 적이 있다. 관찰과 인터뷰에 근거해서 이것이 사실일 수도 있다고 말하겠다. 또한 남성들도 앞서 말한 것 같이 우리처럼 쉽게 인연을 끊는지는 완전히 확신할 수 없다. 그들이 자주 그럴 것이라고는 생각하지 않는다. 스스로의 경험에 비추어 그것은 때때로 생리 전 증후군과 일치하며 둘 사이의 연관성을 깨닫기에 충분하다. 우리 몸이 집을 청소하듯, 우리 정신도 그렇다. 생리 전 증후군을 겪을 때 우리는 평소보다 기분파가 되고, 꼭 본심이 아니라고는 할 수 없지만 평소라면 하지 않을 이야기를 하게 된다.

비유하자면 내 개인적 생활 속에서 잡동사니를 처리하고 줄이기 위해 집을 자주 청소해야 합니다. _아네모네

나는 또한 이렇게 스스로 변화를 주도하는 경향으로 인해 의사들이 아스퍼거 증후군을 감지하지 못할 수도 있다고 믿는다. 우리는 보통 변화를 좋아하지 않는다. 예를 들면 우리는 슈퍼마켓이 철거되고 새로운 가게가 생기는 것을 싫어하는데, 새로운 곳에 어떤 촉발 기제가 도사리고 있을지 새로 분석하고 새로 배워야 하기 때문이다. 반면, 슈퍼마켓과 인연을 끊는 것은 우리가 제어할 수 있는 것이다. 그것은 우리에게 그 가게가 전혀 필요 없다는 우리 식의 표현이다. 물론 때로는 우리가 옳지 않고 나중에 후회할 수도 있다.

내 인생은 인연 끊기의 연속입니다. 당시에는 내가 옳고 자신이 믿는 것을 지지하고 있는 것처럼 느껴집니다. 그런 일이 자주 있습니다. 하지만 지난 10년 동안 자신의 사고방식이 매우 흑백 논리일 수 있다는 것을 배웠습니다. _카밀라

🖐 아스퍼걸에게 드리는 조언

가끔, 특히 멜트다운의 고통 속에 있을 때 우리는 자신의 것 이외에 다른 어떤 관점도 볼 수 없으며, 이 사실이 내가 우리의 렌즈에 관해 말하고자 해 왔던 것을 반영해 줍니다. 이것은 종종 우리가 그 순간에 사물을 보는 방식에 관한 것이지 우리가 보는 대상에 관

한 것이 아닙니다. 이제 나는 아스퍼거 증후군을 가진 사람으로서 여러분이 아마도 험담의 대상이 되고, 괴롭힘당하고, 이용당해 왔으며, 그것이 쌓이고 쌓여서 마침내 증기가 뿜어져 나오듯이 분출구를 찾았다는 것을 압니다. 그렇기 때문에 인생을 살아가면서 요령 있게 힘주어 스스로를 옹호하는 법을 배우는 것이 매우 중요한 것입니다. 여러분의 인생에서 마주칠 대부분의 사람들과 환경은 혼합된 속성을 지니고 있을 것이며, 앞서 서술했듯이 그런 사람들과 환경으로부터 보다 높은 특질에 공명하고 그것을 이끌어 내는 것이 중요합니다. 우리는 시야가 좁아서 못 보고 놓치는 것들이 있고, 기억 정보 처리 능력이 좋지 않습니다. 우리가 진저리를 칠 때까지 사람들은 계속 되풀이해서 우리를 속이고 상처 줄 수 있습니다. 환멸을 피하고 간과하는 것이 없도록 여러분이 시도할 수 있는 한 가지 요령은 매번 사람을 만날 때마다 스스로에게 상기시켜야 할 특징 목록을 준비하는 것입니다. 예를 들면, "이 사람은 샐리, 내 직장 동료이다. 그녀는 좋은 사람이지만 항상 진실을 말하는 것은 아니다. 그러므로, 그녀가 말하는 것을 다 믿지는 말 것." 그런 식으로 여러분은 경계를 늦추지 않게 되고, 따라서 그녀가 여러분에게 여러 번 거짓말을 하고 여러분이 뒤늦게 그 사실을 알게 되어도 충격받거나 몸서리치지 않게 될 것입니다.

장소에 대해서도 마찬가지 방법을 적용할 수 있습니다. "이것은 베스트 바이(Best Buy)이다. 크고 시끄러운 상점이다. 여기 가기 전에는 뭘 좀 먹어 두고 물, 귀마개, 선글라스 또는 챙이 있는 모자를 가져가야 한다. 어떤 판매원들은 잘 도와주고, 어떤 사람들은 그렇지 않다. 차분함을 유지하고 기꺼이 나를 도와줄 듯한 사람들하고만 이야기할 것."

여러분이 어떤 환경을 떠난다면 사람, 일자리, 기타 등등과 관련하여 가능한 좋게 떠나는 것이 중요하며 그렇게 함으로써 양심에 가책을 느낄 것이 없고, 새 출발이 생기 있게 되고, 여러분을 예전 상황으로 다시 끌어들이는 어떠한 책임이나 연루도 없을 것입니다.

3R, 즉 참고 서류, 추천서, 평판(references, recommendations, reputation)을 기억하세요. 살면서 어느 순간에 여러분이 원하는 것을 얻으려면 오점 없는 이 세 가지 모두가 필요할 수 있습니다.

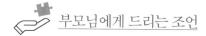 부모님에게 드리는 조언

자녀가 어떤 대상과의 인연을 끊으려고 한다는 경고 신호에 주의하세요. 주로 그런 조짐은 변명, 무관심, 비판, 불평들로 나타납니다. 만약 딸이 대학을 끝마치거나 직장을 계속 다니기 위해 약간의 격려가 필요하다면 방법을 찾아보십시오. 그저 아이와 함께 앉아서 고민이나 불만의 근원을 찾아내고 그것에 관해 할 수 있는 일이 있는지 알아보는 것이 더욱 가치 있을지도 모릅니다.

딸이 인연을 끊고 싶어하는 대상이 만일 여러분이라면 어떻게 할까요? 여러분은 그 이유를 자문하는 데서 출발해야 할 것입니다. 왜 여러분의 딸이 여러분을 두고 떠나려고 할까요? 무슨 그리 나쁜 짓을 했기에? 마이클 존 칼리의 책(2008)을 다시 인용하자면, 자신이 다른 사람들과 다르다는 것과 특수 교육 및 지원이 필요하다는 것을 부모가 알아주지 못했다는 이유로 우리들 다수가 부모에게

화를 내곤 합니다. 칼리는 우리가 부모님을 용서하는 것이 중요한데, 필시 그들이 나쁜 부모가 아니라 그저 평범한 사람들이고 그 시대에는 이해를 위한 준거틀이 없었기 때문이라고 말합니다. 딸에게 이것을 말해 주세요. 필요하다면 사과를 하세요.

아이들은 나이가 몇 살이든 그저 부모에게 사랑받기를 원합니다. 73세의 나이에 우리 엄마가, 전에는 내가 가면 TV 광고가 나올 때 나한테 소리를 질러 말했는데 이제는 TV의 소리를 끄기 시작했다는 것이 내게는 큰 의미가 있습니다. 만일 여러분과 여러분의 딸이 나와 우리 엄마보다 젊다면, 여러분에게 자신의 딸을 알기 위해 진정으로 노력을 기울이라고 제안하겠습니다. 아이가 좋아하는 것과 싫어하는 것, 아이가 여러분한테 원하는 것과 필요로 하는 것을 알아보세요. 서로에게서 멀어지는 것은 여러분과 자녀 모두에게 좋지 않습니다.

위장관 문제와 자폐증

위장관 문제와 자폐증

　대부분의 자폐증 특성 목록을 보면 '위장관 문제'를 발견하게 된다. 이것을 본 사람은 자폐증이 어떻게든 위장관 문제를 일으킨다고 믿게 된다. 하지만 세계에서 상위에 속하는 자폐증 연구자들과 의사들 대다수는 현재 그 인과 과정이 반대라고 믿는다. 즉 자폐증은 처음에 손상된 소화 시스템으로 야기되는데, 손상된 위장관은 환경과 음식에서 오는 독소를 혈류 속으로 들여보내 결정적인 단계에서 뇌 발달에 영향을 준다는 것이다. 유명한 자폐증 식이요법인 '글루텐 프리-카세인 프리'(GFCF: 곡류의 찰기를 만드는 단백질과 우유 단백질이 함유되지 않음 – 옮긴이)와 '특정 탄수화물 식이요법'(SCD) 또한 손상된 장관을 전제로 실시된다. '장 누수'(장 누수 증후군. 자극이나 손상으로 장의 방어벽이 약해지면서 일어나는 소화 불량, 설사 등 여러 병리적 증상을 일컫는다 - 옮긴이)는 우유와 밀(다른 몇 가지 곡류도 포함)에 들어 있는 성분을 제대로 처리하지 못하게 한다. 이런 성분들이 독소가 되어 뇌 발달과 기능을 저해한다.

《신체 생태 식단(*The Body Ecology Diet*, 2006)》의 저자 도나 게이츠(Donna Gates)와 《장과 심리 증후군(*Gut and Psychology Syndrome*, 2004)》의 저자인 나타샤 캠벨-맥브라이드(Natasha Campbell-McBride) 박사 둘 다 자폐증은 소화를 돕는 체내 세균총의 부족에서 비롯된다고 매우 설득력 있게 말한다. 좋지 않은 식습관(가공식품을 너무 많이 먹거나 발효 식품을 충분히 섭취하지 않는 것) 따위, 항생제 남용, 모유 수유를 하지 않는 것, 이러한 모든 것들이 여성의 세균총에 영향을 미치고 그 다음에는 그 세균총을 자녀에게 물려주게 된다고 한다.

만일 도나와 나타샤 같은 사람들의 주장이 옳다면 위장관 문제가 자폐증을 유발한다고 생각하는 것이 합당하다(위장관 문제가 자폐증을 유발하는지, 아니면 자폐증이 위장관 문제를 유발하는지, 그 인과 관계는 아직 과학적으로 입증되지 않았다 - 옮긴이). 다 그런 것은 아니지만 자폐증을 가진 사람들은 일종의 소화 장애를 겪곤 한다. 의사가 아니더라도 만성적인 과민성 대장 증후군(IBS)이나 속쓰림은 자각할 수 있다. 나는 우선 자신의 상황을 살펴보았다. 우리 어머니는 1950년대에 성년이 되었고 어머니의 식단은 그때부터 주로 가공식품과 통조림 식품인 원더 브레드(Wonder Bread), 캠벨 수프(Campbell's Soup), 그리고 다른 미국식 주요 식품들로 구성되었다. 어머니는 내가 어렸을 때 심한 출혈성 궤양을 앓았고, 나는 열두 살에 십이지장 궤양을 진단받았으며 그 후 계속 과민성 대장 증후군을 가지고 있다. 나는 그것이 심한 괴롭힘과 불안 때문이라고 추측했었다. 하지만 아마도 그 외에 다른 이유가 있을 것이다. 그래서 스펙트럼에 속하는 다른 여성들에게 물었다. 다른 책(2010)을 집필하기 위한 조사를 하면서 나는 10명 중에 9명은 그들이 인지하고 있는 문제를 가지고 있다는 것을 알았다. 이 책을 위한 조사에서는 2명을 제외한 모두에게 과민성 대장 증후군에서 궤양, 식품 알레르기에 이르기까지 본인이 자각하는 심각한 위장관 문제가 있었다. 다음은 아스퍼걸이 겪는 증상으로 소화와 직접 관련이 있거나 관련이 있을 수 있는 것들의 일부 목록이다.

만성 구역감, 경중에서 중증에 이르는 식품 알레르기(대부분 밀, 유제품), 편두통, 물방울 건선, 갑상선 기능 저하증, "가공식품을 먹으면 겪는 권태감과 몽롱함", 과민성 대장 증후군(IBS), 열공성 탈장(식도가 파열되어 그 틈으로 위의 일부분이 흉곽 안의 공간으로 돌출되는 것 – 옮긴이), 변비, 궤양, 속쓰림, 민감성 자극성 피부, 만성 피로 증후군, 섬유근통, 위 속의 음식물이 유리조각처럼 느껴짐, 장 누수 진단, 단 맛과 짠 맛에 대한 지나친 욕구, 식욕 상실, 음식에 대한 무관심.

이런 경험들 중 일부는 심한 고통을 동반하며 매일 일어났지만, 나 자신을 포함하여 아스퍼걸은 그 증상을 오랫동안 겪어서 그것을 어쩔 수 없는 현실로 받아들이게 되었다. 우리들 다수는 자신의 어머니에게도 위장관 문제가 있다는 것을 알고 있다. 이것으로는 아무것도 입증하지 못하긴 하지만, 자폐증이 장과 연결되어 있다는 이론을 적용시킬 수는 있다.

게이츠, 캠벨-맥브라이드 등은 자폐증의 원인과 더불어 치료법도 이미 나와 있다고 한다. 즉, 그것은 음식에 있다는 것이다. 그들이 장려하는 식단은 매우 제한적이다. 예를 들어 게이츠의 '신체 생태 식단'에는 '영 코코넛 케피르'(young coconut kefir: 코코넛 밀크로 만든 일종의 발효유이다 - 옮긴이)라는 것을 마시는 것도 포함되어 있다. 취향, 습관, 예산, 시간 등의 문제로 인해 우리들 대부분은 이런 식이요법이 효과가 있다는 명백한 증거가 있다고 해도 결코 시도하지 않을 것이며, 현재까지는 효과가 크게 입증되지 않았다.

그러나 만일 자폐증이 정말로 장에서부터 시작되는 것이라면, 장을 치료하면 자폐 증상이 개선되는 것을 볼 수 있을 터이다. 우리가 나이가 들면 뇌는 이미 성장이 다 된 상태이지만, 다른 신체 기관과 마찬가지로 여전히 우리가 몸 안에 받아들이는 것에 매우 많은 영향을 받는다. 이 일이 쉽지 않을 것이라는 것을 알았지만 나는 위장관의 건강 개선이 AS 증상을 개선시킬 수 있을지 보는 것을 목표로 해서 알아보고 싶었다. 하지만 직업도 있고, 아이도 있고, 대학 수업도 있는 바쁜 성인 아스퍼걸의 일과를 어떻게 방해하겠는가? 엄격한 식이요법보다 쉬운 방법은 없을까? 그저 우연히 세계에서 가장 강력한 항산화제라고 하는 암리트(Amrit)라는 제품에 관해 들었는데, 소화 장애에 아주 긍정적인 영향을 미친다는 주장이었다. 또한 그 제품은 정신·두뇌·신경 건강을 개선시키고, 활력과 내면을 강화시키며, 정신과 신체 기능의 조화를 향상시키는 등등의 효과를 주장했다. 모두 자폐증에 적절하고 유용해 보이는 것들이다. 제조 회사인 MAPI는 우리들 가운데 12인에게 두 달치

제품을 넉넉하게 무상으로 제공했다. 나는 위장관의 건강 상태, 기분·불안 정도, 멜트다운에 관해 일기를 쓰는 조건으로 그 보충제인 암리트 넥타와 암리트 암브로시아라는 제품을 여성들에게 주었다. 나는 또한 일부에게 2주 동안 먹은 음식을 기록하도록 부탁했고, 그들 중 아무도 '자폐증 친화적' 식이요법을 실시하고 있지 않다는 것을 알았다. 사실 그들의 기록을 보면 신선한 과일과 채소를 많이 섭취했지만, 또한 고염 식품, 고당 식품, 가공식품, 포장 식품도 섭취 목록의 상위에 있었다.

내가 발견한 흥미로운 사실은 암리트를 제공받은 몇몇 여성들이 자폐증이 치료될 수 있거나 소화 장애가 개선될 수 있다는 것을 믿지 않는다는 이유로, 또는 치료받기를 원치 않는다는 이유로 시도를 거부했다는 것이다. 게다가 최악의 증상, 즉 높은 불안도, 빈번하고 심각한 멜트다운, 걷잡을 수 없는 감각 문제를 가진 여성들이 가장 거부하는 경향이 높았다. 자신들의 신체나 일과 안에 어떤 새로운 것도 도입하고 싶지 않다는 이유에서였다.

나도 그 보충제를 복용했고, 나와 참여 여성들은 거의 바로 복용한 날부터 효과가 나타나는 것을 감지했다. 저녁이면 느끼던 저조한 기분에서 불안감이 주목할 정도로 사라졌다. 우리 중 몇 사람은 마치 항우울제를 복용했을 때처럼 약간 도취감을 느꼈다. 시작은 좋았지만 짧은 기간 내에 우리들 대부분은 소화 장애를 겪기 시작했는데 유리 조각으로 찌르는 듯한 통증과 변비에서 설사와 치질에 이르기까지 증상이 다양했다. 이 시점에서 참가 여성 두 명이 보충제를 버리거나 나에게 반납했다. 한 명은 더 이상 연락하지 않고 그만두었다.

자폐인들은 신체가 매우 예민하기 때문에 약과 보충제를 복용할 때는 저용량으로 할 필요가 있다. 일부는 종합 비타민제를 복용할 때조차 구역감을 느낀다. 남은 참가자들은 복용량을 절반 이하로 줄였다. 회사는 소화 장애를 완화시키기 위한 또 다른 천연 제품을 첨가해 주었고 이것은 효과가 있었다. 우리는 곧 부작용 없이 보충제를 복용할 수 있게 되었다. 테스트는 두 달간 진행되었다. 억지로 떠맡았던 참가자들도 더 안정감을 느끼게 되었고, 감정 기복과 멜트다운의 횟수와 강도가 줄어들었다. 어떤 참가자들은 상동 행동 욕구가 감소되면서 불안감도 감소되었다. 몇몇은 사교적 상황과 상호 작용에서 좀더 잘 대처하게 되었다. 이것은 과학적·의학적으로 제어된 실험이 아니고 나도 그렇게 주장하고 있는 것이 아니지만 결과는 긍정적이었다고 생각한다. 왜 이것을 언급할 가치가 있는가?

왜냐하면 첫째로, 만일 자폐증이 정말 장에서 시작된다면 장을 낮게 하면 자폐 증상이 좋아진다는 것이 논리적이기 때문이다. 둘째, 나와 다른 여성들이 견뎌 온 일상적 고통과 좋지 않은 건강 상태를 우리는 받아들이게 되었지만 사실은 그저 받아들여선 안 되기 때문이다.

✋ 아스퍼걸에게 드리는 조언

여러분의 식단에서 인공적·화학적 식품, 가공식품, 첨가물을 다 빼 버리고 신체가 건강에 이롭고 독소가 없는 식품을 섭취하는

데 익숙해지도록 하십시오. 그것은 극적으로 더 많은 것을 시도하도록 길을 열어 줄지도 모릅니다. 디저트용 초콜릿 케이크와 전자레인지용 조리 식품을 먹던 사람이 신체 생태 식단(body ecology diet)으로 바꾸는 것은 보지 못했지만 거의 채식 위주의 유기농 천연 식품 식단에서 신체 생태 식단으로 넘어 가는 것은 볼 수 있습니다.

내가 운동 강도와 간 정화(대체 의학의 일종으로 여러 방법이 있는데, 예를 들면 며칠간 물과 보충제만 섭취해서 간을 해독한다는 방법 등이 있다. 안전성에 대한 논란이 있다 – 옮긴이)를 증가시키면 정말 기분이 좋고, 체중, 통증, 정서적 문제가 줄어든다는 것을 알았습니다. _티나

우리들 다수는 아스퍼거 증후군을 가지고 있지 않다면 우리가 지금보다 못한 사람일 것이라고 믿고 있습니다. 즉, 자폐증을 완전히 없애면 특별한 재능도 없어질 것이라고요. 내가 자폐증을 치료할 수 있다고 주장하고 있는 것이 아닙니다. 그러나 만일 여러분이 소화를 제대로 시키지 못하면 음식에서 충분한 영양을 섭취하지 못하게 됩니다. 만일 여러분이 위장관 문제를 가지고 있다면, 아마도 그렇게 된 지 너무 오래되어서 매번 식사 후에 겪는 고통이나 제산제 복용을 어쩔 수 없는 현실로 받아들이게 되었을 것입니다. 앞서 열거한 증상들은 우리의 자연 상태가 아닙니다! 자연은 여러분의 삶을 매일 고통스럽게 하려고 의도하지 않았습니다. 여러분에게 통조림이나 튜브에 든 음식을 먹게 하려고 하지도 않았습니다. 미국과 다른 서구 국가들에 사는 사람들 대부분은 진짜 음식의 맛

이 어떤지도 모릅니다. 그들은 오로지 과도한 당분이나 염분 같은 것이 입과 혈류를 자극하는 것밖에 모르며 이 문제는 자폐증의 유행과 함께 전 세계에 퍼져 있습니다. 여러분 자신의 신체를 살피는 탐정이 되어 식단과 보충제를 조사하고, 인간이 본래 먹도록 되어 있는 음식을 먹도록 하십시오. 완전한 위장관 건강을 얻기 위해 어떤 특정한 계획을 선택할지 결정하기 위해 거기에서부터 시작하십시오. 여러분이 원한다면 얻을 수 있습니다.

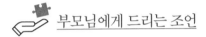 부모님에게 드리는 조언

특정 식이 요법은 딸이 아직 어릴 때, 아이의 뇌가 아직 발달 중일 때, 여러분이 아직 아이의 식사를 제어할 수 있는 동안에 시작하십시오. 많은 아스퍼걸은 장내 세균 균형에 좋지 않은 설탕과, 전적으로 피해야 할 가공식품에 중독되어 있습니다. 앞서 언급한 식이 요법은 생활 양식의 변화도 포함하며 기호와 습관이 좀더 쉽게 형성되는 기간 동안에 시작하는 것이 좋습니다. 딸의 과민성 대장 증후군과 그 밖의 건강 문제에 관해 여러분이 할 수 있는 일이 없을 것이라고 생각하지 마세요. 모든 일에는 원인이 있습니다. 원인을 제거하면 증상을 제거하거나 개선시킬 수 있다는 것이 이치에 맞습니다.

이 장에 나오는 주장은 아직 과학적으로 입증되지 않은 부분이며, 저자가 제안하는 방법을 따를 경우 부모와 자녀에게 부담을 줄 수도 있다. 자폐 아동은 감각 문제로 인해 편식이 심한 경우가 많고, 따라서 먹을 수 있는 음식이 제한되어 있는 경우도 많다. 그나마 얼마 되지 않는 가짓수의 음식에서 건강을 이유로 식단이 제한된다면 아이에게 식사와 관련하여 고통을 줄 수 있다. 물론, 건강한 식단은 중요하지만 아동의 특수한 미각·촉각 문제도 고려해야 한다. 이 부분에 관한 균형 잡힌 시각을 위해 일본의 아동 청소년 정신과 의사이며 자폐증 전문가인 사사키 마사미 선생의 저서 《TEACCH, 지금 행복하고 건강하게 자폐와 더불어 사는 법》(이윤정 옮김, 2019, 마고북스) 내용 일부를 인용해 본다.

(197쪽) 식사는 매일의 생활 속에서 가장 즐거운 한때이다. 그러므로 식사 시간은 가능한 즐거운 것이 되도록 연출하는 것이 중요하다. (중략) (198쪽) 한동안은 좋아하는 것부터 먹기 시작해서 식사가 즐거운 것이라는 사실에 충분히 익숙해지도록 한다. 그것이 가능해지면 다소 싫어하는 음식이라도 건강을 위해 꼭 먹어야 하는 것을 조금씩, 식사 그 자체를 싫어하게 되지 않을 정도로 준다. 자폐 아동이 편식 때문에 심한 영양 장애를 일으켜 건강을 해치는 일은 거의 없으므로 편식을 고치는 데 너무 집착하지 않아야 한다. 중요한 것은 식사의 즐거움을 해치지 않는 것이다.

자폐인으로 나이 들기

자폐인으로 나이 들기

　자폐증 자체도 그렇지만 나이가 들어 간다는 것에도 언론으로 인한 왜곡된 이미지가 있다. 나이들어 가는 데 따른 몇 가지 불편한 점들은 스펙트럼 여성들에게 더욱 확대될 수 있지만 좋은 점들도 더욱 확대될 수 있다. 많은 여성들이 중년이 되어서야 진단을 받기 때문에 이제야 비로소 진단에 진정으로 안착하고 깊이 안심할 수 있게 된다. 사물에 대한 반응은 지난날과 다를 바 없지만 이제 우리는 지극히 중요한 이유를 안다. 여기에 나이와 함께 오는 자기 인식과 자각도 더해져서 우리 중 다수가 과거 어느 때보다 40대와 50대에 더 행복할 것이라는 것을 이해할 수 있을 것이다.

　나는 나이드는 것이 행복해지는 최고의 비법이라고 생각해요.

모두가 나이드는 것을 끔찍한 것이라고 말들 하지만 나는 좋아요! 완경도 좋고, 내 은빛으로 반짝이는 머리카락도 좋고, 경로 할인도 좋아요. 전보다 덜 예민해지고 덜 자기 중심적이 되어 갑니다. 지난 인생의 짐들을 내려놓고 있어요. 비자폐인들이 서른 이전에 다 알았을 일들을 나는 이제서야 깨닫게 되는 것인지도 모르겠지만, 아무튼 현재의 지혜 수준에 만족하고 앞으로도 계속 발전하기를 기대합니다. _위더스

상당한 수의 아스퍼걸이 섹스를 좋아하지 않고 대다수는 아이를 원치 않기 때문에 완경은 사실상 불편한 주기와 호르몬에 대한 반가운 작별일 수도 있다. 나이가 들면 누구나 약간 양성성을 띠게 된다. 여성성이라는 것이 우리의 목표가 아니기 때문에 우리 다수는 외모에서 여성성과 이성에 대한 매력이 줄어드는 것에 대해 신경 쓰지 않을 것이다. 우리는 스스로의 외모에 대해 실용적으로 접근한다. 우리 중 일부는 노화의 과학적 과정에 매료되고 심지어 환영하기까지 할 것이다.

나는 내가 더 이상 매력적이지 않다는 것을 깨달았던 순간을 기억합니다. 사실 좀 안심이 되었습니다. _위더스

대화를 나눌, 진단을 받은 할머니를 찾기란 그리 쉬운 일이 아니지만(겨우 두 사람을 발견했다), 그들은 정말 아스퍼거 할머니의 역할을 즐기고 있는 듯했다. 더 평범한 할아버지, 할머니들이라면 손주들에게 선물을 사 주려고 하겠지만 우리는 그보다는 바닥에 주

저앉아서 아이들과 함께 놀 가능성이 더 크다. 우리는 살면서 자신의 놀이 친구였던 우리 아이들이 자라서 어른이 되는 것을 보아 왔고, 그것은 슬프기도 하다. 손주가 생긴다는 것은 완전히 새로운 놀이 친구 세트가 생기는 것을 의미한다.

> 나는 자식이 다섯이고 손주가 넷이에요. 대부분이 스펙트럼에 속합니다. 나는 어린 사람들과 어울리는 것을 좋아해요. 그들이 자라고, 배우고, 성숙해 가는 것을 함께 살아 가면서 겪는 것을 좋아합니다. _포케그란

스트레스를 예전보다 참지 못하게 되는 것 또한 나이가 들면 찾아오는 현상이지만, 그것조차 긍정적인 측면이 있다. 우리는 불안도가 언제나 대단히 높고 신경줄은 계속 매우 팽팽한 상태였기 때문에 이제 그것에 대해 무엇인가를 하지 않으면 줄이 끊어질 것이라는 것을 알게 된다. 그것은 우리 자신에게는 물론이고 다른 사람들에게도 우리의 요구와 경계를 명확히 하는 것을 의미한다. 예를 들면, 사회적 약자에게 사기를 잘 치는 A유형 성격을 가진 사람들에게는 우리를 이용하는 것이 무척 쉬웠을 것이다(A유형 성격은 야심적이고, 공격적이며, 자신만만하고, 호전적이라고 할 수 있다). 나이가 들어 감에 따라 얻게 된 엄청난 이점 가운데 하나는, 내가 이제는 그런 행동을 너무나 분명하게 간파할 수 있다는 것이다. 어떤 의미에서는 예전에도 늘 그런 사람들에게 거부 의사를 표현할 수 있긴 했지만 이제는 거절하고 제지할 때 더 이상 주저하지 않는다. 이 점에서 나는 대부분의 여성들이 10대, 20대에 도달하는 수준에 이제

야 도달했는지도 모르지만, 적어도 도달한 것은 분명하다.

이제는 아스퍼거 증후군이라는 것을 알기에 좀더 이해할 수 있게 된, 후회되는 것들이 있습니다. 때로는 이 때문에 안심이 되고 때로는 내가 AS라는 것을 좀더 일찍 알지 못했다는 것 때문에 슬픕니다. 현재 2년 동안 연애 중이지만 나의 증후군 때문에 이 관계가 지속될 수 있을지 모르겠습니다. 가끔 인생의 마지막 20년을 혼자 지냈던 우리 엄마처럼 나도 결국 그렇게 될 수도 있겠구나 생각합니다. 어떤 때는 이것이 두렵겠다고 생각하기도 하고, 또 어떤 때는 나이가 들면서 혼자 지내려는 생각도 괜찮겠다 싶기도 합니다. _앤 마리

나이가 든다는 것의 또 다른 특징은 우리가 스스로의 기벽과 민감성을 감추는 데 지친다는 것이다. 많은 아스퍼걸은 나에게 그들이 인생에서 만나는 사람들 즉, 의사, 고용주, 가족들 등이 아스퍼걸이 나이가 들면서 삶의 특정 국면을 좀더 잘 처리할 수 있고 좀더 '정상적'이 되기를 기대한다고 말한다. 그러나 우리에게 일어날 가능성이 더 큰 것은 우리가 점점 더 특이하고 괴짜가 되어 간다는 것이다. 우리는 결코 주류에 동화될 것 같지 않다. 그래서 그렇게 나이든 사람들이 점점 더 많이 진단을 받게 되는 것이다. 우리는 보통 사람인 척하는 데 넌더리가 나서 그저 더 이상은 그것을 계속할 수가 없기 때문이다.

전문가들 대부분이 모르는 사실은 서서히 나의 기능적 능력이

쇠퇴하고 있다는 것입니다. _브랜디

스펙트럼에 속한 나이든 여성들의 가장 큰 문제들은 다음과 같다.
- 빈곤
- 외로움
- 건강 문제.

빈곤 : 실업, 불완전 고용, 또는 최저 생활 임금을 받지 못하는 것으로 인해 빈곤이 우리의 주요 문제가 된다. 스펙트럼의 고기능 쪽 끝부분에 자리하는 성인을 위한 지원 사업은 사회 단체를 제외하고 그리 많지 않다. 그것은 괜찮다. 하지만 청구서를 지불하는 데 도움이 되지 않는다. DSM(정신장애 진단 및 통계편람)이 아스퍼거 진단명을 변경하려고 하는 시점에서(이 책을 집필 중인 현재, 우리는 새로운 진단명이나 특징을 확신할 수 없다) 내가 바라는 것은 아스퍼거 증후군을 가진 성인들이 장애인을 위한 공적 지원이나 다른 프로그램에 보다 쉽게 접근할 수 있을 뿐 아니라 법적 보호도 받을 수 있게 되는 것이다. 장애와 관련해서는 눈에 띄는 특징들이 많이 있다. 그러나 아스퍼걸은 그런 특징이 눈에 잘 띄지 않고 어떤 면에서 기능이 높기 때문에 사람들은 우리를 보고 이렇게 생각한다. "너는 아무 문제가 없잖아, 취직을 해." 내가 이 책과 2010년 책에서 잘 설명했기를 바라지만, 너무 많은 문제들이 영향을 미치기 때문에 때때로 우리는 다른 사람들과 함께 일을 할 수가 없다. 우리는 우리의 강점과 지적 능력에 맞는 일이 필요하다. 특수 잡코치(job coach: 발달장애 직무 지원인)와 아스퍼거 증후군 특정 직업 훈련도 필요하다.

영국은 이제 막 자폐증 법안(Autism Act 2009)을 통과시켰다. 늘 그렇듯이 바다 건너 우리의 사회적으로 민주주의적인(사회 민주주의social democratic이 아닌 socially democratic으로 표기 - 옮긴이) 사촌들은 우리보다 한 발 앞서 있다. 미국의 담당 부서는 언제나 지원 프로그램을 축소하고만 있지만 영국인들은 어떤 사람에게 낙인을 찍는 것이 자존감과 동기 부여에 거의 도움이 되지 않는다는 것을 잘 이해하고 이에 대한 대책을 정책에 반영하고 있다. 약자를 함부로 대하는 나라는 내리막길로 치닫고 있는 것이다(그리고 미국인들이 기독교인인 척하지만 진정한 기독교인은 절반도 되지 않는다).

우리 중 다수는 어떠한 환경에 처해서도 일을 해야 하고 우리는 인생의 대부분을 물 밖에 나온 물고기처럼 환경에 맞지 않은 상태로 지내야 한다. 나이가 몇이든 우리의 사회적·감각적·인지적 문제를 위한 올바른 생활 대책 만들기를 지금 시작해야 한다. 이것은 나이가 들어 돌봐줄 사람이나 파트너가 없는 경우 특히 중요하다.

은퇴를 해서(나는 일하기 싫어요) 먹을 것이 충분하고 개와 함께 지낼 곳이 있다면 인생이 정말로 멋질 거예요. _위더스

외로움 : 고립되어 있는 아스퍼걸 가운데 혼자 있어도 괜찮은 사람들도 있지만 다수는 그렇지 않고, 여러분이 늙고 괴팍하고 외출해서 돌아다닐 돈이 없다면 새로운 사람들을 만나기란 훨씬 더 어렵다. 우리 아이들이자 놀이 친구들은 자라서 떠나간다. 우리 중 다수가 잘못된 이유로 결혼했거나 진단을 받기 전에 결혼했을 것이고, 그 남편들은 우리의 이상한 행동으로 인해 이미 우리를 떠났

을지도 모른다.

남자들과 달리 여자들은 클럽이나 바와 같이 남자들이 다른 사람을 만나러 가는 일반적인 장소에 혼자서는 갈 수 없거나, 가지 않을 것이다. 우리가 젊었을 때는 남자를 낚으려고 배회하는 것처럼 보일까 봐 가지 않는 것도 사실이다. 그러나 중년 이후 그런 곳에 혼자 가면 너무 처절해 보일 수 있다(내 의견은 아니다). 남과 어울리기를 싫어하는 아스퍼걸은 두 배로 힘든 시기를 보내게 된다.

만일 사회성 기술 훈련을 받아 본 적이 없고 틀어진 교우관계 등과 같이 좋지 않은 인간관계를 많이 맺어 왔다면 이 시기에 사람을 사귀는 것이 나아지기는커녕 오히려 악화되고 전보다 더 은둔적이 될 수 있다.

건강 문제 : 외상 후 스트레스 장애(PTSD)를 포함하여 아스퍼거 증후군으로 인한 스트레스와 부담을 갖고 있지만 건강보험이 없는 것. 치과 치료, 좋은 음식, 질 좋고 따뜻한 옷, 안전하고 조용한 환경과 같이 기본적으로 필요한 것들을 갖출 여유가 없는 것. 이러한 것들은 우울증과 더불어 여러분이 젊었을 때는 좀더 견딜 만하지만 계속 누적되면서 사람을 쇠약하게 만든다. 어느 정도의 연령에 이르면 위기가 된다.

빈곤과 건강 위기가 결합되면 결국 노인 요양소로 들어가게 된다. 어떤 종류의 노인 공동 주택도 아스퍼걸에게는 매우 힘든 곳일 수 있다. 온갖 소음과 냄새, 그리고 여러분의 촉발 기제가 무엇인지도 모르고 신경도 쓰지 않는 각기 다른 성격의 구성원들로 인해 요양소에서 늙어 가는 것은 악몽이 될 수도 있다. AS를 가진 사람들은 그런 환경에서는 자기만의 방이 있어야 하고 요양소 직원들은

AS에 관해 훈련을 받아야 한다. AS에 내해 잘 아는 사람이 한 사람만 있어도 큰 차이를 가져올 수 있다.

아스퍼걸에게 드리는 조언

우아하게, 품위있게, 멋지게, 세련되게 늙어 가는 것은 가능합니다. 그리고 앞서 언급한 대로 우리는 마침내 수많은 멋진 방법으로 자신의 진가를 발휘하기 시작합니다.

나이가 들수록 여러분은 쇠약해질 뿐이니 지금부터 건강을 잘 돌보도록 하세요.

완전히 은둔형 외톨이가 되려는 경향을 피하십시오. 나는 온 동네 아이들이 무서워하거나 놀리는 심술궂은 늙은 여성의 모습을 마음속에 새기고 있고, 그것 때문에 조금 더 열심히 노력하게 됩니다! 여러분이 되고 싶은 그런 사람을 마음속에 그려 보고 여러분의 통찰력과 재능을 다른 사람들과 나누기를 두려워하지 마십시오.

아직 사귀는 사람이 없다면 연애 관계의 장단점을 따져 보세요. 함께 늙어 가고 의지할 수 있는 사람이 있으면 좋지 않을까요? 그리고 성별 문제는 우리가 나이가 들면 전처럼 큰 의미를 갖지 않게 됩니다. 여러분이 젊었을 때는 싫어했을 수도 있을 성역할이 40대 이상이 되면 별로 중요하지 않게 됩니다.

여러분이 아직 수입을 획기적으로 늘릴 방법을 찾아보지 않았다면 찾기 시작하십시오. 여러분은 나이가 들어 감에 따라 스스로 제어할 수 있는 특정 종류의 환경을 원하고 필요로 하게 될 것입니다.

아스퍼거 증후군은
장애인가 재능인가
- 아스퍼걸이 아스퍼걸에게 드리는 조언

아스퍼거 증후군은 장애인가 재능인가
-아스퍼걸이 아스퍼걸에게 드리는 조언

　AS가 장애인지 재능인지 판단하려면 나 자신이 진정으로 '장애'
를 가지고 있는지 자문해 봐야 한다. 물론 나는 '다른 방식으로 능
력을 발휘하는'이라는 표현을 선호한다. 우리는 어떤 부분에서는
너무 능력이 뛰어나고, 심지어는 평범한 사람을 뛰어넘는 능력을
가지고 있다. 우리는 책을 읽을 수 있고 글로 된 것은 무엇이든지
누구보다 잘 이해할 수 있지만 사교적 대화를 따라가지 못한다. 컴
퓨터를 분해하고 하드웨어를 재설치하는 것은 할 수 있지만 슈퍼
마켓에서 길을 헤맨다. 자신의 특별한 관심사에 대해서는 얼마든
지 오래 혼자서도 이야기할 수 있지만 다른 사람과 대화를 주고받
으려면 한 시간도 되지 않아서 편두통이나 멜트다운이 온다. 그림
을 그리고 놀랍도록 아름다운 디자인을 할 수 있지만 우리 자신의

머리를 손질하는 것은 귀찮아한다. 소설을 쓸 수는 있지만 창의적인 저녁 식사를 만들지는 못한다.

어떤 사람들은 AS가 다른 사람들과의 관계에서만 나타나는 것이기 때문에 만일 모든 사람들이 스펙트럼에 속한다면 그것이 장애라고 느끼지 않을 것이라고 생각한다. 덜 이상하게 느낄 것이라는 데는 동의하지만, 상당수 감각 문제들은 여전히 남아 있을 것이다. 또한 나는 다른 아스퍼거인들이 혼자 계속 말하는 것을 듣고 있으면 골치가 아파진다. 나 또한 스펙트럼에 속한 다른 사람들의 감정을 상하게 했는데, 그들도 나처럼 대단히 예민하고 나는 직설적이기 때문이다.

현재 많은 사람들은 자폐증을 없애면 재능도 없어진다는 데 동의한다. 물론 매우 심한 자폐증으로 사람들이 고통받는 것을 보고 싶지는 않지만, 유전자 선택 같은 것을 통해 이것을 근절한다는 생각은 슬프고 무섭다. 내가 차라리 태어나지 않았더라면 하고 바란 적도 많았지만, 내가 아스퍼거 증후군을 가졌다고 말했을 때 사람들이 좋은 뜻으로 "안됐군요"라고 말하면 짜증이 나고 모욕적인 느낌이 든다. 만일 아스퍼거 증후군과 집착이 없었다면 상대성 이론, 마술피리, 마이크로소프트…고스트버스터즈도 없었을 것이다. 다음은 아스퍼걸이 아스퍼거 증후군에 대해 한 말이다.

나는 이 점에서 운이 좋은 사람입니다. 공인된 매우 높은 IQ를 가지고 있고 전문가로서 경력을 쌓아 왔기 때문입니다. 또한 그 덕분에 외부 세계에 문제없는 사람으로 잘 통하게 되었습니다. 예전 파트너들과 우리 아들처럼 나와 가까운 사람들은 내가 가정과 스스로를 돌보는 데 큰 장애가 있다는 것을 알고 있습니다. 그럼에도 불구하고, 나는 결코 절대로 변하거나 더 '정상적'이 되고 싶지 않습니다. 나는 내 특별한 관심사와 소장품에서 너무나 많은 것을 얻으며 삶의 대부분에 있어서 쉽게 자극받고 만족을 얻습니다. 내가 볼 때 AS는 내 개성의 커다란 부분에 가까우며 그것이 없는 나 자신을 생각할 수 없습니다. _시브

사회적 고립조차도 이점이 있는데, 지배적인 사고방식에서 벗어나 사물을 독특하게 볼 수 있다는 것입니다. _위더스

교육적 추구와 지적 능력에 관해서는 AS가 훌륭한 재능이라고 생각합니다. 나는 한 가지 일에 모든 것을 잊고 몰두할 수 있습니다. 남들에게는 지루할 일을 좋아합니다. 논리적 문제를 푸는 것을 아주 좋아하지요. 내 머릿속에는 미래의 기술이 들어 있을지도 몰라요. 그렇지만 내 인생을 살펴보고 내가 한 번도 진정으로 연애를 해 본 적이 없다는 것, 대부분의 사교 행사에 참석할 수 없다는 것, 남한테 이용당하기 딱 좋은 사람이라는 것을 깨달을 때, 그리고 사람이 보통 수준으로 모여 있는 곳에서도 완전히 어쩔 줄 모를 때, 나는 자신이 다른 사람들과 같지 않다는 것을 깨닫습니다. 재미있는 것은, 세상 사람들이 다 나와 똑같다면 전혀 장애가 있다고 느끼지 않을 것입니다. _앤디

나는 재능이 있습니다. 뛰어난 지성, 통찰력, 그림을 그리는 능력이죠. 장애도 있습니다. 다른 사람들과 작업하면 반드시 갈등,

걱정, 혼란이 있게 되고 기진맥진하게 되지요. _카밀라

몇 년 동안 깨닫게 된 것은, 내가 좀더 '정상적'이 되면서 또는 자폐증이 덜 눈에 띄게 되면서 이전보다 집중력이 떨어졌습니다. 전보다 자주 모국어보다 외국어를 사용하고 의존하고 있기 때문에 내 시각적 기억력이 무뎌진 것이 아닐까 의심이 됩니다. 장애를 없애면 재능 또한 없어집니다. _스텔라

AS의 원인을 밝힐 가능성에 관해 읽으면 그 정보에는 그것을 꼭 바꾸어야 한다는 강박 관념이 내포되어 있는 것 같다는 걱정이 듭니다. 원인을 밝힌다는 것은 오로지 그 사람이 그것을 가지고 있는지 아닌지를 알아낸 다음, 그 사람만의 특별한 원석 같은 재능을 평가받을 수 있는 모든 기회를 제공하고, 모자라는 부분은 돕도록 하는 데에만 유용하다고 생각합니다. AS를 바꾸려고 하는 것이라면 원인에 관해서는 그냥 생각하지 않는 게 낫습니다. 나의 삶이 힘들고 고통스러웠던 만큼, 나는 평범한 사람이 되기를 원치 않을 것입니다. _티나

AS가 어느 정도로 장애인가 하는 것은 다른 모든 사람들이 얼마나 포용적인가 하는 것에 달려 있다는 것을 깨닫는 것이 중요합니다. _아네모네

다른 사람들은 AS를 재능으로 보고 있고, 그것으로 인해 정말 재능을 가지고 있는 사람들도 있다는 것을 알아요. 서번트 능력,

특별한 관심사에서 나온 놀라운 재능, 시각화나 디자인 능력 또는 몰입하는 놀라운 능력들 말이죠. 하지만 나는 그런 능력이 하나도 없고, 나에게 AS는 장애입니다. 아스퍼거인의 권리를 다루는 분야에서는 아스퍼거인이 치료를 받지 않고 있는 그대로 살고, 유전자 풀에서 아스퍼거 증후군 유전자를 제거하려는 산전 검사를 받지 않도록 하려는 이념이 확산되고 있습니다. 그 점에 대해 내가 어떻게 생각하는지는 잘 모르겠어요. 만일 어떤 부모가 나와 같은 아이를 갖게 될 예정이라면 낙태를 할 거라고 생각하기 싫으면서도 어찌 됐든 내가 살아온 삶을 그 아이도 살기를 바랄지는 모르겠습니다. _폴리

나는 그것을 난시와 같은 견지에서 봅니다. 난시가 있는 사람들은 제대로 보기 위해 안경을 필요로 하지요. AS를 가진 사람들에게는 AS를 가지지 않은 사람들로 가득한 세상에서 '제대로 보기 위한' 다른 수단이 필요합니다. _데임 케브

오늘날과 같은 시대에는 세상의 사회적 요구(유연할 것, 외향적일 것, 적극적일 것 등등)로 인해 AS는 일반적으로 장애로 보일 것입니다. 아마 다른 시대라면 우리의 다른 특징들(믿음직함, 하루 종일 반복적인 일을 할 수 있는 것, 혼자 지낼 수 있는 것)은 훨씬 가치를 인정받았을 것이고, 그랬다면 그런 것이 재능으로 여겨졌겠지요. _엘

나는 아스퍼거인들이 언제나 사회에 자신들의 방식으로 공헌해 왔다고 생각합니다. _제인

 아스퍼걸이 아스퍼걸에게 드리는 조언

나는 아스퍼걸들에게 다른 사람들을 위해 어떤 조언을 해 줄 것인지 물었습니다. 이 목록이 그 결과입니다.

- 진단을 받으세요.
- 남들과 다른 것을 자랑스럽게 여기세요.
- 여러분의 관심 분야에서 공부하고 일하세요. 그러면 AS는 당신에게 장애가 되지 않을 것입니다.
- 여러분의 재능을 키우고 그것을 시장성 있는 기술로 전환해 보세요.
- 자신답게 행동하세요. 그러면 여러분과 같은 다른 모든 사람들이 여러분을 알아보고 좋아하게 될 것입니다.
- 아스퍼거 증후군으로 행복할 수도 있고 비참할 수도 있습니다. 나는 둘 다 경험했어요. 행복한 게 더 좋아요.
- 자폐증은 우리에게 그저 특별한 관심사에 사로잡히기 위해서가 아니라 인생에서 성공하기 위한 인내심을 줍니다.
- 만일 여러분이 힘든 하루를 보내고 있다면 채팅방을 살펴보세요. 여러분은 외롭다고 느낄지도 모르지만 전혀 그렇지 않답니다.
- 여러분이 아스퍼거 증후군을 가지고 있는 것이지, 아스퍼거 증후군이 여러분을 가지고 있는 것이 아닙니다.
- 남자는 아주 신중하게 선택하세요.
- 진정으로 조건을 따지지 않는 동반자를 찾으십시오.

- 고독을 즐기세요.
- 다른 사람들이 어떻게 생각하든 신경쓰지 마십시오. 그저 현재의 자신과 최고의 자신과의 간극만 신경쓰세요. 성공이 그 간극을 메워 줄 것입니다.
- 다른 사람들의 관찰에 귀를 기울이세요. 만일 사람들이 어떤 사람이나 상황에 대해 의심스럽다고 한다면, 그 말이 아마 맞을 것입니다. 자신의 서툰 직관만 믿는 것은 좋지 않은 생각이며, 여러분을 심각하게 상처 입힐 수 있습니다.
- 자폐 스펙트럼 장애 여성 멘토를 찾으십시오.
- 지나친 걱정을 하지 마세요. 대개 필요 없는 걱정입니다.
- 다른 사람들에게 최대한 참을성과 이해심을 가지십시오.
- 자기 주장 기술을 배우십시오.
- 생활을 간소화하십시오.
- 인생은 다른 누군가의 완벽한 사례처럼 되는 것이 아닙니다.
- 사회적 오명에 대해 걱정하지 마세요. 자폐증이 모자라는 사람을 뜻한다는 매체의 허위 메시지와 싸우세요.
- 건강을 유지하고 규칙적으로 운동하며 섭식에 주의하세요.
- 어떤 역할에 따르는 것이 너무 힘들다면 역할을 바꾸세요.
- 아스퍼거 증후군에 관한 것뿐만 아니라 다른 책도 많이 읽으세요.
- 학교에서 남들이 여러분을 어떻게 생각하는지 너무 신경쓰지 마세요. 졸업하고 나면 평생 다시는 볼 일이 없을 것입니다.

　나의 조언은 연약하면서도 용감해지라는 것입니다. 눈맞춤이 매우 많은 정보를 포함하고 있듯이 '삶과 접촉하는 것'도 그런 것 같습니다. AS는 우리의 극단석인 빈감성이 뒤집혀서 안으로 파고 들어 보호와 배제를 위한 껍질로 변할 때 우리를 불능 상태로 만듭니다. 아스퍼거 증후군에 관한 영화, 책, 보도 기사의 등장과 함께 문화적 인식이 급성장하고 있습니다. 여러분 자신의 이야기를 들려주세요.

CHAPTER

22

여러분의 딸에게
믿음, 수용, 사랑, 호감,
지원을 주세요

CHAPTER 22

여러분의 딸에게
믿음, 수용, 사랑, 호감,
지원을 주세요

　이 책에 실린 대부분의 정보는 아스퍼걸 본인을 대상으로 한 것입니다. 어머님들과 아버님들은 '부모님에게 드리는 조언' 부분을 정기적으로 다시 읽으시길 바랍니다. 여러분은 평생에 걸쳐 어려움을 겪을 것이고, 세월이 지나면 다른 것들을 기억하느라고 배웠던 것들을 잊어버릴 테니까요.

　나는 기억하기 쉬운 것을 아주 좋아하기 때문에 설명 없이도 몇 가지 요점을 반복해 주는 편리하고 멋진 머리글자를 만들어 냈습니다. 이것은 내가 이 책을 통해 말하고자 해 온 것을 요약해 줍니다.

　여러분이 딸에게 줄 수 있는 가장 좋은 것은 BALLS, 즉 믿음(Belief), 수용(Acceptance), 사랑(Love), 호감(Like), 지원(Support)입니다.

믿음

AS는 장애로 분류되기 때문에 많은 사람들은 할 수 있는 것보다 할 수 없는 것을 강조합니다. 아스퍼거 증후군을 가진 사람 특유의 자기 의심과 혼란이 많기 때문에 여러분은 아이 마음속에 아이가 원하는 무엇이든 될 수 있고 할 수 있다는 믿음을 심어 주어야 합니다. 딸의 꿈, 목표, 의견, 지성을 믿으십시오. 여러분이 그녀를 믿어 준다면 그녀는 훨씬 견고한 토대 위에서 집을 떠나 세상 속으로 들어갈 것입니다.

또한 딸이 나이가 들어서 이제 막 진단을 받았거나 자가 진단을 내렸다면, 여러분은 처음에는 그녀가 아스퍼거 증후군일 것이라고 믿지 않을 수도 있습니다. 딸로 하여금 진단을 의심하게 하려고 시간과 정력을 낭비하지 마십시오. 판정을 확정짓고 읽을 수 있는 모든 관련 정보를 읽으십시오.

부모들은 기꺼이 진단을 믿을 수도 있지만 종종 다른 가족이나 공동체 일원들이 믿지 못해 고개를 젓거나 그녀가 자폐인이라는 것을 받아들이려 하지 않을 수 있습니다. 그들은 자폐증에 대해 스펙트럼 같은 불명확한 상태가 아니라 자폐증이든지 아니든지 둘 중 하나로 명확하게 구분되는 상태라고 생각합니다. 모든 사람들에게 제대로 가르쳐 주십시오. 그녀가 다른 일로도 힘든데 사람들을 설득하는 일까지 할 필요는 없습니다.

만일 아이가 자가 진단을 했다면, 여러분은 공식적인 진단을 받도록 격려하고 시도를 해야 하겠지만 자폐증의 가능성에 대해서는 진지하게 대해 주십시오. 아스퍼걸이 AS라는 사실을 처음 알게 되면 진정한 깨달음의 순간을 맞이하게 됩니다. 그 후 그녀는 몇 달,

아마도 몇 년간 AS를 받아들이는 것과 그것이 의미하는 바를 배울 것입니다. 그녀의 자가 진단에 대한 여러분의 반박은 반대되는 확실한 증거가 없는 한 아무 소용이 없을 것입니다.

수용

아스퍼거 증후군이 딸의 삶에 끼친 영향을 받아들이고 인정해야 합니다. 만일 그녀가 특정 환경에서 공부, 일 또는 생활이나 무엇에든 대처할 수 없다고 한다면 그러한 한계는 존중되어야 합니다. 그녀는 주의를 끌기 위해서나 특별한 혜택을 바라고 그렇게 행동하거나 말하는 것이 아닙니다. 이해를 얻기 위해 애쓰고 있는 것입니다. 자녀의 한계를 넓히는 것은 중요하지만 갑자기 궁지에 내몰기보다는 조금씩 단계를 높이도록 지원하는 것이 효과적입니다.

스펙트럼의 고기능 끝부분에 위치한 사람들은 영향을 적게 받기는 해도 여전히 자폐증을 가지고 있습니다. 여러분은 그것을 받아들여야 합니다. 식이 요법이나 다른 수단들이 성공해서 아이의 자폐증이 아스퍼거 증후군으로 개선되었다는 분들도 여전히 AS에 관해 스스로 배우고 그런 상황에서 오는 어려움들을 받아들여야 합니다.

딸이 아스퍼거 증후군이라는 것을 받아들이세요. 그녀를 있는 그대로 받아들이십시오. 이것은 자폐증에 동반될 수 있는 심리적 질환이 올 가능성을 최소화하고 아이의 긍정적인 자존감을 위한 기회를 증가시킬 것입니다.

사랑

여러분이 부모로서 온전하게 딸을 사랑하지 않는다면 언제나 자신이 사랑받을 자격이 없다는 느낌이 그녀 내면의 일부가 되어 있을 것입니다. 이것은 심리학의 기본입니다. 물론 여러분은 딸을 사랑하겠지요. 하지만 우리들 중 얼마나 많은 사람들이 말을 할 때 꼭 "너를 사랑한다, 하지만…" 하고 덧붙이는지요. 이런 식의 대화는 사랑이 조건부라고 말하는 것입니다. 만일 그들이 이것을 덜 하고 저것을 더 하면 더 사랑해 줄 것이라는 조건이지요. 여러분은 그녀를 사랑해야 합니다. 그렇지 않다면 이 세상에서 그녀가 어떤 희망을 가질 수 있을까요? 그녀는 그 공허함을 채울 무엇인가를 찾을 것입니다. 빈자리를 채울 것은 어떤 활동일 수도 있고, 마약일 수도 있고, 가장 가능성이 높은 것은 남자(또는 여자)일 수 있습니다. 사랑을 찾는 것은 자폐증이 있을 때 무척 힘든 일이고, 계속 집에만 있어서 한 번도 해 본 적이 없고 그것이 어떤 것인지 정말 모를 때 훨씬 더 힘듭니다. 이것은 남자아이들에게도 중요하긴 하지만 나는 여자아이들에게 그 결과가 매우 심각할 수 있다고 봅니다. 많은 아스퍼걸들이 인생에서 연애 초창기에 학대적인 관계를 지속했었다고 말했습니다. 우리 중 다수가 스스로를 소중하게 여기지 않았기 때문에 부적절하고 만족스럽지 못한 방식으로 첫경험을 가졌습니다. 많은 아스퍼걸이 잘못된 남성과 결혼하는데 우리는 사랑이 어떤 것인지 몰랐기 때문입니다. 사랑받는다는 것이 어떤 느낌인지도 말입니다. 만일 부모에게 사랑받지 못한다면 우리는 부모가 시작한 내력을 이어 가는 누군가와 파트너가 될 가능성이 매우 높습니다.

호감

어떤 사람에게 호감을 갖는 것이 사랑하는 것보다 더 중요합니다. 여러분이 딸을 좋아할 때 아이가 호감 가는 사람이라고 알려 주세요. 우리 아스퍼거인들은 그 부분에서 어려움을 겪습니다. 우리는 사회적으로 받아들여지지 않고 때때로 우리가 다루기 어려운 이 모든 문제들을 가지고 있습니다. 우리 중 많은 사람들이 가족 가운데 누군가를 가족으로서 사랑은 하지만 인간적으로 호감을 보이고 있을까요? 여러분의 딸을 이해하기 위한 방법, 사물을 그녀의 관점에서 보기 위한 방법을 찾아야 합니다. 그러한 이해와 시각이 없이는 결코 아이를 이해할 수 없을 것이고, 아이에 대해 모른다면 어떻게 아이에게 호감을 가질 수 있겠습니까? 아이는 친구를 사귀고 교우 관계를 유지하는 데 어려움을 겪을 것입니다. 만일 아이가 자신이 호감 가는 사람이란 것을 믿고 또 알고 있다면 친구를 사귀는 것이 훨씬 쉬워질 것입니다. 그것은 남과 어울리려고 스스로를 바꾸는 것이 아니라 자신에게 맞는 놀이 친구를 찾는 것에 관한 문제입니다. 아이를 바꾸려고 하지 마십시오. 아스퍼걸은 부모를 비롯하여 잡코치에 이르기까지 모든 사람들로부터 남과 어울리기 위해 자신을 '연출'해야 한다는 말을 듣습니다. 평생 자신의 인격을 속이며 사는 것을 상상해 보십시오. 누가 그것을 오랫동안 계속할 수 있겠습니까?

부모님이 가진 어려움들 가운데 하나는 딸에게 진정으로 호감을 갖는 것일지도 모릅니다. 그 어려움은 딸이 감정을 잘 표현하지 않기 때문에 아이가 부모를 좋아하지 않는다고 느끼는 데서 비롯될 것입니다.

딸아이가 어렸을 때, 마치 아이가 나를 좋아하지 않는 것처럼 느껴졌어요. 아이는 다정하지 않았고, 내가 안으려고 하면 몸이 뻣뻣하게 굳었죠. 볼에 뽀뽀를 하려고 하면 고개를 돌렸어요. 아이는 쇼핑, 수다, 친구들이나 가족들과 있는 것 등 내가 좋아하는 일들을 하는 것을 싫어했습니다. 시간이 지나고 교육도 받아서 이제 나는 그런 일들로 화를 내지 않게 되었습니다. 아이가 마음 상하지 않도록 하면서 이야기하는 법을 배웠지요. 딸아이는 우리가 말하는 것을 아주 곧이곧대로 받아들이고 종종 입에서 나오는 대로 말을 합니다. 대부분의 엄마들은 딸을 자신의 분신처럼 여기는 것 같습니다. 내 딸이 내가 아니라는 것을 배우고 이해하는 데 시간이 걸렸습니다. _데보라

지원

아스퍼걸이 독립해서 집을 떠나는 데는 남들보다 오랜 시간이 걸릴 가능성이 큽니다. 새는 결국 둥지를 떠나 날아가겠지만 여러분이 딸을 너무 빨리 밀어낸다면 딸을 위험에 처하게 하는 것이 됩니다. 딸은 어릴 때는 나이에 비해 성숙하게 보일지도 모르지만 나이가 들면 또래보다 정서적으로 더 취약해질 것입니다. 그녀는 실수로부터 쉽사리 배우지 못할 것입니다. 연애에서도 순진할 것입니다. 직장을 구하기도, 유지하기도 힘들지 모릅니다. 도움을 받고 노력하면 그녀는 그 모든 일들을 성공적으로 해낼 수 있고 해낼 것이지만, 남들보다 시간이 좀더 걸릴 것입니다.

딸의 건강은 평생 외상 후 스트레스 장애(PTSD), 빈곤(그리고 그 결과로 인한 스트레스와 좋지 않은 식습관), 외로움으로 인한 우울증,

위장관 문제, 기타 등등으로 고통받을 수 있습니다. 따라서 그녀를 세상으로 밀어내고 비아스퍼거 여성들과 같은 진전을 기대하지 않는 것이 얼마나 중요한지 알 수 있을 것입니다.

비자폐 아동의 부모라면 상당히 알기 쉬운 시기에 따라 아이들의 인생에서 특정 단계가 나타나리라 기대할 수 있습니다. 자폐 아동의 경우는 아이가 각 단계에 도달할 수 있을 때 여러분이 그 단계로 아이를 이끌어야 합니다. 비자폐 아동이라면 스스로를 잘 통제하며 자율적으로 처신할 수 있을 만큼 충분히 자랐다는 것을 보여 줄 때 아이에게 더 많은 자유를 허용할 수 있습니다. 자폐 아동은 나이가 들 때까지 집 밖에 있는 즉흥적이고 다면적인 세계에 맞서 자신을 지킬 수 없을 것입니다. 만일 자유를 얻게 된다면 다른 아이들보다 훨씬 나중일 것입니다. _데보라

우리는 윤리적, 정서적, 그리고 때로는 재정적 지원이 필요합니다. 많은 아스퍼걸은 스스로를 지원하는 데 어려움을 겪기 때문에 경제적 어려움으로 부모인 여러분을 찾아오거나 계속 부모와 함께 살지도 모릅니다. 그것이 여러분에게도 힘들다는 것을 압니다. 그러나 종종 우리는 달리 의지할 곳이 없습니다. 정부의 복지와 장애 담당 부서는 아주 무능합니다. 뉴욕주에서는 만일 내가 도움이 필요하면 지적 장애 부서로 가야 합니다. 아스퍼거 증후군을 가진 사람들은 평균보다 높은 IQ를 가지고 있고, 지적 장애라는 말에는 IQ가 70이하라는 의미가 내포되어 있기 때문에 우리는 문전박대를 당할 것입니다. 아스퍼거 증후군에 대한 인식 부족으로 인해 많

은 오해와 오명이 따라붙습니다. 달리 의지할 곳이 없어 우리는 종종 사랑하는 사람들에게 의지해야 합니다. 파트너가 없다면 부모님, 심지어 연로하신 분들에게 의지해야 할 수도 있습니다.

우리가 오명을 쓰고 있다는 느낌이 줄어들수록 우리는 더욱 자신감을 느끼게 되고, 그것이 직장을 구하고 세상에서 우리의 위치를 차지하기 위한 능력과 수단으로 전환됩니다.

CHAPTER

23

아스퍼걸 부모들의 생각과 조언

CHAPTER 23 | 아스퍼걸 부모들의 생각과 조언

　나는 아스퍼걸의 부모가 아니다. 따라서 이 장을 위해 뉴욕 로체스터에 있는 아스퍼거 증후군 지원 그룹 '네모난 못(Square Pegs)' 대표인 데보라 테돈에게 도움을 요청했다. 데보라는 아스퍼걸의 모든 부모님들이 들어야 할 이야기를 매우 유창하게 들려준다.

　<u>아스퍼걸의 부모가 되어서 가장 좋은 부분은 무엇일까요?</u>

　아스퍼걸의 부모가 되어서 가장 좋은 부분은 이렇게 애교스럽고, 아름답고, 독특한 존재를 내게 보살피라고 맡기실 만큼 하나님께서 나를 사랑하셨다는 것입니다. 그녀의 부모로 살아서 제일 좋은 점은 내가 아이의 정직함, 훌륭함(과장 아니에요), 순수함, 그리

고 잘못된 것은 이 세상이지만 그런 세상을 이기겠다는 아이의 맹렬한 투지를 진정으로 사랑한다는 것이지요. 나는 아이를 존경합니다. 믿습니다. 딸을 주신 하나님께 매일 감사드립니다!

가장 힘든 일은 무엇입니까?

많이 있지만 꼭 아이 때문이 아니라 세상 때문이죠. 아이가 어렸을 때는 분노발작이 아주 힘들었어요. 아이를 도우려면 어떻게 해야 하는지 몰랐죠.

아이는 뭐가 문제인지를 우리에게 전할 수 없었습니다. 또한 나이에 맞지 않는 행동을 하곤 했죠. 중학교 때 짝짝이 신발을 신고 학교에 가겠다고 고집을 부리는 그런 것들입니다. 남들이 아이를 함부로 대하는 것을 보는 건 괴롭습니다. 다른 아이들이 우리 아이를 괴롭힌다거나 아이에 대해 이야기하는 것을 들으면 마음이 찢어지는 것 같습니다. 사람들의 무지와 자기중심적 태도가 나를 너무나 화나게 합니다. 나는 사람들이 아이에게 덜 잔인해지도록 바라며 수없이 눈물로 기도했습니다. 너무 너무 많은 사례들이 있어요. 처음에는 아이가 세 살 때였는데, 아이가 우리집 뒤뜰에 있는 모래통 속에 앉아 있었습니다. 아이는 더운 날 다리에 닿는 차가운 모래의 감촉을 좋아했어요. 내가 전화를 받으러 집 안에 들어갔다가 돌아왔더니(아마 4,5분 정도 지났을 거예요) 이웃집 남자애가 양동이에 든 모래를 우리 애 머리 위에 쏟아부으면서 웃고 있더군요. 그런 짓을 하는 동안 그 남자애는 우리 아이를 저능아라고 불렀습니다. 아이는 엄지 손가락을 빨면서 멍한 눈으로 그저 거기 앉아 있었어요. 딸이 17세였을 때, 우리는 아이가 일주일에 몇시간 일하는 식료품점에서 줄을 서 있었습니다. 계산원은 자신의 계산대 쪽에 줄 서 있는 우리를 보지 못했고, 옆 계산대에 있던 계산원에게 우리 딸에 대해 우리한테까지 다 들리도록 큰 소리로 이야기했습니다. 말인즉, "어느 별나라에서 왔는지… 완전 저능아야!" 그녀는 자신 쪽에 줄 서 있던 우리를 보자 하얗게 질렸습니다. 나는 격노해서 당장 그녀의 상사한테 가려고 했습니다. 하지만 우리 딸이 그러지 말라고 하면서 딱 잘라 말했습니다. "걱정하지 마. 사람들은 언제나 나에 대해서 그렇게 이야기해. 그냥 잘 몰라서 그래."

<u>AS를 가진 여성들에게 어떤 조언이나
격려의 말을 해 주시겠습니까?</u>

결코 자신의 존재를 곤혹스러워하거나 창피하게 여기지 마세요. 그리고 그 못지않게 중요한 것은, 자신과 다른 존재가 되려고 지나친 에너지를 쓰지 않도록 하세요. 여러분은 하나님이 세상에 주신 특별한 선물입니다. '보통'이 되기는 쉽지만 독특한 존재가 되는 것은 축복입니다.

<u>AS 여성의 부모님에게 어떤 조언을 해 주시겠습니까?</u>

• 어머님 아버님, 부모 교육을 위한 공부를 하세요!!! 여러분의 가족을 교육하세요!!! 아이의 선생님을 교육하세요!!! 아이는 그것을 할 수 없습니다. 여러분이 해야 할 일입니다.

- 딸이 여러분처럼 되기를 기대하지 마십시오. 여러분의 인격을 아이에게 각인시키려 하지 마십시오. 그녀는 있는 그대로의 존재입니다. 여러분의 분신으로 바뀌지 않을 것입니다. 그 점이 중요하다고 생각합니다.

- 딸의 아스퍼거 증후군 때문에 절대 아이나 여러분의 배우자 또는 스스로를 탓하지 마십시오. 그것은 누구의 잘못도 아닌, 그냥 그런 것입니다.

- 아이가 혼자 있으려고 한다고 해서 상처받지 마십시오. 아이는 여러분에게서 도망치고 싶어서 그런 것이 아니라 세상이 너무 빨리 돌아가는 것을 정지시키고 자신만의 세상에서 살아남고 싶어서 그런 것입니다.

- 조언은 매우 신중하게 하십시오. 그녀는 말을 아주 곧이곧대로 받아들이고, 여러분이 하는 말을 모두 기억할 것입니다. 말을 신중하고 현명하게 골라서 합시다.

- 다른 자녀가 있다면 편애하지 마십시오. 그것은 오직 뿌리 깊은 원망을 불러일으킬 뿐입니다.

- 여러분이 원하는 아이의 모습이 아닌, 있는 그대로의 아이를 사랑하십시오. 있는 그대로의 현재와 미래의 딸과 즐겁게 지내세요.

- 여러분은 비자폐 아동을 복합 추론 기술을 사용해서 훈육할 수 있습니다. 그러나 자폐 아동을 같은 방식으로 훈육할 수는 없으며, 아이는 복합 추론 기술을 이해할 수 없을 것입니다. 우리 딸은 또래의 비자폐 아동들과 다른 사고방식을 갖고 있었습니다. 우리는 아이의 독특함을 포용하고 아이의 개인주의를 짓누

르지 않아야 했습니다. 아이에게 분노발작에 대해 '벌을 주는' 것이나 무엇인가를 '설명'하는 것은 아무 소용이 없었습니다. 아이의 신경회로는 남들과 다르게 배선되어서 남들과 같은 규칙과 절차가 통할 것이라고 기대하는 것은 헛된 일일 것입니다.

• 여러분은 혼자가 아닙니다. 필요하다면 여러분이 속한 공동체의 아스퍼거 지원 단체를 찾아서 아이를 지원하고 삶의 시련에 대처하기 바랍니다.

부록

여성 아스퍼거 증후군의 특성 목록

외모, 개인 습관	지적 특성, 열정/취미, 교육, 직업	정서적·신체적 특성	사회적 특성, 인간관계
감각 문제와 실용성 때문에 편하게 옷을 입곤 한다.	어렸을 때 지체증이나 아스퍼거 증후군으로 진단받았거나, 영재이거나 수줍음 많고 예민하다는 등으로 여겨졌을 수도 있다. 또한 암내하거나 심각한 학습 결손이 있을 수 있다.	정서적으로 미성숙하고 예민하다.	말과 행동이 남들에게 자주 오해를 받는다.
꾸미거나 머리 손질하는 데 시간을 많이 들이지 않는다. 보통 '손질이 따로 필요 없는' 헤어 스타일이어야 한다. 가끔 전혀 꾸미지 않는 것을 아주 좋아할 수도 있다.	보통 음악적, 예술적이다.	붙임과 공포가 주된 감정이다.	남들에게 차가운 성격이고 자기 중심적이며 불친절하다고 여겨진다.
특이한 성격이고 그것이 외모에 나타나기도 한다.	서번트 능력이나 뛰어난 재능을 가졌을 수도 있다.	AS를 가진 남성보다 감정과 정서적 문제를 이야기하는 것에 더 개방적이다.	때로는 매우 가깝게 말하고, 자신이 열정이나 집착을 가진 관심사에 대해 이야기할 때는 매우 열의를 보인다.
나이에 비해 외모, 옷차림, 행동, 취향이 어리다.	컴퓨터, 게임, 과학, 그래픽 디자인, 발명, 기술적이고 시각적 특성을 가진 대상에 관한 관심을 가질 수 있다. 시각적으로 사고하는 사람들에 비해 좁게 언어로 사고하는 사람들은 글쓰기, 외국어, 문화 연구, 심리학에 끌릴 수 있다.	강한 감각 문제 즉 청각·시각·후각·촉각 문제와 그로 인해 과부하 상태가 되기 쉽다(감성적으로 미각·식감 문제는 심하지 않을 수 있다).	매우 수줍어하거나 과묵할 수 있다.
아스퍼거 증후군 남성보다 약간 더 표정과 몸짓이 풍부하다.		기분 변화가 심하고 우울증을 앓기 쉽다. AS를 진단은 놓쳤더라도 조울증(지배증) 및 AS의 흔한 동반 진단인 진단을 받을 수 있다.	남성 쪽으로 마친가지로 일단 과부하에 걸리면 사회적 상황에서 단절 상태가 되지만, 약간의 사교 활동에서는 대체로 남성 쪽보다 낫다. 심지어 익숙한 것처럼 보이기도 하지만 사실은 '연기'(역할을 통해)를 하고 있는 것이다.
겉으로는 여성스러운 외모에도 불구하고 많은 양성적 특성을 가지고 있을 수 있다. 스스로를 반은 남성/반은 여성, 성(性)을 초월한 아니마/아니무스이라고 생각한다.	스스로 글을 깨우쳐 읽었을 수 있고, 어릴 때는 과독증인 경우도 있으며, 그 외에도 매우 다양한 독학 기술을 가지고 있다.	아마도 증상을 치료하기 위해 여러 가지 다른 처방을 받았을 것이다. 약물 및 그 외에 복용하는 모든 것에 매우 예민해서 부작용을 일으킬 수 있다.	별로 외출을 하지 않는다. 파트너와 자녀가 있다면 그들하고만 외출하는 것을 선호한다.
		경증에서 중증에 이르는 위장관 문제를 가지고 있다. 예를 들면 체강, 위산 역류, 과민성 대장증후군 등.	여자 친구가 많지 않고, 여자 친구들과 함께 쇼핑을 한다든지 '친목 도모를 위한 모임을 갖는 등의 '여성스러운' 일들을 하지 않는다.
			친한 친구나 짝우가 있지만 어른이 된 후에는 그렇지 않다.

여성 아스퍼거 증후군의 특성 목록

외모, 개인 습관	지적 특성, 영재성, 교육, 직업	정서적·신체적 특성	사회적 특성, 인간관계
정체성을 강하게 인식하고 있지 않을 수 있으며, 특히 지난 전에는 매우 카멜레온 같은 특성을 보일 수 있다.	고학력이지만 대학의 사회적 측면으로 고심하곤 한다. 끝마치지 못한 학위가 하나 이상 있을 수 있다.	슬프거나 불안할 때 진정을 위해 선동 행동을 한다. 그 내용은 몸 앞뒤로 흔들기, 얼굴 문지르기, 콧노래, 손가락 튕기기, 다리 떨기, 손가락이나 발로 탁자나 바닥을 톡톡 두드리기, 기타 등등.	연애를 하고 싶어할 수도 있고 원치 않을 수도 있다. 연애를 한다면 어머도 매우 심각하게 받아들이겠지만 결혼은 하지 않거나 혼자가 되는 쪽을 택할 수도 있다.
독서와 영화를 도피 수단으로 즐기며, 종종 SF, 판타지, 어린이용 저작물 같은 것을 소설처럼 섬길 수 있다.	전공이나 직업에 매우 열정적일 수 있지만 그러다가 진로를 바꾸거나 아주 빨리 식어 버릴 수 있다.	마찬가지로 행복할 때 신체적으로 다음과 같은 행동을 한다. 손 퍼덕거리기, 손뼉치기, 노래하기, 점프하기, 뛰어다니기, 춤추기, 깡충거리기. 남들 앞에서조차 때로는 감각적 쾌부하나 감정적 과부하로 인해 사소해 보이는 것에 대해 분노 발작을 일으키거나 심하게 우는 경향이 있다.	감각 문제로 인해 섹스를 정말로 즐기거나, 아주 싫어하거나 어느 한쪽이다.
통제를 스트레스 관리기술로 사용한다. 즉 규칙, 규율, 특정 습관에 엄격한 것 등인데, 이것을 겉으로 인솔에 엷매이지 않는 듯이 보이는 것과 모순되다.	종종 직업을 유지하는 데 어려움을 겪고 취업이 힘들다고 느끼게 될 수 있다.	붙임을 중요하고 오래반은 것을 싫어한다. 이로 인해 화를 나가거나 적도할 수 있다.	어떤 낭성을 좋아하는 경우, 그에게 그것을 알리려고 할 때 매우 눈에 띄게 이상한 태도를 취할 수 있다. 예를 들면 그 사람을 볼 때 빤히 응시하거나 그에게 반복해서 전화를 걸기도 한다.
보통 집에 있을 때나 그 외에 자신이 통제할 수 있는 환경에 있을 때 가장 행복하다.	지능이 높지만 가끔 감각 및 인지 처리 문제로 인해 이해가 느릴 수 있다. 주두 지식을 잘 이해하지 못하므로 적어 두거나 도표로 그려 볼 필요가 있다.	스트레스를 받거나 속상할 때, 특히 데는다 운 후에 함묵증을 일으키기 쉽다. 남성 쪽에 비해 많은 말을 더듬는 경향이 있지만 작지만 스트레스를 받거나 속상 때 때때로 선 듯한 목소리나 단조로운 목소리로 말하기도 한다.	이것은 그녀가 집착적이고 사회적 서약함을 이해하지 못하기 때문이다. 성숙해 감에 따라 비벨 것이다.
	집착이 있기도 하지만 남성 쪽만큼 특이하지는 않다(가치에 집착하는 등의 성향이 덜하다).		보통 동물들과 함께 지내는 것을 선호하지 만 감각 문제로 인해 항상 그렇지는 않다.

보통 아스퍼거 증후군(지페증)이 준 재들을 매우 자랑스러워하고 그것에 대해 웃호 작이지만, 세상에서 좀더 인상하고 덜 고통받으며 지내고 싶어한다.

Rudy Simone 2009 © www.help4aspergers.com

남성과의 몇 가지 주요 차이점 요약

- 보통 남성보다 표정과 몸짓이 약간 더 풍부하다.
- 남성보다 모방을 잘하기 때문에 많은 다른 유형의 성격을 모방할 수 있다. 따라서 여성들은 강한 정체성 인식이 없을 수도 있으며 특히 진단 전에는 매우 카멜레온과 같은 특성을 보일 수 있다.
- 집착을 보이지만 남성의 경우만큼 난해하거나 특이한 집착이 아니고 좀더 실용적인 경향이 있다(기차 같은 것에 집착할 가능성이 더 낮다).
- AS를 가진 남성보다 감정과 정서적 문제를 이야기하는 것에 더 개방적이다.
- 진단 기준이 남성의 행동·특성을 기준으로 하고 있기 때문에 (한스 아스퍼거는 남성의 경우만 연구했다) 조기에 정확한 진단을 받을 가능성이 남성보다 적다. 조울증(자폐증/AS의 흔한 동반 질환)으로 진단받을 가능성이 더 크다.
- 기쁠 때 하는 신체적 표현, 즉 몸짓과 행동이 남성보다 풍부하다. 손 퍼덕거리기, 손뼉치기, 노래하기, 뛰어오르고 뛰어내리기, 뛰어다니기, 춤추기, 폴짝거리기와 같은 행동들은 소녀들뿐만 아니라 성인 여성들에게도 해당된다.
- 성인 여성들은 남들 앞에서조차 때로는 감각적 과부하나 감정적 과부하로 인해 사소해 보이는 것에 대해 분노발작을 일으키거나 심하게 우는 경향이 있다. 배고픔과 음식 문제는 흔한 촉발 계기가 되는 듯하다. 성인 남성들은 울지 않는 경향이 있다.

- 겉보기에 능력이 있어 보이기 때문에 남들로부터 관대한 처우는 적게 받고 기대는 많이 받는 경향이 있다.
- 남성과 마찬가지로 편안한 차림을 하지만 화장과 복잡한 헤어스타일, 옷차림을 질색하기 때문에 중성적이라고 여겨질 수 있다.
- 스트레스를 받거나 속상할 때 남성의 경우에 비해 말을 더듬는 경향이 적지만, 남성과 여성 모두 그런 경우에 쉰 듯한 또는 목이 메인 듯한 목소리, 단조로운 목소리로 말하기도 한다. 혹은 함묵증을 겪을 수도 있다.
- 여성들은 대체로 약간의 사교 활동에서는 남성보다 낫다. 심지어 익숙한 것처럼 보이기도 하지만 사실은 '연기(역할을 흉내)'를 하고 있는 것이다. 남성 쪽과 마찬가지로 일단 과부하에 걸리면 사회적 상황에서 단절 상태가 된다.
- 남성에 비해 정서적 지원을 위한 반려 동물과 함께 지낼 가능성이 더 높지만 감각 문제로 인해 항상 그렇지는 않다.

Rudy Simone 2009 © www.help4aspergers.com

참고 문헌

Campbell-McBride, N. (2004) *Gut and Psychology Syndrome: Natural Treatment for Autism, ADD/ADHD, Dyslexia, Dyspraxia, Depression, Schizophrenia*. Cambridge: Medinform Publishing.

Carley, M.J. (2008) *Asperger's from the Inside Out*. New York: Penguin Books.

Edelson, S. (2009) *Autism, Puberty, and the Possibility of Seizures*. Together for Autism. Available at www.togetherforautism.org/articles/autism_puberty_and_seizures. php, accessed on 24 December 2009.

Gates, D. (2006) *The Body Ecology Diet*, 10th edn. Bogart, GA: Body Ecology.

Grandin, T. (2006) *Thinking in Pictures*. New York: Vintage. (한국어역: 템플 그랜딘 지음, 홍한별 옮김 《나는 그림으로 생각한다》, 양철북, 2005)

Hayashi, M., Kato, M., Igarashi, K. and Kashima, H. (2008) "Superior fluid intelligence in children with Asperger's disorder." *Brain and Cognition* 66, 3, 306-310.

Hendrickx, S. (2009) *Asperger Syndrome and Employment: What People with Asperger Syndrome Really Really Want*. London: Jessica Kingsley Publishers.

Lawrence, R. (producer) and Naess, P. (director). (2005) *Mozart and the Whale* [motion picture]. United States: Big City Pictures. Based on the book by J. Newport, M. Newport and Dodd, J.(국내 개봉: 《모짜르트와 고래》페테르 내스 감독, (주)부귀영화 수입/배급, 2007)

Markram, H., Rinaldi, T. and Markram, K. (2007) "The Intense World Syndrome-an alternative hypothesis for autism." *Frontiers in Neuroscience* 1, 1, 77-96.

Meyer, R. (2001) *Asperger Syndrome Employment Workbook*. London：
Jessica Kingsley Publishers.

Simone, R. (2009) *22 Things a Woman Must Know If She Loves a Man with
Asperger's Syndrome*. London：Jessica Kingsley Publishers.

Simone, R. (2010) *Asperger's on the Job*. Arlington, TX: Future Horizons
Publishers.

Stillman, W. (2006) *Autism and the God Connection*. Naperville, IL：
Sourcebooks.

Szasz, T. (2008) Psychiatry: *The Science of Lies*. Syracuse, NY：Syracuse
University Press.

웹사이트

www.help4aspergers.com
　루디 시몬의 공식 웹사이트.

www.aspie.com
　교육학 박사인 리안 홀리데이 윌리와 탁월한 아스퍼걸, 관대한 사람들, 아스퍼거 증후군을
주제로 하여 국제적으로 호평받는 연설가 및 작가와 연결될 수 있는 다양한 기회를 제공한
다. 아스퍼거인의 교제를 다루는 기사, 부모들과 돌보는 사람들 및 교사들을 위한 기사, 학습
계획, 시(문학), 동물 요법 블로그, 다른 참조처의 흥미로운 기사, 파워포인트 프레젠테이션,
묻고 답하기 부문이 있다.

www.autismhangout.com

자폐증과 아스퍼거 증후군에 관한 모든 뉴스, 비디오, 웹 세미나와 프로그램을 다룬다. 크레이그 에반스(Craig Evans)가 열정적으로 운영하는 훌륭한 매체이다.

www.camillaconnolly.com

카밀라 코놀리(Camilla Connolly)는 뉴사우스웨일스 주의 북부에 있는 마릴람바(Murwillumbah)라는 작은 마을에 살고 있는 성공한 호주 예술가이다. 많은 개인 전시회와 그룹 전시회를 열었고 그녀의 작품은 전국적으로 개인 및 공공 소장품으로 소장되고 있다. 카밀라는 2009년 아스퍼거 증후군이라고 공식적으로 진단받았고 종종 호주에서 아스퍼거 증후군과 여성 및 소녀에 대해 공개 강연을 한다.

www.grasp.org

GRASP(The Global and Regional Asperger Syndrome Partnership 세계 및 지역 아스퍼거 증후군 파트너십)

666 Broadway, Suite 830

New York, NY 10012, USA

Tel. + 1 888 474 7277

Fax + 1 888 47 GRASP

Michael John Carley, Executive Director

info@grasp.org

www.templegrandin.com

원조 아스퍼걸의 한 사람이자 진정한 선구자이며, 내가 가장 좋아하는 사람 중 한 명인 템플 그랜딘의 웹사이트이다. 아스퍼거 증후군과 자폐증의 경이로운 본질을 진정으로 이해하고 싶다면 그녀의 책을 읽고 그녀가 하는 말을 참조해야 한다.

추천의 말

이 책을 모든 아스퍼걸과 그들의 부모, 가족, 파트너와 전문가들 뿐만 아니라 우리 사회의 모든 사람들에게 강력하게 추천합니다. 루디는 유머, 사랑, 호감과 존경으로써 우리를 아스퍼걸의 세계에 눈뜨게 하며, 사랑, 학습, 섹스, 일, 결혼, 육아, 우정, 사춘기, 진단, 정서, 건강, 노화 등에 대해 매우 효과적으로 이해하게 해 줍니다. 각 주제별로 아스퍼걸과 부모님을 위한 조언 부분이 있습니다. 이 부분은 또한 임상 전문가들에게도 매우 도움이 될 것입니다. 아스퍼거 증후군에 대한 현재의 이해가 대부분 남성적 양상에 기초하고 있기 때문에 우리는 너무 오랫동안 아스퍼걸을 간과해 왔습니다. 루디는 자신의 깊은 통찰력과 다른 아스퍼걸과의 인터뷰를 통해 아스퍼걸과 비자폐인들 사이의 간극을 메워 줄 보다 폭넓은 정의와 이해를 아낌없이 제공합니다.

미셸 가넷Michelle Garnett
심리학 석사(임상), 박사, 호주 심리학회 회원(MAPS), 임상심리학부 회원(MCCP)
아스퍼거 증후군 및 자폐증 전문 클리닉 마인드 앤 하트(Minds & Hearts) 책임자 겸 임상 심리학자

추천의 말

《아스퍼걸》은 비범한 책입니다. 여성 AS를 이해하려는 운동에 대한 지지이며 AS 여성들의 문화에 대한 찬양입니다. 시몬은 자신의 관찰과 다른 여성들의 목소리를 통해 스펙트럼 여성들의 삶의 시련과 기쁨 모두를 나누면서 열정과 정직함과 진실을 가지고 글을 씁니다. 이 책은 AS를 가진 여성으로서의 여정을 떠나기 위해 필요한 알림장, 진언, 지도와도 같이 되풀이해 읽어야 할 이야기와 전략들로 풍부합니다. 무엇보다 허용, 권한 부여, 그리고 시몬이 뛰어난 달변으로 말하듯이 함묵증을 넘어서는 것에 관해 꼭 필요한 책입니다. 여성 여러분들의 모든 색깔을 가져와서 세상을 색칠하세요!

샤나 니콜스Shana Nichols

박사, 공인 심리학자, 학습 및 발달센터 ASPIRE의 연구자 및 임상 책임자, 《성장하는 자폐 스펙트럼 소녀들: 십대 초반과 전 시기에 대해 부모와 전문가들이 알아야 할 것 *Girls Growing Up on the Autism Spectrum: What Parents and Professionals Should Know About the Pre-teen and Teenage Years*》의 공동 저자

옮기고 나서
– 아스퍼걸들의 고통에 공명하며

"눈에 안 띈다고 가벼운 것이 아니다." _주디스 굴드(Judith Gould, 자폐증 전문 임상 심리학자, 영국 자폐증 협회 디렉터 역임)

자폐 스펙트럼 장애는 남자아이가 여자아이보다 3~5배가량 많다고들 한다. 정말로 그럴까? 혹시 그것이 사실이 아니라면 자폐증이 드러나지 않은 여자아이들은 어떻게 살아가고 있을까? 한때는 내 딸아이도 그 숨겨진 아이들 가운데 한 명이었다. 이 책은 주로 기능이 높은 자폐 여성들을 다루고 있지만 내 딸은 기능이 높지 않은데도 취학 전에 자폐가 아니라는 의사와 전문가의 소견을 여러 번 접했다. 그로 인해 겪은 여러 사건과 아이의 고통에 관해서는 이 책에 비슷한 사례들이 매우 생생하게 나와 있다. 비록 기능의 차이가 있지만 오해와 오진, 괴로운 체험 등은 유사하다.

진단을 받은 후에도 치료교육 전문가들은 딸아이를 잘 이해하지 못했다. 그들은 남아를 중심으로 만들어진 이론에 기초하여 딸아이를 남아와 같은 기준으로 보려고 했다. 때문에 아이의 특성을 잘 이해할 수 없어 자폐 스펙트럼 장애라는 진단에 동의를 못 하거나 아이의 행동에 제대로 대처하지 못하는 경우가 있었다. 예를 들면, 치료교육 시설에서 남자아이들이 감각 문제로 전형적인 문제 행동을 하면 스태프들은 의료용 이어폰을 권하거나 자리를 옮기게 하는 등 적절한 조치를 취했지만, 딸아이의 경우에는, "감각 문제는 없는 것 같다"면서 그저 제멋대로 행동하는 것으로 오해했다. 어느 날 아이가 울고 있자 작업치료사가 "왜 우니? 내가 남자애들 마음은 잘 아는데 여자애들 마음은 모른단다" 하고 말했다. 그녀는 비록 농담처럼 말했지만 나는 그 말이 중요한 사실을 드러내고 있다고 느꼈다. 사실 자폐 아동을 대상으로 하는 시설에는 여자아이가 드물었기 때문이다. 그러나 그 문제를 다루고 있는 정보를 접할 수 없어서 해외의 문헌이라도 뒤져 봐야겠다고 생각했다.

그러던 차에 2017년 8월 25일, 영국 자폐증 협회(NAS)에서 교육 총괄 디렉터를 맡고 있는 재키 스미스 박사(Jacqui Ashton Smith)가 내가 살고 있는 일본에 여성 자폐증에 관해 강연을 하러 왔다. 개인 사정상 강연을 들으러 가지는 못했지만, 강연 개요를 접하고 나서 여성 자폐증의 양상은 남성과 다를 수 있다는 사실을 처음으로 알게 되어 놀랐다. 그 당시로서는 이 분야가 연구 초기 단계였고, 스미스가 집필한 저서도 없었다. 관련 저서를 찾던 중 루디 시몬의 저서를 알게 되었는데, 매우 유쾌하고 힘을 불어넣어 주는 책이었다.

아스퍼거 증후군이라는 진단명

현재 아스퍼거 증후군이라는 진단명은 미국 정신의학 협회가 출판하는 '정신장애 진단 및 통계편람(DSM)' 제5판(2013년)에서 사라졌다. 그러한 증상은 사실상 고기능 자폐증과 구분하기 어려운 것으로 간주되어 자폐 스펙트럼 장애(Autism Spectrum Disorder)라는 진단명으로 통합되었다. 하지만 이 책이 집필될 당시에는 아스퍼거 증후군이라는 진단명이 존재했고, 인터뷰에 참여한 많은 여성들은 스스로 '아스퍼걸'이라는 정체성을 갖고 있었으므로 여기서는 옛 진단명을 살려 번역했다.

안타깝게도 이 진단명을 둘러싼 문제가 또 하나 있는데, 이 이름의 기원이 된 한스 아스퍼거(Hans Asperger)의 나치 부역에 관한 논란이다. 오늘날 자폐 스펙트럼 장애라고 불리는 증상을 발견하고, 그 연구의 기초를 닦는 데 공헌한 대표적인 학자는 오스트리아의 소아청소년과 의사 한스 아스퍼거와 미국의 정신과 의사 레오 카너(Leo Kanner)이다. 카너는 고전적인 의미의 자폐증을 발견했고, 아스퍼거는 언어 능력이 있는 보다 가벼운 자폐 증상에 주목했다.

1938년 당시 아스퍼거가 살았던 오스트리아 빈에서는 프로이트의 영향으로 정신분석학 연구가 활발했다. 그런데 이곳이 독일에 합병됨에 따라 의료계 또한 나치에 장악되어 소아정신과 의사들도 1939년 개시된 나치의 안락사 프로그램(T-4)에 가담하게 된다. 나치의 우생학적 기준에서 볼 때 민족의 번영에 도움되지 않는 '살 가치가 없는' 생명은 안락사 선고를 받았다. 장애인도 그 대상이었고, 의사들이 장애의 진단과 보고를 담당했다. 이 상황에서 아스퍼거는 나치 당원이 되지 않고 자폐 아동들을 지킨 것으로 그동안 알려져 왔다.

그러나 이디스 셰퍼(Edith Sheffer)는 2018년에 출판된 ≪아스퍼거의 아이들-나치하 빈에서의 자폐증의 기원(Asperger's Children-The Origins of Autism in Nazi Vienna)≫에서 아스퍼거가 자폐 아동들을 안락사시키는 나치의 정책에 협력했다고 주장했다. 같은 해 4월 19일 의학저널 ≪분자 자폐증(Molecular Autism)≫에 오스트리아 빈 의과대학 의료 사학자인 헤르비히 체흐(Herwig Czech) 또한 유사한 주장을 하는 논문을 실었다. 이러한 연구의 영향으로 이제 아스퍼거의 이름을 진단명에서 퇴출시키자는 의견이 제기되고 있다.

그런 한편, 셰퍼의 연구가 아스퍼거의 부역 행위에 대한 결정적 증거를 제시하지는 못했다는 평가가 있다. DSM-IV에 의거하여 진단받던 시절 아스퍼거 증후군으로 진단받은 사람들 중에는 이 진단명을 자신의 정체성으로 받아들이고 있는 경우가 적지 않으므로 이들의 의사도 존중해야 한다는 의견도 있다. 또한 이런 사람들을 위해 대안적으로 제시해 줄 새 진단명이 아직 등장하지 않았기 때문에 일방적으로 이 진단명을 퇴출할 수는 없다는 주장도 있다.

이 책을 번역할 때 아마도 사라지게 될 '아스퍼거 증후군'이라는 용어를 어떻게 해야 할지 깊이 고심했으나, 출판사 측과 긴 상의 끝에 이 책의 바탕이 된 많은 '아스퍼걸'들의 정체성과 나아가 이 책의 정체성을 존중하기로 했다. 이 분야는 저자도 언급했듯이 계속 새로운 연구에 따른 변화가 있을 것이고, 진단명도 바뀌어 갈 것이다. 용어로 인한 논란이 있을 수 있지만 그럼에도 불구하고 이 책을 번역한 이유는 우리 사회에 반드시 이 책을 필요로 하는 사람들이 있을 것이기 때문이다.

진단과 분류, 그리고 낙인 찍기

진단을 받지 못한 사람들은 살아가는 데 큰 어려움을 겪고, 자신의 정체성에 관한 고민에서 벗어나지 못한다. "나는 대체 뭘까?" 어떤 사람들은 그런 고민도 다 핑계이고 사치라며 그냥 살라고 한다. 그러나 그냥 열심히 노력하면 문제가 해결되는 것이 아니다. 루디 시몬이 지적했듯, 자폐증은 도덕성의 문제가 아니며 노력해서 고칠 수 있는 질병이나 나쁜 습관이 아니다. 그녀 말대로 "누구도 휠체어를 탄 사람에게 계난을 걸어서 올라가라고 하지 못한다."
따라서 겉으로 보기에는 큰 어려움이 드러나 보이지 않는 자폐인
이라도 이해와 지원이 절실히 필요한 경우가 많다. 특히 남성 자폐
증을 기준으로 여성 자폐증을 보면 자폐증의 존재가 인식되기 힘
들기에 오해를 받거나 도덕적으로 비난받기 쉽다는 점을 저자는
널리 알리고자 했다. 나의 딸처럼 기능이 높지 않은 경우에조차 자
폐증을 인정받거나 제대로 이해받기 힘들었는데, 기능이 높은 여
성들은 얼마나 많은 오해를 받고 살 것인가!

진단을 받는 것에 대해 부정적인 의견을 가진 사람들도 있다. 진
단을 받고 나서 아이를 그 진단명이라는 틀에 맞춰 바라보게 됨으
로써 아이의 다른 가능성들을 무시하게 되었다는 부모도 있고, 자
폐증이라는 것을 몰랐을 때는 괜찮았는데 알고 나자 자존감이 떨
어졌다는 사람들도 있다. 물론 어떤 사람들은 모르는 것이 나았을
수도 있다. 딸아이의 주치의는 이렇게 말했다. "자폐 아동들이 보
이는 특성들은 사실 우리 모두가 가지고 있는 것들입니다. 다만 정
도의 문제이고, 그것으로 인해 본인이 고통을 받고 있는지 여부가
중요하지요." 진단을 의식하지 않고 살아갈 수 있다면 굳이 진단을
받지 않아도 될 것이다. 과잉 진료는 경계해야 한다고 생각한다.
또한 현실적으로 진단명은 차별의 빌미가 되기도 한다. 이디스 셰
퍼는 아스퍼거 증후군이라는 개념이 남발되는 현실 풍조를 비판했
다. 정신과 진료가 인간을 분류하고 낙인을 찍었던 역사를 아스퍼
거 연구를 통해 보여 주면서, 진단으로 사람을 규정하는 위험성을
지적했다. 이러한 그녀의 경고는 분명 귀기울여야 할 부분이라고
생각한다.

그러나 아이와 보호자가 고통을 겪고 있고 도움이 필요하다면 올바른 진단과 지원은 반드시 필요하다. 정확한 진단이 없으면 오해와 오진에 따른 처방이 일어나고 2차 장애가 뒤따르게 된다. 제대로 된 진단과 이해 없이 아이가 얼마나 고통받는지는 이 책 오진편에서 잘 소개하고 있다. 진단명으로 사람을 차별하는 행위가 나쁜 것이지, 진단 자체가 악이라고 할 수는 없으며 누군가에게는 진단과 지원이 너무나도 절실한 것이다. 오히려, 진단으로 인한 낙인찍기를 방지하기 위해서 보다 적극적으로 자폐 스펙트럼의 다양성을 이해하고 알릴 필요가 있다. 바로 루디 시몬의 책은 자폐 스펙트럼이 사람들이 생각하기 쉬운 정형화된 이미지가 아니라 매우 다채로운 모습을 하고 있다는 것을 보여 준다. 자폐인들은 한 사람 한 사람 다 다르며, 이 책에는 현실을 살아가는 많은 아스퍼걸들의 목소리가 담겨 있다. 그들의 증언을 통해 자폐 스펙트럼 상의 사람들이 가진 개성도, 능력도 제각각이라는 것을 알 수 있다. 있는 그대로의 모습으로 세상에 다양한 색채를 부여하며 함께 살아가자는 이 책의 의도는 자폐 스펙트럼에만 해당하는 것이 아니라 스펙트럼만큼이나 다양한 이 세상의 색깔들을 존중하자는 삶의 태도로 받아들여진다.

있는 그대로의 모습으로

한스 아스퍼거의 연구가 나치의 안락사 정책에 악용되었던 역사적 과정은, 우리가 자폐인을 볼 때 빠지기 쉬운 함정을 돌아보게 한다. 자폐 아동의 부모들은 아이가 좀 이상하지만 그래도 남들보다 뭔가 뛰어난 능력이 있을 것이라고 기대하기 쉽다. 영화나 드라마도 꽤 자주 고기능 자폐인의 특수한 능력을 소재로 다룬다. 아스퍼거도 자신이 진료한 아이들의 가치를 사회에 어필할 때 그들이 가진 특별한 능력을 강조했다. 그런데 자폐인의 특별한 능력을 너무 강조하고 기대하게 되면, '비록 장애를 가졌어도 사회에 특별하게 기여할 수 있기 때문에 존중받을 가치가 있다'는 논리로 흐를 위험성이 있다. 사람의 가치를 생산력에서 찾는 사고방식은 그 기대에 부합하지 못하는 사람을 사회에서 배제시킨다는 결론과 그리 멀리 있지 않다. 자폐 스펙트럼에 속하는 사람이 사회에 쓸모있는 특별한 재능을 가져서가 아니라, 그 사람은 그 자체로 소중하기에 존중해야 한다. 저자가 했던, "당신의 딸은 아무 재능이 없을 수도 있다"는 말과, 아이를 있는 그대로 존중하라는 말은 우리가 새겨 두어야 할 소중한 충고이다.

덧붙이는 말

루디 시몬이 이 책을 출판한 이후에도 자폐증 관련 분야는 진단명의 변화뿐만 아니라 관련 연구 축적 등 여러 진전이 있었다. 이에 저자의 의견에 대해 조금 보충을 하려고 한다.

아스퍼거 증후군에서는 자폐증이 비교적 가볍게 나타난다고 저자가 설명했지만, 이제는 고기능 자폐증이라고 해서 그 정도가 반드시 가볍다고는 할 수 없다는 의견이 제시되고 있다. 자녀가 성적이 좋다고 해서 자폐 정도가 가벼울 것이라고 생각하지 말고 정서적인 문제, 감각 문제 등을 주의깊게 살펴보고 지원이 필요하다면 즉시 도움의 손길을 내밀어야 할 것이다.

코로나19의 유행으로, 집 안에서 아이를 돌보면서 번역을 계속하기란 힘든 일이었다. 출판사의 배려가 없었다면 번역을 마치기 힘들었을 것이다. 기다려 주시고 격려해 주신 것에 감사드린다. 또한 휴교 기간 중 긴급 돌봄을 해 주신 딸아이의 방과 후 교실 선생님들에게도 감사드린다. 그 분들 덕분에 번역을 계속할 수 있었고, 자폐 스펙트럼 공동체를 위한 지원 시스템의 위력을 절실히 느꼈다. 코로나 사태에서도 위험을 무릅쓰고 지원과 돌봄이 필요한 곳에서 애쓰고 계신 모든 분들께 감사드린다. 재택 근무 기간 동안 가사와 육아를 교대로 함께 하며 번역 작업을 뒷받침해 준 남편 오쓰카 사토루에게도 고마움을 전한다.

이 책이 사회에 드러나지 않고 고통받고 있는 스펙트럼 상의 다양한 여성들이 자신을 재발견하고, 소중히 여기고, 살아갈 힘을 갖는 데 도움이 되기를 바란다. 또한 주위 사람들이 그들을 이해하고 지원하는 데 조금이나마 도움이 되었으면 한다. 만일 살아가는 것이 쉽지 않다고 느낀다면 그것은 여러분의 잘못이 아니라는 것, 그리고 스펙트럼 공동체가 곁에 있다는 것을 알아주었으면 한다.

이윤정